미래교육을 열어가는
배움중심 원격수업

미래교육을 열어가는

배움중심 원격수업

초판 1쇄 인쇄 2021년 2월 18일
초판 1쇄 발행 2021년 2월 26일
지은이 하늘빛중학교 원격수업연구회
펴낸이 김승희
펴낸곳 도서출판 살림터

기획 정광일
편집 조현주
북디자인 이순민

인쇄.제본 (주)신화프린팅
종이 (주)명동지류
주소 서울시 양천구 목동동로 293. 22층 2215-1호
전화 02) 3141-6553
팩스 02) 3153-6555
출판등록 2008년 3월 18일 제313-1990-12호
이메일 gwang80@hanmail.net
블로그 https://blog.naver.com/dkffk1020

ISBN 979-11-5930-181-0 03370

미래교육을 열어가는

배움중심 원격수업

하늘빛중학교 원격수업연구회 지음

살림터

차 례

머리말 ... 6

1장 원격수업 시대, 학교혁신의 새 길을 찾다 9

[학교자치] 원격수업 시대와 학교민주주의 _ 이윤서 10

[학교운영] 코로나가 뒤흔든 학교, 소통과 협력으로 새 길을 찾다 _ 이윤서 20

[수업철학] 원격수업에 교육철학 담기 _ 이형빈 37

2장 원격수업에서 '교육과정-수업-평가' 일체화하기 47

[과학] '교육과정-수업-평가/피드백'으로 생생한 원격수업 만들기 _ 임해성 48

[국어] 학생참여형 수업, 에듀테크에 로그인하다 _ 고은정 68

[영어] 학생의 성장을 지원하는 피드백 제공하기 _ 장수진 86

3장 원격수업으로 삶의 역량 키우기 99

[역사] 공감능력과 실천 의지를 키우는 원격수업 _ 정원영 100

[미술] 온라인에서 미적 성장 이루어 내기 _ 양혜원 110

[수학] 수포자 없는 수학 원격수업 _ 박현중 124

4장 원격수업에서 더욱 소중한 '보살핌'과 '관계' 139

[기술·가정] 코로나 블루 속 원격수업을 통한 위로와 공감 _ 이주안 140

[자율활동] 온라인에서 학교폭력 예방하기 _ 박경하 154

[상담활동] 배움을 지원하는 상담활동과 학습돌봄 _ 이윤서 162

5장 원격수업, 교사의 도전과 성장 179

[도덕] 신규 교사의 원격수업 성장기 _ 서민정 180

[주제선택] 사서교사의 첫 블렌디드 러닝 _ 윤은정 190

6장 원격수업으로 자유학기 운영하기 199

[진로탐색] '따·꿈', 공유하는 꿈을 통한 성장 _ 정아진   200

[주제선택] '고고학', 고전의 불시착: 원격수업에서 고전 읽기 _ 정아진   210

[주제선택] 삶과 어우러진 '삼시세끼 비법노트' _ 김지현   220

7장 원격수업 시대, 학교는 사라지지 않는다 229

[도서관] 도서관이 사라졌다? 도서관이 살아 있다! _ 윤은정   230

[급식] 협력으로 만들어 가는 안전한 학교급식 _ 김지현   237

8장 원격수업 시대의 학급운영 245

[학급운영] 사회적 거리두기 교실에서 사회적 연대의 길을 찾다 _ 정아진   246

[학급운영] 공동체 놀이로 소통하는 학급 만들기 _ 임해성   262

9장 원격수업 시대, 교육의 본질을 생각하다 281

[교사/학생론] 원격수업 시대, 교사와 학생을 돌아보다 _ 이윤서   282

[미래교육] 학교의 미래에 대한 상상 _ 이형빈   291

부록 학생들의 이야기 299

원격수업으로 배움의 폭을 넓히다 _ 표승연   300

코로나 시대, 선생님과 우리가 함께 걸어온 길 _ 박예성   306

이번 생에 코로나19는 처음이라서 _ 이유민   310

함께여서 가능했던 2020 코로나 극복기 _ 김동현   315

"나 혼자 꿈을 꾸면 그건 한갓 꿈일 뿐이다. 하지만 우리 모두가 함께

꿈을 꾸면 그것은 새로운 현실의 출발이다." (훈데르트 바서)

대학생 때 읽은 책의 서문에 나온 이 문장을 나는 지금도 좋아한다. 그동
안 이 문장을 항상 마음에 새기면서 학교생활을 했다.

코로나19로 누구도 경험해 보지 못한 원격수업을 시작하게 되었다. 어떤
플랫폼을 선택해야 학생들이 원격수업에 쉽게 적응할 수 있을지, 학생들의
등교 형태는 어떻게 하면 좋을지, 수업 방법은 어떠한 것이 좋을지, 기존까
지 해 왔던 배움중심수업을 원격수업에서 어떻게 실천할지 등 원격수업이 진
행되는 동안에도 결정하기 어려운 문제들에 계속 직면하게 되었다. 그럴 때
마다 선생님들이 모여 서로의 생각을 나누고, 공동의 목표를 향해 의견을
공유하면서 좋은 방안을 찾아낼 수 있었다. 내가 교직생활을 하는 동안 올
해처럼 회의와 협의회를 많이 한 적이 없었다.

선생님들 모두가 학생들이 수업에서 소외되지 않고, 학생들의 학습격차를
어떻게 하면 줄일 수 있을지를 고민하면서, 서로 구상한 수업 방법들을 공

유했다. 그러면서 개선할 점들을 진솔하게 이야기하며 올 한 해 원격수업의 형식과 질이 향상되어 갔다. 그 결과물로 이 책이 만들어졌다. 이 책에서 소개하는 내용들이 원격수업 방법에 대해 고민하는 선생님들에게 조금이나마 도움이 되기를 바란다.

필자들도 혼자였으면 이 책에서 이야기한 수업 방법을 얻지는 못했을 것이다. 각 장별로 각각의 선생님이 수업 방법을 소개하고 있지만, 그 내밀함 속에는 우리 학교 모든 선생님들이 고민한 결과가 녹아 있다.

어려움을 함께 이겨 내고 노력해 주신 하늘빛중학교 선생님들께 이 글을 통해 감사를 드린다. 선생님들과 함께 수업에 적극적으로 참여해 준 학생들과 항상 응원해 주신 학부모님들께도 감사의 인사를 드리고 싶다.

하늘빛중학교 교장
서명규

1장

원격수업 시대,
학교혁신의 새 길을 찾다

2020년 초에 불어 닥친 코로나 사태로 우리 사회는 한 번도 경험하지 못했던 충격에 빠졌다. 학교도 마찬가지였다. 원격수업을 어떤 방식으로 해야 하는지, 등교하는 학생들의 방역은 어떻게 해야 하는지 혼란스럽기만 했다.

코로나 사태는 역설적으로 진정한 '학교자치'의 시대를 열었다. 교육부나 교육청도 답을 줄 수 없으니, 학교가 모든 것을 스스로 결정해야 했다. 그렇기 때문에 '학교민주주의'는 코로나 시대를 이겨 내는 원동력이 되었다.

위기의 시대에는 집단지성이 빛을 발하기 마련이다. 원격수업이라는 낯선 환경을 이겨 내는 데 하늘빛중학교의 '전문적학습공동체'가 큰 힘을 발휘했다. 교사들은 스스로 원격수업의 방법을 찾아내고, 이를 동료들과 공유하며 더 좋은 교육을 위해 노력했다.

원격수업이라는 낯선 환경은 수업의 철학에 대해 성찰하게끔 했다. 단순히 에듀테크를 잘 활용하는 기술을 넘어, 수업을 통한 교사와 학생, 학생과 학생의 만남과 협력으로 좋은 배움이 이루어지도록 했다. 우리의 경험과 성찰을 독자들께 전하고자 한다.

원격수업 시대와
학교민주주의

신종 코로나바이러스 감염증(COVID-19), 2020년 한 해 동안 세상을 강타한 일명 '코로나19'는 학교 안팎에도 급진적인 변화를 몰고 왔다. 세월호 참사가 우리 교육에 큰 변화를 가져왔듯, 2020년 우리에게 닥친 코로나19는 학교를 뒤흔들었다. 3월이 되면 개학을 하고 교실에서 수업을 하고 학교에서 점심을 먹으며 모여서 웃고 떠들던 일상은 없어졌다. 학교는 들어 보지도 못했던 사상 초유의 '온라인 개학'을 했고, 별다른 준비도 없이 '원격수업'을 진행하게 되었다. 등교 개학 후에는 학생들의 안전을 위해 방역과 거리두기에 온 신경을 집중했고 시시때때로 바뀌는 학사일정으로 홍역을 치렀다. 급변하는 상황에 대처하느라 그간 가장 보수적이라고 비판받던 학교는 단번에 급진적으로 탈바꿈했다.

코로나19로 인한 '온라인 개학'과 '원격수업'은 교육계 전반에서 논의해 온 미래교육의 모습을 앞당겼다. 지금껏 미래교육 담론은 손에 잡히지 않는 먼 이야기였는데, 갑자기 들이닥친 코로나19로 디지털 교육 환경을 급속히 구축하게 되었다. 그동안 미래학자들이 예측했던 원격학습(원격수업) 시대가 코로나와 함께 실현되었다.

급격한 변화 속에서 미래에는 없어지리라고 예견되었던 학교는 여전히 소중한 곳이었다. 학교는 미래에도 존재할 것임을 확인했다. 사회적인 관계를 맺는 배움의 장소라는 점에서 학교는 여전히 존재 이유가 있었다. 학교는 학습만을 위해서 존재하는 곳이 아니다. 학교는 타인과 관계를 맺고 상호작용을 통해 다 함께 성장하는 공간이었던 것이다. 학교는 사람에 대한 존중과 협력이 있기에 존재하는 곳임을 깨달았다.

학교 비전을 공유한다는 것

공립학교에는 해마다 2월 즈음 인사 발령이 있다. 해마다 교사들이 바뀌고 학생들도 학년이 바뀌어서 3월이면 새로운 공동체가 형성된다. 신학기에 학생을 맞이하기 위한 준비로 2월의 학교는 부산하다. 이때는 학교가 어떻게 기틀을 잡고 어떤 씨앗을 뿌릴 것인지가 좌우되므로 매우 중요한 시기다. 학교가 매번 바뀌는 구성원에 따라 흔들린다면 그 피해는 학생들에게 갈 수밖에 없다. 그래서 학교가 한 방향으로 가기 위해서 비전이 필요하고, 바뀌는 구성원들과 그 비전을 공유할 수 있는 소통체계를 갖추어야 한다. 그리고 그 비전을 구현하는 학교교육과정의 흐름이 정착되어야 하는 것이다.

하늘빛중학교는 아래와 같은 교육 비전을 가지고 있다.

배움과 나눔으로 함께 성장하는 행복한 학교

하늘빛 꿈을 지원하는 배움·나눔·성장 교육과정

교육목표
- 학생중심 교육과정 운영으로 학생이 배움의 주인 되는 행복한 학교
- 모든 학생의 꿈이 실현되도록 교육공동체가 소통하고 협력하는 민주적인 학교
- 학교를 넘나드는 교육생태계를 구축하여 교육공동체 모두가 함께 성장하는 미래형 학교
- 더불어 사는 오늘의 행복한 시민이 미래사회의 주역으로서 성장하도록 지원하는 시민 학교

오늘을 사는 행복한 시민이 만드는 하늘빛 교육

실천하는 민주시민으로 성장하는
민주·평화 시민교육

- **실천중심 시민교육 활성화**
  - 학생주도 학급평화교실 프로젝트
  - 학생자치회 주최 시민교육(계기/캠페인)

- **교육과정 연계 세계시민교육**
  - 교과 간 주제탐구 융합 프로젝트(학년별)
  - 삶과 연계한 배움, 사회참여형 프로젝트

교육공동체가 함께 만들어가는
문화예술 감성교육

- **교육공동체 따뜻한 관계역량 강화**
  - 교육공동체가 나누는 'One Day Class'
  - 함께 만들어가는 학교 공간 혁신 프로젝트

- **함께 나누는 존엄과 소통의 어울림**
  - 다독다독, 독서 생활를 위한 독서 교육
  - 학생자치, 꿈과 끼를 펼치는 '늘 빛 축제'

학교와 마을을 넘나드는
생태체험 마을교육

- **함께 성장하는 학교 안 마을학교**
  - 학교 안 평화교실, 회복적 생활교육
  - 마을학교와 함께하는 주제탐구교실

- **로컬 인재로 성장하는 학교 밖 마을학교**
  - 학생참여형 생태교육활동(학년별 체험학습)
  - 교육공동체 생태체험교실(마을연계 동아리)

비전을 함께 세우고 공유함은 같은 방향을 바라본다는 것이다. 민주적인 학교를 만들기 위해 다양한 구성원들과의 협의는 가장 중요한 일이다. 비전은 일종의 '방향키'이다. 여러 현안에서 구성원들의 이해관계로 길을 잃거나 갈등할 때 함께 세운 비전을 준거로 생각의 차이 이면에 숨어 있는 공통점을 찾을 수 있다.

하늘빛중 교육 비전은 어떻게 보면 좋은 단어만 모아 좋은 것 같기도 하다. 학교 비전은 약간씩 수정되지만 해마다 바꾸지는 않는다. 학교 구성원이 바뀌면 비전의 의미를 다 함께 되짚고 깊이 새긴다. 배움, 나눔, 성장이 키워드인 만큼 이 단어들의 의미에 대해 서로 의견을 나누는 시간을 갖는다. 이렇게 공유된 비전을 자신의 교과에서는 어떻게 구현해야 할지 고민하는 교과협의회를 진행한다.

학교 비전에 대한 공동감각을 공유하고 난 후에는 동학년 담임과 교과교사가 모여 학년의 가치를 세운다. 우리가 가르치는 아이들이 어떤 아이들이 되기를 바라며 그것을 실현하기 위해서는 무엇을 해야 하는지 동학년 교사들이 모여 협의한다. 함께 이상적인 학생의 모습을 학년 목표로 정하고, 학생 지도의 원칙도 세운다. 이때 전년도에 학생을 가르쳤던 교사가 학년 학생들의 전반적인 특성을 공유한다. 학생들의 특성을 바탕으로 학년별로 추구해야 할 가치를 마련하게 된다.

2020년 하늘빛중학교 1학년에서는 '존중, 배려'(캐릭터: 팽수, 구호: "눈치 챙겨~")를 학년 가치로 세웠다. 초등학교를 졸업하고 중학교에 와서 달라진 학교 시스템에 적응하는 것이 우선이며 다른 학교 출신의 친구들과도 잘 어울리려면 존중과 배려가 필요하다고 보았다. 2학년에서는 '배려와 나눔을 실천하는 매력적인 민주시민'을 학년 가치로 세웠다. 2학년 학생들이 서로를 배려하는 마음이 아직은 부족하며 마음을 열고 자신을 개방하고 공유하기를 바라는 마음이었다. 3학년은 '공감하며 실천하는 자율시민'으로 정하고, '[자존감] 나를 찾고 너를 존중하기, [가치탐색] 우리 사회의 가치 탐색하기, [실천] 자신의 가치 실현을 설계하고 실천하기'를 하위 항목으로 정했다.

이렇게 세운 학년 가치를 전 교사가 공유하고 생활지도와 수업이 함께 진행될 수 있는 학년 교육과정을 재구성한다.

<2020 하늘빛중학교 3학년 교육과정 재구성: 3~4월> 자존감

과목	단원명	성취기준	세부 내용 및 활동	평가활동	행사	예산

완성된 교육과정 재구성표는 공유 폴더에 넣어 모두가 볼 수 있게 하고, 학년부 교무실에도 붙여 둔다. 그러면 같은 시기에 어떤 교과에서 무엇을 배우고 수행평가와 프로젝트는 어떤 활동을 하는지 알 수 있다. 수행평가 시기를 조정할 수 있고 생활지도를 할 때도 같은 목소리를 낼 수 있다. 교과 간 이해가 깊어지고 학생들의 상황을 이해하는 데 많은 도움이 된다. 자연스럽게 교과 융합이 일어나고 학교 행사도 교육과정 안으로 들어올 수 있다.

민주적인 학교를 만드는 과정에는 필연적으로 혼란과 갈등을 수반한다. 서로 다른 생각을 조율하고 합의하는 과정이 만만치 않기 때문이다. 그리고 때로는 내면이 무너지고 부서지면서 오히려 학교자치와 학교민주주의에 대해서 더 부정적인 마음을 갖게 되기도 한다. 역시 해도 안 되는 것인가? 열정을 가졌던 마음이 사그라들고 무기력에 빠질 수도 있다.

교사들이 공동의 경험을 통해 공동의 감각을 가지는 것 자체가 목적이 되어야 한다. 공동의 경험을 한다는 것 자체가 연대와 협력의 기반이 될 수 있다. 나아가 공동의 감각을 갖는 것은 같은 학교공동체의 구성원으로 살아가는 데 실로 중요하다. 하지만 이 과정에서 대화하고 해결 방안을 찾고 시도했다는 그 자체가 충분히 의미 있는 일이다. 언제나 거듭해서 기본을 확인하는 것이 중요하다. 왜 하려고 했는가? 무엇이 우리를 시작하게 했는가?

학교를 움직이게 하는 힘, 자발성

학교는 관료적 시스템상 교육부의 지침이 내려올 때까지 마음대로 움직이기 힘든 곳이다. 그런데 코로나19라는 위기 상황에서 기존의 교육 행정 시스템이 빈틈을 보이자 학교의 다른 면모가 나타나기 시작했다. 학교에서는 휴업 장기화를 예상한 젊은 교사들과 부장교사들이 모여 학생들의 학습 공백을 막기 위해 어떤 일을 해야 하는지 논의를 했다. 전문적학습공동체를 중심으로 학년별로 논의가 이루어지면서 우선 학생들에게 학습 콘텐츠를 제공해야 한다는 결론에 이르렀다.

2020년 3월 25일 교육부는 원격수업을 수업시수로 인정한다는 발표를 했고, 3월 31일에는 '온라인 개학'을 보도했다. 학교 홈페이지를 기반으로 학습 자료를 탑재하며 개학을 기다리던 기존의 단순 방학 연기 상황이 끝나자, 학교는 자발적인 움직임들로 점차 활성화되기 시작했다. 발표일로부터 원격수업까지 학년에 따라 짧게는 2주, 길게는 한 달이 안 되는 기간이었다.

먼저 학교에서는 원격수업의 플랫폼을 결정해야만 했다. 또한 원격수업이 가능할 수 있도록 보안 규제의 제한 완화를 요구했다. 원격수업을 위해 원격수업 기자재를 구입하며, 동시에 생소한 각종 온라인 툴을 배우며 수업 영상을 제작해 냈다.

이러한 움직임은 놀랍게도 한 학교에서만이 아니라 전국에서 동시다발적으로 일어났다. 일면식도 없는 교사들이 연대하여 전국 단위의 교사 공개 단톡방 및 밴드를 만들었다. 그리고 그것을 다시 자신의 학교나 지역에 적용하는 전국적인 자발적 학습 공동체들이 나타났으며 이것은 학생들이 활용할 수 있는 원격수업 사이트 구축으로까지 이어졌다. 충분하지 않은 시간이었음에도 원격수업과 관련된 연수와 정보 공유에 그치지 않았고, 일부 교사들은 학생들의 학습 지원에까지 나섰다.

학교가 이렇게 다양한 모습으로 활발히 움직일 수 있었던 가장 큰 이유는 위기 상황과 그에 따른 변화를 공감했기 때문이다. 교사들은 변화를 받아들이면서 자발성을 일깨웠다. 새로운 길을 나 혼자 가는 것이 아니라 함께 간다는 동료들에 대한 신뢰와 연대감이 있었기에 두렵지 않았다. '원격수업'이라는 새로운 과제가 목전에 있었고, 그것이 '꼭 필요한 일'이라는 큰 공감대를 얻었으며, 공감대를 바탕으로 연대하고 협력할 수 있었다. 아이러니한 것은 기존의 통제 중심의 관료주의적 시스템이 일시적으로 공백 상태가 되어 빈틈이 생겼을 때 학교에서는 자발성이 생겼다는 점이다.

학교의 변화는 변화의 필요성에 대한 강력한 공감대 형성을 기본 전제로 한다. 일단 공감대가 형성되면 자발성이 뒤따른다. 지침과 규제가 있어야 잘될 것이라는 생각은 늘 옳은 것이 아니었다. 코로나 상황에서 교사들의 실천은 자율과 자치의 상황 속에서 새로운 변화에 훨씬 더 잘 도전하고 잘 적응할 수 있음을 보여 주었다.

민주적 의사소통 체계

학교 구성원은 학생, 학부모, 교직원이다. 학교 구성원이 생활하는 환경, 추구하는 가치에 따라 원하는 학교의 모습이 다를 수 있다. 그래서 때로는 갈등이 발생하고, 구성원들 사이에서 합의하기 쉽지 않을 때도 있다.

학교의 장은 민주적인 학교문화 조성을 위하여 학교의 운영과정에서 학생 학부모 교직원이 학교의 의사결정에 참여하도록 보장해야 한다. 교사가 교육의 내용과 방법, 평가 등에 관하여 법령의 범위에서 판단하고 결정한 사항에 대해 존중하고 학생이 학교 운영 등에 다양한 의견을 제시할 수 있도록 권리를 보장하여 학생 자치에 이르도록 해야 한다.[1]

학교의 중요 현안은 학생과 학부모 및 교직원이 소속된 각각의 총회를 통해 제안된다. 즉 학생자치회, 교직원회, 학부모회라는 대의제 방식의 기구를 통해 안건으로 구체화되어, 최종적 의결기구인 학교운영위원회에서 결정, 추

---

1) 「경기혁신교육 정책 이해」(2020. 12), 경기도교육청.

진되는 것이다. 교육공동체의 제안과 평가는 일상적으로 이루어지는 것이어야 한다. 총회나 대의제 기구의 단계별 의견 수렴이 지속적으로 이루어져야 학교자치가 제도적으로 구현될 수 있다.

2019년 11월에 〈학교자치조례〉가 제정·공표되었다. 2020년 초에 조례에 맞게 학교에서도 교직원회를 만들라는 지침이 내려왔다. 민주적인 문화 조성으로 학교의 변화를 요구하는 목소리가 많았는데, 〈학교자치조례〉를 제정하면서 그 제도적인 기반을 마련한 것이다. 학생과 학부모, 교직원 회의체 운영이 새로운 것은 아니다. 제도는 이미 있었지만 제대로 운영되지 못했다.

학교에서는 '교직원회' 규정을 정하고, 의장을 선출하기 위한 자리를 마련했다. 그러나 기존에 있는 교직원협의회와 조례에 의한 교직원회가 어떤 차이가 있는지, 이 조례는 왜 필요했는지 배경 설명이 필요했다. 조례 제정으로 인해 '안건과 토론이 있는 회의문화'가 학교현장에서는 아직 일반화되기 어려운 일이라는 것, 또 제도 정비도 필요하지만 현장에서 그것이 어떻게 작동하고 있는지가 더 중요한 일임을 공유하게 되었다.

기존의 '교직원협의회'와 달리 '교직원회'는 미리 안건을 받아 운영했는데, 그중에서 '원격수업의 출결 기준', '실시간 쌍방향 수업으로의 전환'과 '졸업앨범에 교사들의 사진을 넣을 것인가'라는 안건을 놓고 교사들의 열띤 토론이 벌어졌다. 회의 안건의 성격상 한 번에 결정될 수 없는 것이기에 몇 번에 걸쳐 회의를 하고, 설문조사와 함께 마무리되었다.

민주적 회의는 왜 필요한가? 그동안 우리는 다양한 구성원들의 의견을 듣는 협의다운 협의를 진행하지 못했다. 민주적 협의는 혼자만의 생각을 일방적으로 전달하는 것에서 벗어나 많은 구성원의 의견을 경청하는 것이다. 이로 인해 집단지성의 힘을 경험하게 된다. 또한 여러 사람이 의견을 교환하고 결정한 사안에 대해서는 책임을 나누고 추진력을 높일 수 있다. 이러한 합리적인 의사결정을 통해 교육활동의 질이 높아진다. 교육공동체 간의 민주적 회의를 통해 민주적인 경험이 쌓이고 이는 성숙한 민주시민의 토대가 될 수 있다.

학생을 학교운영의 주체로 세우다

학생들이 토론의 장에 의견을 제시하려면 일상적으로 의견을 나눌 수 있는 소통기구가 있어야 한다. 학급자치회, 학생자치회가 대표적인 예이다. 학급회의, 학생회의를 통해 학생들은 자신의 의견을 펼치고, 의사결정을 하고, 다양한 행사를 기획하고 진행도 한다. 나아가 학생들이 수업 및 평가 등 교육과정 편성·운영에 주도적으로 참여하기도 한다.

또한 학생들이 학교 안의 각종 위원회에 참여하여 의견을 개진하기도 한다. 2020년부터 하늘빛중학교에서는 교복과 체육복 선정위원회에 학생 4명을 위원으로 위촉했다. 학생들은 자신들이 입을 교복과 체육복 업체를 선정한다는 설렘으로 학생 입장의 기준과 시각을 가지고 참여했다. 학생들에게 새롭고도 의미 있는 경험이었다.

2020년에는 우리 공교육 역사상 처음으로 원격수업이 진행되었다. 학교는 학생을 최우선에 두고 원격수업 플랫폼을 결정했다. 학생들이 사용하기 편리하고 제대로 배울 수 있어야 한다는 점을 가장 우선시했다. 그러나 이제껏 가 보지 않았던 길이라 원격수업을 통해 학생들이 어떻게 배우고 있으며 어떤 점이 어렵고 불편한지 알 수 없었다. 학교에서는 등교 방식이 바뀔 때마다 학생들에게 '대면'과 '비대면'으로 원격수업에 대한 의견을 물었다. 전체 학생과 학부모를 대상으로 원격수업에 관한 설문조사를 진행해서 그 결과를 공유하고 수업에 반영했다. 학생들이 등교했을 때는 학급별로 원격수업에 대한 문제점을 논의하고 나서 그 결과를 가지고 학급 대표와 교사들의 협의회를 진행했다.

학년별로 진행했던 협의회에서는 학생 입장의 솔직한 의견과 제안이 많이 나왔다. 원격수업은 어떻게 진행되고 있나? 나의 수업 태도는 어떤가? 어떤 점이 어려운가? 선생님에게 바라는 점은 무엇인가? 교사들은 많은 질문에 일일이 답하면서 학생들의 상황을 더 깊이 이해하게 되었다. 이런 얘기를 진지하게 나누는 과정에서 여러 가지 개선 사항을 도출했다. 학교장과 학생회 간부들과의 간담회도 진행했다. 학교에서는 학생들의 의견을 받아들여 원격수업의 문제점을 꾸준히 보완해 갔다. 가정에서 자료 출력 여건이 안 되는 학생들이 불편하다는 의견이 나와서, 학습자료를 인쇄해 학년의 등교가 끝나는 날 배부했다. 특히 개별 피드백을 철저히 하면서 2학기에 전면 실시간 쌍방향 수업으로 전환했던 것은 학생들 의견을 존중하고 그것을 교육과정에 반영한 결과이다.

학교교육과정 운영에서 학생들이 중요한 목소리를 내고, 존중을 받으면서 아이들 스스로도 합리적인 의사소통 방법과 존중의 의미를 배울 수 있었다. 그러한 과정은 교사의 입장에서도 학기 중간에 학생의 피드백을 받아 자신의 수업을 개선할 수 있는 좋은 계기가 되었다.

경험이 중요하다. 학생들은 제도로서의 민주주의와 함께 삶의 방식으로서의 민주주의를 학습해야 한다. 자신이 어떤 의사결정 과정에서 이야기한 내용으로 결과가 결정되고, 그것이 그대로 실현되는 것을 봄으로써 민주주의의 절차와 민주주의를 경험하게 된다. 학교는 민주적인 공간이 되어야 하고, 학생들은 그 안에서 인간 존엄이 실현되는 것을 서로 협력하면서 경험해야 한다.

위기 상황에 더욱 중요한 학교자치

학교자치란 "학교공동체의 구성원들이 학교교육 운영에 관한 권한을 가지고 자주적으로 단위학교를 운영하여, 학교의 특성에 맞는 교육력을 향상시키고 교육공동체 모두가 학교를 만드는 것"[2]이다. 지금까지도 학교에서 자치가 이루어지지 않은 것은 아니지만, 학교자치는 문건이나 정책으로만 존재했던 측면이 있다.

코로나19 상황에서 교육부나 시·도교육청은 불가피하게 학교에 많은 재량

2) 「경기혁신교육 정책 이해」(2020. 12), 130쪽.

미래교육을 열어가는 배움중심 원격수업

권을 주었다. 학교는 여태껏 이렇게 많은 자율권을 가져 본 경험이 없었다. 초반에는 어떻게 해야 할지 몰랐고, 또 결정을 잘못해서 발생할 수 있는 결과와 책임 때문에 부담스러웠던 것도 사실이다. 그러나 학교에 자율성과 결정의 권한이 주어지자 전에 없던 자발성이 나타났다. 이러한 긍정의 에너지는 시간이 갈수록 커다란 울림으로 전파되었다. 기존의 통제 시스템 공백 속에서 학교가 자율권을 갖고 교사들이 자발성을 발휘하게 되었다는 것은 학교자치의 필요성을 역설적으로 말해 준다.

학교는 학생이 배움의 주체가 되어 삶의 역량을 기르도록 교사의 교육과정 자율권을 확대해야 한다. 학생이 민주적인 방식으로 변화를 주도하는 힘과 의지를 기르며, 협력하고 행동하는 민주시민으로 성장할 수 있도록 해야 한다. 또한 자신의 삶의 의미와 가치를 스스로 발견해 가는 배움의 기쁨을 느끼고 존엄한 삶을 살아갈 수 있도록 의사결정 구조를 바꾸어야 한다.

민주적인 학교를 만드는 데 가장 중요한 관심사는 '결정의 주체가 누구이며, 어떻게, 무엇을, 왜 결정하는가?'이다. 그러므로 중요한 의사결정에 누구나 참여할 수 있는 학교 시스템 속에서 모두가 주인으로 서게 해야 한다. 그래야 위기 상황에서 서로의 어려움을 이해하고 협력할 수 있다.

코로나가 뒤흔든 2020년은 '온라인 개학식'으로 시작해서 결국 '온라인 종업식'으로 막을 내렸다. 혼자 있을 때는 길이 보이지 않았지만 함께 가면서 새로운 길을 찾았다. 그 길에서도 사람은 언제나 중심이었다. 사람을 존중하고 사람들과 협력하고 연대하는 학교민주주의와 학교자치는 여전히 중요했다. 학교공동체 간의 존중과 배려의 관계가 잘 마련된 학교일수록 위기에 잘 대응할 수 있었다. 진정한 이해와 협력이 학교민주주의를 기반으로 일어날 수 있었기 때문이다. 위기에 대응하는 학교 역량의 차이는 학교민주주의와 밀접한 연관이 있었다.

- 이윤서

코로나가 뒤흔든 학교,
소통과 협력으로 새 길을 찾다

코로나 바이러스에 의한 감염병이 발생한 지 얼마 안 된 2020년 2월만 해도 사람들은 그저 잠시 유행하다가 사그라질 것으로 생각했다. 신학기 교육과정 워크숍을 다른 학교보다 일찍 진행하고 나서, 3월 개학을 기다렸다. 그러나 코로나19는 더욱 확산되면서 개학이 네 차례나 연기되었다.

아이들이 학교에 없는 동안 교사들의 시간도 함께 멈췄다. 멈춘 시간을 누군가는 막막함으로 누군가는 두려움으로 보냈다. 그러나 학교는 학생을 위해 존재하는 곳, 학생들의 학습 공백을 막으려면 우리는 누구도 가 보지 않은 길을 가야 할 운명임을 받아들였다. 멈춘 시간에 흐르는 위기감은 서로를 연결하며 협력을 만들어 냈다. 우리에게는 이미 전문적학습공동체가 있었다.

모두가 처음이기에 혼자는 감당할 수 없다는 사실에 동의했고, 플랫폼을 결정하고 수업 영상을 제작하고 새로운 툴을 배우는 어려운 길을 한 발 한 발 함께 걸었다. 선배 교사에게, 동료 교사에게, 후배 교사에게 배웠다. 내가 갖고 있는 걸 나누는 건 너무나 당연했다. 학교 안에서 나누고 학교 밖에서도 나누었다. 온라인으로 오프라인으로 배우고 또 배웠다. 순식간에 전국적인 온라인 네트워크가 생겨났다.

'온라인 개학'이라는 누구도 경험해 보지 못한 절박한 상황을 풀어내기 위해 서로에게 손을 내밀었고, 누구의 손도 거절하지 않았다. 그렇게 연결된 연대의 경험은 참으로 아름다운 모습이었다. 교사들은 자발적으로 협의하고 학습하고 실천하며 함께 동료가 되었다. 코로나 시국에 교사들은 엄청난 학습공동체가 되어 갔다. 그것은 학교혁신의 열쇠가 교사에게 있다는 사실을 새삼 일깨워 주었다.

온라인 개학 이전: 과제 수행 중심 원격수업

3월 개학 연기가 발표되기 전부터 학교는 이미 학생들의 안전과 학습 공백 발생을 최소화하기 위한 방안을 검토하기 시작했다. 개학 연기를 발표한 교육부는 온라인 수업을 제대로 준비하지 못했다. 그간 온라인 수업이라면 전입생 미이수 과목 수강과 기초학력 미달 학생을 위한 수업 외에는 떠올리기 힘들었으니 당연했다. 학생들이 학교에 모두 나와 수업을 했던 상황에서 굳이 온라인 수업을 해야 할 이유가 없었던 것이다. 안정된 플랫폼도 없었다. 준비되지 않은 것은 학교도 마찬가지였다. 하지만 학교는 학생들을 마주하는 현장. 어떤 플랫폼을 정해서 어떻게 원격수업을 할지를 결정하는 것은 오롯이 학교의 몫이 되었다.

e-학습터, 위두랑, 에듀넷, EBS 온라인 클래스…. 막막한 상황에서 여러 가지 원격학습 플랫폼의 장단점을 비교한 자료를 공유하며 논의가 시작되었다. 검토한 플랫폼들은 대부분 학생들이 각각의 사이트마다 회원 가입을 해야 하는 번거로움이 있었다. 고민 끝에 '학교 홈페이지'에 학년별, 주제별 '온라인 클래스'를 개설했다. 학습자료는 자체 제작을 해서 탑재하는 것으로 했다. 이렇게 결정한 이유는 우리 학생들이 별도의 외부 플랫폼에 가입하지 않아도 된다는 점 때문이었지만, 무엇보다 외부 콘텐츠에만 의지하여 수업을 해서는 안 된다는 생각에서였다.

위기를 맞으니 전문적학습공동체가 그 어느 때보다 자발적으로 작동했다. 동학년 동교과 선생님들이 자주 모이기 시작했다. 협의를 통해 완성된 교과 학습자료와 평가자료를 제작하여 홈페이지에 탑재해야 했기 때문이다. 학습자료뿐 아니라 소크라티브나 구글 플랫폼, 네이버 폼 등 다양한 플랫을 활용해 효율적으로 평가를 취합할 수 있도록 했다. 평가 방법은 선다형과 서술형 등으로 교과 특성에 따라 구성하되 부담이 너무 크지 않도록 확인하는 수준에서 평가 내용을 탑재했다.

가정통신문을 통해 학교 홈페이지에 주간 단위의 학습자료 탑재와 평가가 있음을 안내했으며, 평가는 성적과 무관함을 공지했다. 또한 팝업창에 e-학습터, 위두랑, 에듀넷, 디지털교과서 이용도 함께 안내했다. 학생들이 '원격 클래스' 해당 학년을 접속하면 모든 교과의 학습자료가 모두 보이게 주간별로 탑재했다.

그런데 학습자료만 탑재한다고 학생들이 학습을 하는 것은 아니니 간단한 평가나 과제를 통해서 참여를 독려하고 학생들의 학습 결과도 확인해야 한다는 의견이 나왔다. 이 결과를 담임교사가 파악하고 학생 상담에 활용하면 좋겠다는 의견이 이어졌다. 그리하여 구글, 네이버 폼 등으로 받은 평가 결과는 담당 교사가 교장 선생님에게 보내고, 교장 선생님이 공유 폴더에 결과를 탑재하면, 담임교사가 이를 활용해서 학급 클래스팅이나 카톡으로 참여를 독려했다. 학생, 학부모 비상연락망을 완비하여 가정통신문과 문자를 발송하고, 학교 홈페이지의 학급게시판과 클래스팅, 밴드, 카톡방, 개인 문자 등을 활용해 긴밀히 소통하는 일도 중요했다.

이러한 노력에도 불구하고 학습에 참여하지 않는 학생들이 있었다. 개학 이전이었고 학습이 평가로 이어지지 않는 점 때문이었다. 1차 운영 결과를 분석하고 참여율, 피드백, 용이성 등에서 문제점 개선 방안을 또다시 논의했다. 그리하여 학생들이 좀 더 흥미 있게 참여할 수 있는 프로젝트 수업으로 바꾸었다. 평가도 구글 드라이브로 일원화하여 진행했다. 또한 학교 홈페이지에 주간 단위 학습 내용을 확인할 수 있는 메뉴를 신설하여 학생의 접근성을 높였고, 일별 학습자료와 교과별로 통합한 평가자료를 탑재함으로써 학습의 편리성을 도모했다. 구글 드라이브의 공유 기능을 활용하여 교과 및 담임교사가 학생들의 참여 현황을 파악했고, 그 결과를 바탕으로 학생 맞춤형 상담을 진행하는 등 피드백을 세밀히 제공하는 데 주력했다.

온라인 개학 발표: 콘텐츠 활용 중심 수업

코로나19가 확산되자 교육부는 온라인 개학을 발표했다. 온라인 개학, 원격수업. 이건 누구도 가 보지 않은 길이었다. 학생도 교사도 전혀 준비가 안 된 상태에서 원격수업이라니. 비대면 원격수업을 앞두고 교사들의 당혹감과 부담감은 이루 말할 수 없었다.

2월부터 함께 고민한 교사들은 함께 하면 할 수 있다는 것을 알고 있었다. 학교 홈페이지를 기반으로 원격수업을 지속하는 것은 학생들의 수업과 피드백에서 여러 한계가 예측되었다. 우선 학생들이 편하게 접근하면서도 안정적이고 효과적으로 학습할 수 있는 플랫폼을 결정해야만 했다. 다양한 플랫폼의 장단점을 신중하게 비교하고 여러 차례 논의를 거듭한 끝에 구글 클래스룸으로 결정했다. 구글 클래스룸에 학급별로 방을 개설하여 일과 시간표를 만들면 학생들이 한눈에 당일 학습해야 할 것을 알 수 있고, 언제든지 복습이 가능하며 비공개 댓글과 이메일 등을 통한 피드백을 원활하게 할 수 있는 장점이 있었기 때문이다.

플랫폼을 결정하기는 했지만 그것을 사용해 본 사람이 없었다. 모두가 난감하고 어려운 상황에 뜻밖에도 젊은 교사들이 자발적으로 먼저 연구해 보고 연수를 하겠다고 나섰다. 신규 교사와 경력 2년 차, 4년 차 교사들이었다. 저경력 교사들의 구글 클래스룸 사용, 줌 화상회의, 동영상 편집 등의 소프트웨어 활용 연수가 진행되었다. 이 자리에서 경력이 많은 교사들이 저경력 교사들에게 배우고 묻는 경험을 통해 진정한 성장이 일어났고 전문적 학습공동체의 위력은 빛을 발했다. 서로 경험한 것, 아는 것을 자발적으로 나누는 시간은 원격수업을 해야 하는 위기를 협력으로 극복하겠다는 열정으로 가득했다.

학생의 입장이 되어 개설된 학급방에 접속하고 과제도 제출하고 피드백을 받아 보니 원격수업이 어떻게 진행될지 예상이 되었다. 스트림을 만들고 자료를 탑재하는 방법을 배우고 일과표 제시 방식을 통일했다. 경력이 많은 나이 든 교사들, 정년이 얼마 남지 않은 교사들이 따라가기에는 벅찬 부분이 많았다. 그러나 누구도 가 보지 않은 길을 함께 찾아가는 상황이어서 서로 믿고 존중하고 협력하며 갈 수 있었다. 교직 경력은 아무런 문제가 되지 않았다. 모르는 것은 잘 아는 교사들에게 하나하나 묻고, 그래도 모르는 부분은 SNS나 다른 학교 교사들에게 물어서 해결했다.

| 학년별 협의회 | 전문적학습공동체 |

교사들은 정말 짧은 시간에 들어 보지도 못했던 수업 영상 제작 기술과 도구 사용법을 익혔다. 시행착오를 거쳐 하나하나 배워 가면서 만든 수업 영상이 변질되어 온라인에 떠도는 것은 아닐까 하는 우려와 자신의 수업이 매 시간 공개되는 부담이 있었지만 가야만 하는 길이었다.

학기 초에는 마이크와 웹캠 같은 장비도 구비되지 않은 상황이어서 온라인 개학으로 가격이 폭등하기도 했다. 수업자료를 제작해서 원격수업을 하는 동시에 필요한 장비를 교사가 맡아서 구입하게 되니 업무 과중이었다. 준비되지 않았던 원격수업의 부족한 인프라와 콘텐츠는 공교육의 위기였으나 학교는 이에 신속히 대처했다.

수업자료 제작뿐만 아니라 학생 출석 관리도 큰 문제였다. 학생들 중에는 온라인 개학을 방학의 연장처럼 생각하는 경우가 있었다. 담임교사들은 원격수업에 참여하지 않은 학생들에게 일일이 연락을 해서 참여하게 하느라 콜센터 직원이 된 듯한 피로감을 느꼈다. 학생들이 적극적으로 참여하게 하는 방법은 **피드백**이었다. 학생의 평가나 과제에 대해서 구글 클래스룸의 일대일 댓글 기능을 이용해서 피드백을 해 주면서 학생 한 명 한 명을 챙겨 나갔다. 일주일 정도 지나니 출석 독려 문제는 어느 정도 해소되었다.

함께 노력한 결과 원격수업은 우려했던 것보다 잘 진행되었지만, 아직 갈 길은 멀었다. 학교 운영위원회에서 원격수업 운영 상황에 대해 협의하고 학부모 의견을 수렴했다. 학생들과도 학년별로 간담회를 진행하고 원격수업 운영에 대한 학생 만족도 조사를 실시했다. 학생들은 원격수업에서 부족한 점들 정확하게 짚어 냈다. 학습량의 적절성 확보, 충분한 설명, 정확한 과제 제출 안내, 동영상 제작 기술 오류 개선, 빠른 피드백 등등…. 교직원협의회에서 학생들의 의견을 공유하고, 문제점의 해결 방안은 교과협의회를 통해 모색하고 반영했다.

3월 말에는 원격교육 선도학교 신청 공문이 왔다. 어려움을 전체 학교와 함께 헤쳐 나가자는 취지에 동의하여 선도학교를 신청했고, 담당 부장교사는 원격수업 '1만 교사 커뮤니티'의 일원이 되어 더욱 활발히 정보를 공유했다.

등교수업 시작: 방역 중심 등교, 잦은 학사 변동

자발적인 연수와 협의의 분위기가 경직되기 시작한 것은 등교수업 시점부터다. 교육부는 2020년 5월 20일에 고등학교 3학년부터 등교수업을 한다고 발표했다. 중3은 일주일 뒤인 5월 27일부터 등교를 시작했다. 등교수업을 앞두고 학생 안전을 위해 등교지도, 급식지도, 화장실지도, 수업지도, 쉬는 시간 지도, (의심)환자 발생 시 대처 방안 등 방역을 위한 수많은 지침들이 학교로 내려왔다.

학급당 학생 수가 많은 과밀 학교는 방역 지침으로 더욱 경직되었다. 교육보다 학생 안전이 중심이 될 수밖에 없는 학기 초 분위기에 교사들은 초긴장했다. 이 와중에 한 시도교육청에서는 "발열검사를 하지 않거나 부실하게 실시하여 학교 내 확진자가 발생할 경우 해당 학교를 엄중 문책"하겠다는 경고성 공문을 보내 교사들을 위축시켰다.

등교 수업 관련 방역 주요 세부지침

자기건강 관리상태 조사
- 학생·교직원, 매일아침 등교전(1주 전부터 시행)가정에서 자기건강관리 상태 조사한 후 제출 (모바일 또는 PC 인터넷 등 학교에서 안내하는 방식)
- 설문문항 중 하나라도 해당 될 경우 등교 할 수 없음 (출석 인정)
  - 발열 - 호흡기증상 - 메스꺼움 - 미각·후각 마비 - 설사
  - 본인·동거인 해외 여행 경력 등

의심 증상 시
등교 전후에 발열·호흡기 증상이 있으면 가까운 선별진료소 방문해 **진료·진단 검사** (검사 결과가 나오기 전까지 학교 정상운영)

확진자 발생 시
모든 학생·교직원 보건용 마스크 착용한 후 즉시 귀가.
이후 학교소독 등 추가 조치 시행

마스크 사용 기준
학생·교직원, 등하교·학교 내에서 상시 착용
(점심식사 등 불가피한 경우 제외)

에어컨 등 사용 기준
- 일과시간에는 건물의 모든 창문 상시 개방
- **냉방기기 가동 시 모든 창문의 1/3 이상 개방 후 가동** 권장
- 공기청정기 가동 자제 권고

출결·평가
- 확진자, 의심 증상자 등 등교 중지 기간 출석 인정으로 처리
- 기저질환·장애를 가진 고위험군 학생은 별도의 기준을 충족할 경우 결석 기간을 출석으로 인정
- 감염병 위기경보 단계가 '심각' 또는 '경계' 단계 기간에 한해, 교외체험학습 신청·승인 사유에 '가정학습' 포함
- 중간고사·기말고사 등 정기고사와 수행평가 반영비율·횟수 등은 각 교육청 지침에 따라 학교장이 결정

자료/교육부

연합뉴스

김영은 기자 / 20200507
트위터 @yonhap_graphics 페이스북 tuney.kr/LeYN1

교육부의 교무 학사 주요 지침은 다음과 같았다. 수업의 플랫폼과 수업 형태를 단위 학교가 자율적으로 결정하게 했다. 수업의 형태는 실시간 쌍방향, 콘텐츠 활용형, 과제제시형 세 가지를 제시했다.

원격수업의 출결은 교과 담당 교사가 '출석'과 '결석'만 처리하도록 했다. 등교수업과 달리 수업일로부터 7일 이내에 출석이 확인된 경우에 출결을 인정하도록 했다. 구체적으로 실시간 쌍방향의 경우 실시간 교사 확인, 접속 기록 등으로 확인하게 했으며, 콘텐츠 활용의 경우는 별도의 결과물 없이

진도율, 학습 시간만 가지고도 출석을 인정하게 했다.

평가는 공정성과 투명성을 원칙으로 했다. 줌과 같은 실시간 플랫폼이나 예체능의 경우 원격수업 중 이루어진 수업 활동을 학생부 기재가 가능하도록 했으나 과제형이나 콘텐츠형은 기재가 불가능하도록 지침을 내렸다. '가정학습'으로 체험학습을 사용할 수 있도록 했으며 코로나 의심 증상으로 결석을 한 경우에는 인정결석으로 처리하도록 했다.

교육부의 지침이 이와 같다 보니 세세한 출결관리 기준, 평가와 등교 방식, 방역과 급식, 거리두기를 위한 생활지도 등의 모든 사항을 학교에서 결정해야 했다. 수많은 협의가 이어졌고 새롭게 업무 과중이 발생되기도 했다. 학교민주주의가 정착되어 구성원들 간의 관계가 좋은 학교에서는 이러한 문제들을 쉽게 극복할 수 있었지만, 그렇지 않은 학교는 심각한 내분을 겪기도 했다. 협력과 존중은 위기 상황에서 더욱 소중했다.

하늘빛중학교는 온라인 개학부터 과제 수행 중심 수업을 하지 않았기 때문에, 수업 형태는 다음과 같이 정리하여 교사들에게 안내했다. 1학기에는 실시간 쌍방향 수업을 하는 교사가 몇 안 되었지만 2학기에는 콘텐츠 활용 수업의 한계를 받아들여 실시간 쌍방향 수업을 전면 실시하게 되었다.

과목	단원명	운영 형태
① 실시간 쌍방향	①-1 (화상수업)	•실시간 원격교육 플랫폼을 활용하여 교사·학생 간 화상수업을 실시하며, 실시간 토론 및 소통 등 즉각적 피드백 ※ (화상수업 도구 예시) 네이버 라인웍스, 구루미, 구글행아웃, MS팀즈, ZOOM, Webex 등 활용
	①-2 (콘텐츠 활용 +화상수업)	•자체 제작 학습 콘텐츠 시청과 실시간 화상 토론 및 소통으로 즉각적 피드백을 결합 ※ (예시) 교사 자체 제작 동영상 시청 + (학생 활동지 등) + 실시간 화상 수업(피드백)
② 콘텐츠 활용 중심 수업		•학생은 학급별 시간표 해당 시간에 교사 자체 제작 콘텐츠를 시청하고 교사는 댓글 등 학습 내용 확인 및 피드백 ※ (예시) 교사 자체 제작 동영상 시청→ (학생 활동지 등) → 댓글형 피드백(밴드, 카톡 등) ※ 콘텐츠는 교사 자체 제작(재구성 포함)을 기본 방향으로 하며 단원 및 차시 특성 등에 따라 기존 콘텐츠를 일부 활용 가능

등교수업이 시작되었지만 전교생이 한꺼번에 등교할 수는 없었다. 감염병의 증가세에 따라 3분의 1 등교, 3분의 2 등교가 수시로 바뀌었다. 학급당 학생 수가 36명인 일반 교실에서 최소 1m 이상 거리두기를 유지하는 것은 불가능했다. 협의를 수차례 진행한 끝에 일반 교실의 1.5배인 특별실을 사용해서 층별로 학생들을 분산하고 학급 내에서 거리두기를 유지할 수 있게 했다. 이렇게 하면 한 학급이 한 곳의 화장실을 고정해서 사용할 수 있는 장점이 있었다. 그래야만 혹시 확진자가 발생하더라도 이동 동선이 층별로 갈려서 감염 우려가 낮을 것이라고 판단했다. 1층의 협의실, 시청각실, 2층의 과학실, 도서실, 3층의 과학실, 4층의 다목적실, 어학실까지 모두 교실이 되었다. 특별실 담당 교사는 '특별실 사용 설명서'를 제작하여 이용에 어려움이 없도록 했다.

그런데 특별실을 교실로 사용하는 방안은 3분의 1이 등교할 경우였고 3분의 2가 등교할 때는 교실로 이동하여 수업을 할 수밖에 없었다. 일반 교실에서는 거리두기가 안 되기 때문에 칸막이를 구입해서 설치했다. 칸막이로 인한 불편과 소통 장애는 일상의 소중함을 상기시켰다.

학생들은 아침 등교 전 자가진단을 한 후 이동 동선을 따라 거리를 유지하며 등교했다. 현관에 있는 열화상 카메라 앞을 지나야 해서 출입구를 하나로 통일했다. 매 수업 시간마다 교과교사는 학생들에게 건강 이상 여부를 물었고, 4교시 수업이 끝나면 체온 측정을 했다. 그리고 해당 학급의 급식시간이 될 때까지 학생들과 함께 대기하고 있다가 거리를 유지하여 급식실 앞으로 내려왔다.

교사들은 방역으로 인해 업무가 늘어났다. 아침 발열 검사와 질서지도, 일과 중 질서지도, 급식지도를 위해 수업 시간을 고려하여 계획을 세워 진행했다. 각 층의 홈베이스와 화장실 앞에서 학생들이 밀집하여 접촉하지 않도록 13명의 교사가 쉬는 시간마다 배치되었다.

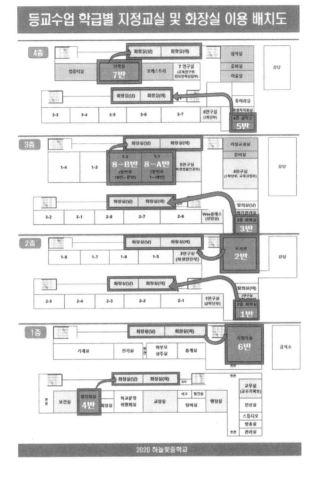

등교수업 학급별 지정교실 및 화장실 이용 배치도

2020 하늘빛중학교

교사들은 등교한 학생들 생활지도를 하면서 미등교 학생들과 원격수업도 진행해야 했다. 한 시간 내내 마스크를 쓰고 하는 등교수업은 힘이 들었다. 숨이 막히고 전달력이 떨어지고 오후가 되면 산소 부족으로 두통에 시달렸다. 학생의 표정도 반응도 알 수 없어서 수업이 예전 같지 않았다. 학생 입장에서도 활동중심수업 없이 마스크를 끼고 6~7시간 수업을 듣는 것은 쉬운 일이 아니었다. 이러한 상황에 적응하고 등교수업과 원격수업을 고려하여 배움중심수업을 하기까지 일 년이 걸렸다. 감염병은 학교 시스템과 그 안에서의 생활을 완전히 바꾸어 버렸다.

코로나19 장기화: 실시간 쌍방향 수업으로의 전환

원격수업이 몇 달 동안 진행되면서 중위권 학생들이 사라지고 기초학력이 저하되었다는 문제가 제기되었다. 공교육 현장에 있는 교사로서 압박감과 책임감을 동시에 느끼기 시작했다. 결국 그동안 해 오던 콘텐츠 중심 수업에서 벗어나 실시간 쌍방향 수업을 해야 한다는 필요성이 커졌다. 교육격차 해소를 위한 해법으로 실시간 쌍방향 수업을 논의하기 시작했지만 교사들의 저항도 컸다. 한 번도 해 보지 않은 방식의 수업이 두렵기도 하지만 사이버에서 일어날 수 있는 각종 인권 침해 사안도 예상되었기 때문이다. 그러나 학생들의 연습과 사전 교육을 통해 문제를 예방하기로 의견이 모아졌다.

이번에도 어려운 문제를 모여서 해결하기로 했다. 원격수업협의회를 꾸려서 먼저 쌍방향 수업을 해 보기로 했는데, 10여 명의 교원이 모였다. 젊은 교사들은 이미 학기 초부터 간간이 학생들을 쌍방향으로 만나 왔기 때문에 플랫폼 사용 장벽이 낮았다. 이들이 쌍방향 수업을 할 수 있는 줌과 구글 미트를 집중적으로 소개했다. 장단점은 물론이고 호스트로서 소회의실 사용, 모둠 편성 방법 등 각각의 기능과 메뉴 안내와 더불어 활동 사례도 공유했다.

하지만 우리는 기술자가 아니라 교사, 등교수업이든 원격수업이든 중요한 것은 학생들의 '배움'이었다. 기능을 익힌 후에는 수업에 적용해야 했다. 기술을 수단으로 해서 결국 학생들의 배움을 이끌어 가려면 수업 철학 및 수업 디자인이 중요했다. 쌍방향 플랫폼의 기능을 배운 고경력 교사들은 수업 철학을 반영한 수업 디자인, 과제 제시, 피드백 방법 등의 수업 내용 사례를 연수했다. 패들렛, 구글 공유문서, 구글 프레젠테이션, 잼보드 등의 다양한 툴을 사용해 학생들이 참여하고 소통하는 수업 사례는 온라인상에서도 배움중심수업이 구현될 수 있음을 보여 주었다. 누구나 참여할 수 있도록 원격수업협의회를 열어 두고 네 차례 정도 모임을 가졌고, 그 결과는 전체 교직원협의회에서 공유하면서 서서히 실시간 쌍방향 수업 준비를 해 나갔다.

학생들도 연습이 필요했다. 1학기에도 줌을 통해 쌍방향 수업을 진행한 교사들이 있었지만 아직 모든 학생들에게 익숙한 매체는 아니었다. 일단 아침 조회와 종례 시간에 담임교사와 줌으로 만나는 연습을 했다. 교사들의 회의도 줌을 통해서 진행하면서 점차 친숙해지도록 기회를 마련했다.

2학기가 되어 실시간 쌍방향 수업이 진행되었는데, 모든 교과에서 쌍방향을 진행한 것은 아니었다. 처음에는 소수의 교사만 실시간 쌍방향 수업을 희망했다. 교과와 단원의 특색이 있어 무조건 쌍방향 수업을 강제하는 것은 바람직하지 않아서 기존의 콘텐츠 중심 수업을 하는 것도 허용하면서 교사들의 자율에 맡겼다. 그런데 놀랍게도 일주일이 채 지나지 않아 전 교사가 쌍방향 수업을 하게 되었다.

학생들은 미리 조회와 종례를 통해 적응을 해서인지 화상으로도 얼굴을 잘 보이고 참여했다. 실시간 쌍방향 수업은 콘텐츠 활용 중심 수업에서 늘 있었던 과제가 없기 때문에 오히려 부담이 적었다. 무엇보다 소통이 직접적으로 이루어져 학생들의 배움이 활발하게 진행되며 학생 활동을 화상으로나마 실시간 관찰할 수 있는 장점이 있었다. 우려했던 것과는 달리 사이버 인권 침해도 일어나지 않았다.

수업의 양상은 많이 달라졌다. 1학기에는 정규 교육과정에 따른 일별 6~8차시(블록타임) 수업을 실시하고 과제에 대한 개인별 피드백을 철저히 하는 데 초점이 있었다. 피드백을 주고받는 데 교사의 시간이 많이 투입되었다. 그런데 2학기에 들어서는 학급별 시간표로 바뀌고 실시간으로 수업이 진행되면서 과제가 거의 없어졌다. 학생들이 실시간으로만 활동하다 보니 모든 학생들이 참여하는 수업으로 바뀌어 학력격차를 줄이는 데에는 더 효과적인 방식임을 체감할 수 있었다. 또한 교사와 학생 모두 과제에 대한 부담에서도 벗어날 수 있었다.

실시간 쌍방향 수업이라고 수업의 전체 시간을 강의식으로 하는 것은 아니었다. 이것은 기존의 강의식 교실 수업을 온라인에 그대로 가져다 놓는 것이기에 학생들의 배움에 효과적이지 않았다. 게다가 결석과 체험학습으로 인해 수업을 듣지 못하는 학생들이 나중에라도 수업에 참여하려면 구글 클래스룸에 학습자료가 남아 있어야 했다. 이런 이유로 교사들은 기존의 자체 제작 영상을 유튜브에 올리고 구글 클래스룸에 링크하는 콘텐츠 활용 수업과 줌을 이용한 실시간 쌍방향 수업을 병행하게 되었다. 수업 시간이 되면 모든 학생들은 줌이나 구글 미트를 통해 쌍방향으로 출결을 확인하고 수업 진행을 안내받았다. 그리고 다시 유튜브로 가서 수업 영상을 보고 줌으로 와서 패들렛으로 활동을 하거나 소그룹 토의를 하고 결과를 공유하는 순으로 수업에 참여했다.

학생들이 등교하지 않아도 교사들은 빈 교실에 들어가 수업을 진행했다. 학생도 없는 교실에서 수업을 하는 것이 처음에는 어색했지만 곧 익숙해졌다. 그러나 줌으로 36명의 학생을 관찰하고 반응하기는 매우 어려웠다. 교실의 커다란 프로젝션 모니터에 학생들 얼굴을 띄우는 방법을 공유하고부터는 좀 더 관찰이 쉬워졌다. 전 교과의 학습자료를 미리 인쇄해서 학생들에게 학습꾸러미를 배부하는 일도 쉬운 일은 아니었지만, 원격수업을 돕기 위해 기꺼이 그 일을 감수했다.

등교수업과 원격수업을 반복하면서 교사들은 효과적인 블렌디드 러닝을 고민하게 되었다. 원격수업에서 배운 것을 등교수업에서 다시 확인하며 심화 활동을 하든지, 수행평가를 진행하는 방식으로 수업이 전환된 것이다.

단계별	추진 내용
1기 (도입기)	교직원/학년별 협의회를 통한 원격수업 계획 수립 운영 - 학교 홈페이지 기반 학년별, 주제별 원격 클래스 개설 운영 - 주간 단위 자료 게시, 다양한 방법을 활용한 학습 내용 확인
2기 (성장기)	원격수업관리위원회 구성 수시 협의, 전문적학습공동체 공유 - 학교 홈페이지 기반 학년별, 일별 3과목(블록타임) 수업 실시 - 교과/코로나 관련 융합 프로젝트 수업 운영으로 시민성 함양 - 학습자료 자체 제작 활성화, 평가 방법을 구글 설문으로 단일화
3기 (정착기)	학년 중심 원격수업 계획 수립 운영 - 구글 클래스룸을 활용한 학습-평가-피드백 일체화 수업 실시 - 정규 교육과정에 따른 일별 6~8차시(블록타임) 수업 실시 - 전 교과 학습자료 자체 제작 및 평가 결과 피드백 제공
4기 (발전기)	학급 중심 원격수업 계획 수립 운영 - 구글 클래스룸, 줌 등을 활용한 쌍방향+콘텐츠 활용 수업 실시 - 정규 교육과정에 따른 학급별 시간표에 의한 수업 실시 - 다양한 학습보조 소프트웨어를 활용한 배움중심수업 진행

원격수업의 기반, 관계 다지기

원격수업에서도 관계는 중요했다. 교사와 학생 간의 관계, 학생과 학생 간의 관계가 얼마나 좋은지는 수업에 참여하는 적극성과 열정과도 관련이 많았다. 등교 개학이 연기되면서 얼굴도 모르는 선생님과 친구들을 온라인상에서 만나는 것이 어색한 것은 당연했다. 교사들은 구글 클래스룸이나 밴드, 클래스팅 등 학급 SNS를 활용해 온라인 행사나 간단한 미션 등을 통해 친밀감을 다지며 학급운영을 했다. 일주일에 한두 번은 줌(ZOOM)을 활용해 실시간으로 온라인에서 만나 학급 조회(출석 체크)를 하면서 대면하지 못하는 학생들을 만났다. 일일이 이름을 부르고 얼굴을 확인하며 건강 상태와 안부를 물었다. 또한 학급 자치시간을 활용해 삼행시 짓기 등 '우특시(우리들의 특별한 시간)' 활동, 방탈출을 적용한 코로나 탈출 미션을 수행하며 친밀감을 형성해 나갔다.

학생뿐 아니라 학부모와의 소통도 더욱 중요해졌다. 학생들의 출석과 학습 상황에 학부모의 역할이 많은 비중을 차지했기 때문이다. 가정에서의 인터넷 기기 사용 여건과 학부모의 관심이 학생의 학습 참여에 영향을 미치고, 학력격차로까지 이어질 수 있는 상황이라 교사는 학부모와 연대하여 좀 더 촘촘히 학생들을 돌보아야 했다. 학급 SNS를 통해 원격수업에 대한 학생 의견을 듣고 학부모와의 대화를 진행하면서 수업을 개선해 나갔다.

학생들의 원격수업 습관을 형성하기 위해서도 할 일이 많았다. 학급 밴드와 구글 클래스룸 스트림에 당일 학습시간표를 매일 안내했고, 차시별 결석생은 교과 담당 교사가 참여를 독려했다. 매일 학습 종료 후 자신의 수업 태도를 되돌아보는 활동 학습인 '자기평가'를 통해 스스로의 학습 습관과 과정을 점검하게 했다.

교사들은 밴드를 통해 학급운영 자료를 공유했다. 일단 자료가 올라오면 그것이 업그레이드되어 다시 공유되면서 결속감이 다져졌다. 학생들을 대면으로 만나지 못하는 동안 생활지도, 학교폭력 등의 업무에서 조금은 자유로웠고 교사들의 학습 공동체는 더욱 연대할 수 있었다. 전문적학습공동체에서 원격교육의 문제점과 해결 방안을 협의하여 교사의 원격수업 역량을 높일 수 있었다.

'교육과정-수업-평가/피드백'으로 원격수업 완성하기

학기 초 교사들의 수업 영상 제작 과정은 험난했다. 겨우 10~15분짜리 수업 영상을 제작하기 위해 처음에는 5시간가량이 걸렸다. 소위 NG가 셀 수 없이 일어났다. 우여곡절 끝에 제작한 원격수업 영상에서 오류를 발견하면 애써 작성한 수업 영상을 폐기하고 다시 제작을 반복하기도 했다.

이렇게 학교는 코로나 19로 인해 이제까지 전혀 시도해 보지 않았고 할 필요도 없었던 원격수업을 본격적으로 하게 되었다. 그런데 학생들은 이미 유튜브, 인터넷 강의, EBS 영상에 익숙했고 교사들이 만든 영상은 기술과 전문성을 앞세운 영상과 비교가 되지 않았다. 그러나 우리의 교육과정을 외부 콘텐츠에 의존해 진행할 수는 없어서 미숙하지만 자체 제작 영상을 탑재했다. 처음에는 애써 만든 수업 영상이 너무 길다, 발음이 좋지 않다, 수업의 질이 낮다는 학부모 민원도 있었다. 야속했지만 겸허히 받아들이고 학생들이 몰입할 수 있도록 수업 영상의 문제점을 개선해 나갔다.

교사 실재감을 주기 위해 교사들의 음성과 모습을 드러내 제작한 영상을 학생들이 익숙한 유튜브에 탑재하고 구글 클래스룸에 링크해 수업을 이끌었고, 다양한 방식의 피드백을 해 주니 학생들의 참여도가 점차 좋아졌다. 원격수업 관련 앱과 소프트웨어를 찾아 소위 '신문물'이라며 서로 공유하는 동안 교사들의 원격수업 운영도 나날이 발전했다.

수업 영상을 제작하고 수업을 디자인하면서 교사들의 관심사는 '어떻게 하면 학생들이 제대로 배울 수 있을까' 하는 점이었다. 학생들이 반드시 영상을 보고 학습을 한 후에 과제를 수행하거나 문제를 풀 수 있도록 단계를 마련했다. 수업 영상은 교과의 성취기준을 근거로, 하나의 영상 속에 담을 핵심 주제를 선정했다. 핵심 주제에 학생들의 접근성을 높이기 위해 수업의 흐름을 도울 수 있는 직관적인 PPT를 제작하고 PPT와 캠 화면을 동시에 녹화하여, 원격수업에서 느낄 수 있는 지루함을 감소시켰다. 중학생의 평균 집중 시간을 고려하여 수업 영상의 길이는 주제당 10~15분으로 구성했다. 수업 영상과 과제 영상을 따로 제작하여 분리함으로써 학생들의 심리적 부담을 경감시켰다. 과제 영상에서는 당일 과제를 수행하는 방법에 대해 구체적으로 안내하여 수행을 도왔다.

생각하고 고민해야 해결할 수 있는 활동과제를 제시했으며, 수행을 통해 성취기준의 목표를 달성할 수 있도록 과제의 방법을 다양화했다. 평가기준표를 통해 활동에 대한 점수를 부여하고 구체적인 피드백 제공하기, 수행과제를 제공할 때 평가기준표를 같이 제시하여 평가기준에 근거해 활동에 대한 점수를 부여하기, 부여한 점수에 따라 피드백을 제공하기, 모든 수업이 끝나고 간단한 배움일기 쓰기를 진행했다.

'교육과정-수업-평가/피드백'의 일체화를 통해서 원격수업의 효과를 증대시키려 했다. 학생 과제나 평가에 개인별 댓글을 달아 돌려주고, 미흡한 학생은 다시 격려하여 학습의 완성도를 높였다. 아마 교실 수업에서라면 교사의 구체적인 피드백을 매시간 받기는 어려웠을 텐데 원격수업에서는 학생들이 피드백을 매일 받았고, 이러한 경험은 학생들의 학습 동기를 이끌어 냈다.

차시에 따른 교과 학습, 과제나 평가를 당일 제출 완료하도록 교과교사가 학습을 관리했고, 특별한 사유가 있는 학생은 일주일 내에 학습을 완료하도록 담임교사가 연락했다.

학생의 질문을 실시간으로 받아(구글 클래스룸 비공개 댓글, 학교 전화, 오픈 채팅) 학생들의 학습을 지원하여 원격이지만 대면수업보다 더 세세한 피드백을 주고받았다. 이렇게 학습 결과에 대한 구체적인 개인별 피드백으로 학생들이 스스로 학습 성과를 인지했으며, 학습 동기가 유발되는 효과를 가져왔다. 또한 수학, 영어 등 일부 과목을 어려워하는 학생들은 희망에 따라 학교에 등교하게 하여 지도했다. 그럼에도 물론 어려운 사례는 많았다. 그럴수록 교사들은 출결, 피드백, 학생들의 배움을 위해 치열한 논의를 펼쳤다.

코로나 이후의 원격수업

교사들의 소통과 협력으로 지난 1년 동안 새로운 원격수업 시대를 열었다. 코로나19 유행이 장기화되자 원격수업을 장려하기 위한 제도도 정비됐다. 2020년 12월 〈초·중등교육법〉 등이 개정되면서 초·중·고교에서는 초·중등학교 교육과정 총론에 따라 원격수업 운영이 정규 수업으로 제도화된 것이다. 코로나19는 역설적으로 교육의 방법에 대해 좀 더 유연하고 새롭게 다양성을 실험해 볼 기회를 가져다주었다.

2020년 불가피한 상황에서 진행된 원격수업은 2021년에도 지속될 것이다. 이제는 처음이 아니기 때문에 우리가 걸어온 길을 제대로 살피고 어디로 나아가야 할지를 다시 고민해야 한다. 코로나가 종식된다고 해도, 다른 신종 바이러스가 또다시 발생할 가능성은 얼마든지 있다. 그렇게 되면 앞으로도 원격수업과 등교수업을 병행해야 하는 일이 반복될 것이다. 코로나 이후 미래교육은 학생의 원격학습과 교사의 대면수업을 결합한 블렌디드 러닝이 일반화될 것이다. 등교수업과 원격수업의 장점을 결합한 블렌디드 러닝으로 학생이 자신의 수준과 속도에 맞게 개별적으로 배우는 것뿐만 아니라 온라인과 오프라인에서 관계를 만들고 협력하고 배려하며 존중하는 사회성을 기르도록 해야 할 것이다.

이제는 위기 대처용 원격수업이 아니라 진짜 원격수업을 해야 한다. 교육부에서는 장기적으로 감염병에 대처하여 안정적인 학사 운영을 할 수 있는 가이드라인을 주어야 할 것이다. 지역과 학교에 좀 더 자율성을 부여하여 학교 여건에 맞는 교육과정이 운영되어야 한다. 학교는 이미 공감을 기반으로 한 교사 자발성과 자율의 힘, 소통과 협력의 힘이 얼마나 큰지 경험했다.

- 이윤서

원격수업에
교육철학 담기

코로나 사태로 인해 급작스럽게 원격수업이 시작되자 대부분의 학교가 혼란에 빠졌다. 상당수의 학교에서는 가장 손쉬운 길을 선택했다. EBS 등 외부에서 제작한 콘텐츠를 그대로 가져다 학생들이 보도록 하고, 교사는 출석확인과 과제 부여 등 소극적인 역할만을 했다. 특히 문제풀이 위주의 수업을 해 온 고등학교에서는 외부 콘텐츠를 활용하는 것을 대수롭지 않게 생각하는 경향이 강했다. 학생들은 각자 알아서 온라인 강의를 듣고, 대면수업 때에 학교에 나가 수행평가와 지필평가를 치르는 패턴이 이어졌다. 그래서 "시험 보러 학교에 나간다"는 자조적인 목소리가 불거졌다.

이는 학교와 교사 스스로 자신의 존재 이유를 부정하는 것이나 마찬가지다. 이러한 패턴이 굳어지면, 학생들 입장에서는 굳이 학교에 나갈 이유가 없는 셈이 된다. 실제로, 등교일수가 가장 많았던 고3 학생들 사이에는 차라리 가정에서 각자 수능 준비하는 것을 더 선호하는 분위기가 형성되기도 했다.

원격수업에도 철학이 필요하다

외부 콘텐츠만 활용하는 원격수업은 학습 측면에서도 효율적이지 않다. 아무리 깔끔하게 정리된 영상 강의라 할지라도 그것이 학생 저마다의 상황과 수준을 반영할 수는 없기 때문이다. 중요한 문제는 '교사 실재감'이다.

교사 실재감이란 "학생이 선생님이 어딘가에 존재하고 있다고 느끼고, 학생이 그 속에 속해 있다고 느껴서 학습을 가능하게 하는 것"이다.[5] 다시 말해, 지금 내 앞에 물리적으로 존재하지 않지만, 교사가 늘 나의 학습을 돌봐 주고 있으며, 내가 학습공동체 안에 연결되어 있다는 느낌을 말한다. 하지만 외부 콘텐츠만 활용하는 원격수업에서는 이러한 '교사 실재감'이 형성될 수 없다.

외부 콘텐츠 활용 원격수업에 한계를 느낀 교사들은 본인이 직접 수업 영상을 촬영하기 시작했다. 이 작업은 생각보다 수월하지 않다. 직접 수업을 진행하는 것보다 훨씬 더 많은 시간과 정성이 필요하다. 하지만 교사들은 자신이 직접 제작한 영상을 활용하는 원격수업에 학생들이 더 열심히 참여한다는 사실을 발견하고 교육자적인 보람을 느끼게 된다. 그리고 학생들이 등교를 하는 시기에는 대면수업을 진행하며 온라인과 오프라인을 넘나드는 수업을 경험하게 되었다. 자연스럽게 플립 러닝(거꾸로 교실), 블렌디드 러닝의 원리가 구현되기 시작한 것이다. 또 다양한 온라인 플랫폼을 활용하여 학생들의 학습과정을 확인하고 피드백을 제공하게 되었다.

하지만 교사 본인이 직접 촬영한 수업 영상을 활용하는 수업도 한계가 있다. 학생들의 반응을 실시간으로 확인할 수 없다는 점에서, 일방향 수업이기는 마찬가지이기 때문이다. 그래서 교사들은 실시간 쌍방향 수업으로 눈을 돌리기 시작했다. 줌(ZOOM)과 같은 플랫폼에 패들렛과 같은 도구가 결합되니, 물리적으로 만나지 않아도 실시간 소통이 이루어질 수 있었다. 나아가 교사들은 대면수업에서는 구현할 수 없었던 원격수업의 새로운 가능성을 발견하기 시작했다. 줌에서의 소회의실 기능은 교실에서의 모둠 활동 못지않은 경험을 가능하게 했고, 비밀 채팅 기능은 소극적인 학생들의 질문을 유도할 수 있으며, 클래스룸에 축적된 자료는 그것 자체가 포트폴리오 평가를 가능하게 했으며, 교실에서는 이루어질 수 없던 개별 피드백이 댓글 기능을

5) 신을진(2020), 『온라인 수업, 교사 실재감이 답이다』, 우리학교.

통해 이루어지기도 했다.

원격수업이 활성화되면서 지나치게 기술공학에 의존하는 문제점이 발생했다. 좋은 수업의 본질을 찾는 데 몰두하기보다는 학생들의 흥미를 끌 만한 화려한 영상을 제작하거나 새로운 에듀테크를 찾아 나서는 데 에너지를 소모하는 모습도 나타났다. 하지만 아무리 신박한 테크놀로지가 출현한들, 수업의 의미를 찾지 못하는 학생들이 스스로 원격수업에 참여할 리는 없다. 더욱이 원격수업 상황에서는 학습격차가 더욱 벌어질 수밖에 없기 때문에 이에 대한 고민이 필수적이다.

따라서 원격수업에서도 중요한 것은 기술적 방법이 아니라 수업의 철학이다. 수업이 지향하는 목표는 무엇인지, 학생들이 길러야 할 역량은 무엇인지, 학생들에게 배움의 즐거움을 느끼게 하려면 무엇이 필요한지 등에 대한 성찰이 더더욱 중요하다. 여기에 원격수업 환경이 제공하는 새로운 가능성이 결합될 때 더욱 큰 효과를 거둘 수 있다.

배움중심수업의 철학

학교교육활동의 중심에 수업이 있다. 수업은 계획된 교육과정이 구체적으로 구현되는 실천의 장이자, 교사와 학생, 학생과 학생의 관계 속에서 이루어지는 역동적인 상호작용이 이루어지는 곳이다.

전통적인 수업은 교사의 일방적인 지식 전달이 이루어지는 일제식·강의식 수업이었다. 이 속에서 적지 않은 학생들이 배움의 의미를 찾지 못한 채, 엎드려 잠을 자는 등 수업에서 소외되는 모습을 보였다. 이러한 문제점을 극복하기 위해 다양한 수업혁신의 노력이 이루어져 왔다. 학생이 수업에 적극적으로 참여하고, 학생 사이에 협력이 이루어지는 참여형·협력형 수업이 이루어졌다. 그리고 이러한 새로운 수업의 양상을 보통 '배움중심수업'이라고 부르고 있다.

'배움중심수업'은 단지 다양한 학생 활동이 이루어지는 수업만을 의미하는 것은 아니다. 이는 말 그대로 '진정한 배움'이 이루어지는 수업을 말한다. 그렇기 때문에 '배움중심수업'에서 중요한 것은 모둠 활동 등과 같은 방법론이 아니라 '진정한 배움'에 대한 철학적 성찰이다.

'배움의 공동체'론의 주창자로 널리 알려진 사토 마나부 교수는 학생들이 '배움으로부터 도주하는 현상'에 주목했다. 그가 보기에 학생들이 수업 시간에 무기력한 모습을 보이거나 더 나아가 수업 자체를 거부하는 현상은 '동아시아형 교육 패러다임'의 필연적인 결과이다. 이러한 문제의식으로 그는 '공부'에서 '배움'으로의 전환을 주장한다.

> 공부의 세계는 아무도 만나지 않고 아무것에도 부딪치지 않고 스스로를 깨닫지 못하는 세계이며 쾌락보다 고통을 존중하고 비판보다는 순종을, 창조보다는 반복을 중시하는 세계였다. 공부의 세계는 장래를 위해 현재를 희생하는 세계이며, 그 희생의 대가를 재산이나 지위, 권력에서 찾는 세계였다. 또한 공부의 세계는 사람과 사람의 끈을 끊어 버리고 경쟁을 부추겨 사람과 사람을 지배와 종속관계로 몰아가는 세계였다. 지금의 아이들은 이러한 공부 세계의 바보스러움을 잘 알고 있다.
>
> 이에 반해 배움의 세계는 대상이나 타자, 그리고 자기와 끊임없이 대화하는 세계이다. 자기를 내면에서부터 허물어뜨려 세계와 확실한 끈을 엮어 가는 세계이다. 고독한 자기성찰을 통해 사람들의 연대를 쌓아 올리는 세계이다. 또는 보이지 않는 땅으로 자신을 도약시켜 거기에서 일어난 일을 자신의 것으로 연결하는 세계이다. 그리고 스스로의 행복을 위해서뿐만 아니라 많은 타자와 함께 행복을 탐구해 가는 세계이다.
>
> - 『배움으로부터 도주하는 아이들』 중에서

그는 '공부'와 '배움'의 차이를 '만남'과 '대화'의 유무로 본다. 여기서 말하는

'만남'이란 '타자와의 만남', '세계와의 만남', '자기와의 만남'을 의미하고, 그 만남은 '대화적 관계'에서 비롯된다. 고립된 자아에서 벗어난 타자와의 만남(협력적 배움), 교과서나 칠판을 넘어 더 넓은 세계와의 만남(활동적 배움), 배운 것을 표현하고 공유하는 가운데 다시 자기 사진을 성찰하는 만남(반성적 배움)이 있어야 진정한 배움이라 할 수 있다.

따라서 '배움중심수업'이란 단순히 교사의 주도권이 학생에게 넘어가는 것을 의미하지 않는다. 아무리 다양한 학습활동을 하더라도 그 속에서 자기 자신과, 타인과, 세계와 학생들의 의미 있는 만남과 대화가 이루어지지 않는다면 이는 '활동을 위한 활동'일 뿐이다. 그렇기 때문에 '배움중심수업'에서는 교사의 역할이 더욱 중요하다. 이때 교사의 역할은 학생들이 자신의 좁은 자아와 경험에서 벗어나 타자와 만나고 더 넓은 세계와 만날 수 있도록 대화적 관계를 형성하는 것이다.

많은 학교에서 이러한 배움중심수업이 이루어지도록 노력해 왔다. 그런데 이러한 배움중심수업이 원격수업에서도 구현될 수 있을까?

'관계 형성'에 주목하는 원격수업

배움중심수업에서 가장 중요한 요소는 '만남과 대화', 다른 말로 '관계 형성'이다. 그런데 원격수업은 교사와 학생들이 물리적으로 떨어져 있는 상황에서 진행된다. 그렇기 때문에 원격수업에서는 더더욱 '관계 형성'에 주목해야 한다. 관계 형성은 크게 두 차원에서 생각해 볼 수 있다. 첫째는 교사와 학생의 관계이고, 둘째는 학생과 학생의 관계이다.

원격수업 상황에서 교사와 학생 사이에 중요한 것은 앞에서 언급했던 '교사 실재감'이다. 교사 실재감은 단순한 차원에서 '교사의 존재를 드러내는 것'에서 출발하여 심층적 차원에서 '교사가 늘 학생들을 돌보고 있다는 것을 느끼게 하는 것'으로 나아간다.

EBS 등 외부 콘텐츠를 활용하는 원격수업에서는 교사 실재감이 드러날 수 없으며, 교사가 자체적으로 제작한 콘텐츠나 실시간 쌍방향 수업에서 교사 실재감이 드러날 수 있다. 그리고 교사가 끊임없이 학생 한 명 한 명에게 주목하고 있다는 것을 드러내야 교사 실재감이 더욱 살아날 수 있다. 그렇기 때문에 하늘빛중학교 교사들은 원격수업 상황에서도 전화, 채팅, 댓글 등을 통해 '선생님이 늘 내 곁에 있다'는 느낌을 주고자 했다. 또한 수업 내용에서도 '보이는 라디오', '영화와 노래를 통한 위안과 공감' 등을 통해 원격수업 중에도 교사들이 학생들을 따뜻하게 돌보고 있다는 관계성을 형성하고자 했다.

원격수업에서는 학생과 학생 사이의 관계성을 의도적으로 형성하는 것이 매우 중요하다. 인간은 본질적으로 다른 사람과 연결되고자 하는 욕구를 지니고 있다. 물리적 거리두기가 강조된 코로나 상황에서는 이러한 연결과 만남에 대한 욕구가 좌절되기 때문에 우울감, 무력감에 빠지기 쉽다. 원격수업에서도 마찬가지다. 콘텐츠 중심의 원격수업에서는 학생들의 만남이 이루어지기 어렵고, 줌을 활용한 실시간 쌍방향 수업에서도 의미 있는 상호작용이 이루어지지 않는다면 학생들은 자기 화면을 꺼 버린 채 익명의 공간에 머무르게 된다.

원격수업에서도 학생과 학생 사이에 활발한 소통이 이루어지도록 하는 것이 중요하다. 줌 소회의실 기능 등을 활용해 원격수업에서도 모둠 활동이 이루어지도록 해야 하며, 패들렛과 같은 온라인 도구를 활용해서 이러한 상호작용이 촉진되도록 해야 한다. 때로는 원격수업에서의 상호작용이 대면수업보다 더 활발하게 이루어지는 경우도 있다. 학생들은 채팅창 등 온라인 상황에서 자기의 의견을 더 활발하게 표현하기도 한다. 다만 이러한 상호작용이 온라인에서만 이루어져서는 곤란하다. 원격수업에서 이루어진 상호작용이 교실의 대면적 상황에서도 확장되고 마무리될 수 있도록 해야 한다.

원격수업에서의 '교육과정-수업-평가' 일체화

　이처럼 원격수업에서 활발한 상호작용을 통한 만남과 대화가 이루어지려면 이에 걸맞은 교육과정 재구성이 선행되어야 한다. 원격수업은 대면수업에 비해 물리적·시간적으로 한계가 더욱 뚜렷하다. 학생들은 20분 이상 영상 강의에 집중하지 못한다. 수업에서 다루어야 할 핵심적인 지식은 더욱 압축적으로 제시되어야 하며, 이를 위해서는 가르치는 분량과 난이도를 조절하는 '교육과정 적정화'가 이루어져야 한다.

　원격수업에서 학생들이 서로 협력하며 문제를 해결하는 상호작용이 활발하게 이루어지려면 이에 적합한 '수행과제'가 제시되어야 한다. 이때 제시되는 과제는 너무 어렵거나 쉬워도 곤란하고, 학생들이 함께 협력해야 해결할 수 있는 과제를 제시해야 한다. 또한 학생들의 실생활과 밀착한 과제를 통해 흥미를 유발해야 한다. 특히 텍스트 위주의 자료에서 벗어나 학생들의 다중지능을 활성화할 수 있는 자료를 제시하는 것이 필요하다. 원격수업에서는 다양한 영상이나 음향 등을 활용하기 수월하기 때문에, 이에 적합한 자료를 개발해야 한다.

　수행평가는 이러한 학생들의 활동 과정에서 이루어져야 한다. 원격수업에서 강의를 듣고 대면수업에서 수행평가를 실시하는 패턴이 되어서는 곤란하다. 학생들의 학습활동 과정을 지켜보며 교사가 채팅, 댓글 등을 통해 적절한 피드백을 제공하고, 이를 바탕으로 학생들이 자신의 과제를 수정하여 다시 플랫폼에 탑재하고, 이를 원격수업에서 발표하거나 혹은 대면수업에서 공유하는 방식으로 수행평가가 진행되어야 한다.

　이때 매우 중요한 것이 피드백의 기능이다. 피드백은 학생들의 학습과정 및 결과를 교사가 관찰하고 이에 대해 적절한 격려나 조언을 제공함으로써 학생들이 더욱 성장할 수 있도록 하는 것을 목적으로 한다. 피드백은 '심리적 피드백(격려)', '조언적 피드백', '평가적 피드백' 등으로 나눌 수 있다. 원격수업에서 중요한 것은 평가적 피드백보다는 심리적 피드백, 조언적 피드백이다. 무엇을 잘하고 잘못했는지를 판정하는 것보다는 잘할 수 있다는 용기를 불러일으키도록 정서적으로 지원해 주고, 무엇을 해야 더 잘할 수 있는지 조언해 주는 것이 필요하다.

그동안 일상적인 대면수업에서는 이러한 피드백이 충분히 이루어질 수 있음에도 불구하고 오히려 피드백이 제대로 제공되지 못했다. 하지만 원격수업에서는 이러한 피드백이 매우 절실한 상황이 발생했다. 교사가 학생들에게 적절한 피드백을 제공하지 않는다면, 학생들은 아예 원격수업에 참여하지 않거나 설사 참여하더라도 화면을 꺼 버린 채 딴짓을 하기 일쑤이기 때문이다.

하늘빛중학교 원격수업이 성공할 수 있었던 핵심 요인은 '피드백의 중요성 발견'이라고 해도 과언이 아니다. 수업에 참여하지 않는 학생들에게 일일이 전화를 걸기도 하고, 수업 시간에는 채팅을 통해 뒤처지는 학생들을 끊임없이 독려했다. 학생들이 탑재한 과제에는 일일이 댓글을 달아 학생들을 격려하고 더 향상될 수 있도록 지도했다. 이 과정에서 온라인을 활용한 피드백이 더 효과적일 수 있다는 점도 발견하게 되었다. 또한 교사의 피드백뿐만 아니라 학생들이 다른 친구들의 과제에 대해서도 피드백을 제공하게 함으로써 동료 간의 우정을 통한 성장이 가능하도록 했다.

이러한 과정을 거쳐 하늘빛중학교 교사들은 '교육과정-수업-평가/피드백'이라는 방식을 찾아냈다. 원격수업 환경에 적합한 교육과정 재구성을 설계하고, 수업 시간에 학생들의 참여와 협력을 이끌어 내며, 학습과정 및 결과에 대한 평가를 진행하며 매 순간마다 적절한 피드백을 제공하는 흐름이다. 이는 탁월한 개인의 성과가 아니라, 원격수업에서도 학생의 성장을 지원하고자 하는 교사들의 집단지성의 결실이다.

원격수업에서 '단 한 명도 포기하지 않는 책임교육' 구현하기

원격수업이 본격화된 이후 '학습격차' 문제가 심각한 사회적 문제로 대두

되었다. 특히 사회경제적으로 어려운 처지에 있는 학생들은 코로나 사태로 인해 '학습' 그 이상을 잃게 되었다. 경기도교육연구원에서 2020년 7월에 실시한 설문조사에 의하면, 가정의 경제적 수준이 '하'에 해당하는 학생의 경우 등교하지 않는 날 혼자 지내는 비율이 28.6%에 달했으며, 심지어 점심 식사를 먹지 못하는 비율이 24.5%에 달했다. 뿐만 아니라 정서적 우울감과 고립감을 호소하는 학생들도 적지 않다.

이것은 우리 사회가 함께 해결해야 할 문제이다. 물론 원격수업을 통해서도 뒤처지는 학생에 대한 각별한 관심과 지원이 이루어져야 한다. 그러기 위해서는 원격수업 방식 자체부터 달라져야 한다. 일방적인 콘텐츠 활용형 수업은 자기주도적 능력이 뛰어난 학생에게 적합하다. 하지만 실시간 쌍방향 수업은 교사가 학생들의 학습과정 자체를 직접 확인할 수 있으므로 뒤처지는 학생에게도 어느 정도 도움이 될 수 있다.

앞에서 언급했던 피드백은 특히 원격수업에 어려움을 겪는 학생들에게 매우 중요하다. 과제 제출 여부나 정답 유무만을 확인하는 평가적 피드백이 아니라, 학생들을 정서적으로 지원하는 심리적 피드백, 학생들의 부족한 점을 알고 더 잘할 수 있도록 돕는 조언적 피드백이 일상적으로 이루어져야 한다.

원격수업으로 인한 학습격차는 맞춤형 개별 학습을 통해 보완해야 한다. 하늘빛중학교에서는 원격수업이 진행되는 시기에도 희망하는 학생들을 등교하도록 하여 이들을 위한 개별 지도를 병행했다. 예상보다 많은 학생들이 기꺼이 등교를 하여 교사들의 따뜻한 지도를 받았다. 이뿐만 아니라 우울증을 겪거나 극단적 충동에 휩싸인 학생들을 위한 상담활동도 병행했다.

원격수업이라는 환경에 적응하기에도 벅찬 교사들이 기꺼이 시간과 정성을 쏟을 수 있었던 이유는 '단 한 명도 포기하지 않는 책임교육'을 위한 마음가짐이 있었기 때문이다. 이러한 정신은 코로나 사태라는 위기 상황에서 더욱 빛을 발한다. 원격수업의 핵심은 테크놀로지가 아니라 철학이다.

— 이형빈

2장

원격수업에서
'교육과정-수업-평가' 일체화하기

학교는 학생의 전인적 성장을 위해 존재한다. 학교교육의 핵심은 '교육과정-수업-평가'이다. 교육과정은 교사의 자율적 전문성에 의해 재구성되어야 하고, 수업은 교사와 학생의 상호작용 속에서 이루어져야 하며, 평가는 학생의 성장 과정을 확인하고 이를 지원하는 역할을 해야 한다. 이것이 하나로 맞아떨어지는 것이 '교육과정-수업-평가 일체화'이다.

갑자기 시작된 원격수업은 이러한 흐름을 깨뜨려 놓았다. 원격수업 상황에서 교육과정은 어떻게 재구성되어야 하는지, 학생들이 눈앞에 보이지 않는 상황에서 배움중심수업이 가능할지, 수행평가는 또 어떻게 진행해야 할지 모든 것이 불확실했다.

하늘빛중학교 교사들은 이러한 상황에서도 집단지성을 발휘하여, 원격수업의 한계를 극복하고 원격수업의 강점을 최대한 살리려 노력했다. 그 결과 '교육과정-수업-평가/피드백 일체화'라는 흐름을 만들고 공동으로 실천했다. 이 중에서 특히 강조했던 것이 학생들을 하나하나 관찰하고 어려움을 이길 수 있도록 지원하는 '피드백'의 역할이었다. 이를 통해 교사들은 원격수업 상황에서도 학생들의 성장을 확인할 수 있었다.

'교육과정-수업-평가/피드백'으로
생생한 원격수업 만들기

"온라인으로 개학식을 진행한다고?", "수업은 어떻게 해야 하는 거지?" 온라인 개학이 시행된다는 발표는 많은 선생님들에게 두려움으로 다가왔다. 온라인에서 수업이 이루어지는 것은 먼 미래의 이야기라고 생각했다. 원격수업은 생소했고 수업 영상을 제작해 본 적도 없었다. 우리는 준비된 것 없이 원격수업을 맞이할 수밖에 없었다.

스스로 포기하는 아이들, 원격수업의 방향은?

수업도 수업이지만 수행평가가 문제였다. 원격수업 상황에서 수행평가를 진행하는 것은 쉽지 않았다. 1학기 수행평가는 아이들이 느끼는 부담감을 줄이고자 면접 방식으로 진행했다. 본인의 생각을 자신 있게 말할 수 있다면 그걸로 충분하다고 생각했다. 그런데 학생들의 반응은 뜻밖이었다.

"선생님, 저 그냥 포기해 주세요." A학생의 말을 듣고 난 후 나는 잠시 멍하게 앉아 있었다. '왜 도전하지 않지?', '수행평가가 너무 어렵나?' 정신을 차린 후 말을 꺼냈다. "쌤이 도와줄 거야. 한번 도전해 보는 건 어떨까?", "아니에요. 그냥 포기할게요." 그렇게 대화는 끝이 났다. 수행평가는 마무리됐고 A학생은 최하점을 받았다. 하지만 이 대화는 내 머릿속에서 잊히지 않았다. '그냥 포기하고 싶다?' 그 아이의 마음을 이해할 수 없었다.

교사와 학생이 원격수업에 적응했을 무렵, 2학기부터는 실시간 수업을 진행해야 한다는 소식이 들려왔다. 코로나 펜데믹 현상이 장기화됨에 따라 원격수업의 내실화가 필요하다는 다양한 요구 때문이었다. 이로 인해 교사들은 또 다른 도전을 마주해야만 했다. '지금까지 열심히 노력해서 이제 조금 적응했는데 새로운 것에 또 도전하라고?' 마음에서 저항의 소리가 들려왔다. 실시간 수업의 도입은 이미 지칠 대로 지친 교사들에게 새로운 부담감을 주었다.

1학기에 진행한 '동영상 활용 수업'은 결코 쉽지 않았다. 수업 영상을 제작하고 학생 개개인에게 피드백하는 과정은 생각보다 많은 시간이 소요되었다. 그런데 실시간 쌍방향 수업이라니. 실시간 수업은 더 힘들 거라는 생각에 선뜻 도전할 마음이 들지 않았다. 때마침 다른 학교의 실시간 수업 사례를 보게 되었다. 지식을 전달하는 강의식 수업에 학생들은 자신들의 화면을 켜지 않았다. 실시간 수업의 도입 목적인 교사와 학생의 소통이 이루어지지 않아 보였다. 동영상 활용 수업에 비해 학습 효과가 있을지도 의문이었다. 실시간 쌍방향 수업은 동영상 활용 수업보다도 비효율적이라고 생각했다.

이와 같은 생각은 한 사건에 의해 송두리째 뒤바뀌게 되었다. 원격수업이 장기화됨에 따라 아이들은 학년별로 등교하게 되었다. 대부분의 수업이 원격으로 진행되다 보니 자연스럽게 등교 기간은 수행평가 기간이 되었다. 실시간 관찰이 아니면 평가로 인정되지 않았기에 어쩔 수 없는 최선의 방법이었다.

안타깝게도 최선의 방법은 최고의 방법이기가 어렵다. 모든 교과목의 수행평가 기간이 겹친다는 점은 학생들에게 큰 부담을 주었다. "3주에 한 번씩 지필평가를 보는 기분이에요." 한 학생의 표현처럼 수행평가 몰림 현상은 아이들에게 지필평가를 보는 것과 동일한 압박감을 주고 있었다. 쉬는 시간에 복도를 지나가던 중 한 학생이 자랑스럽게 "나는 오늘 수행평가 모두 포기했어"라고 말하는 것을 보았다. 하루에 3~4개의 수행평가는 학생들에게 큰 부담일 수밖에 없었다.

수행평가의 새로운 길을 찾아서

포기하겠다고 자신 있게 말하는 아이의 모습은 내게 큰 충격이었다. 아무리 Z세대는 솔직하게 자신의 생각을 표현한다지만 이건 아니었다. 포기하는 것을 자랑스럽게 이야기하는 모습을 볼 때마다 안타까운 마음이 들었다. '이 문제를 어떻게 해결할 수 있을까?' 아이들에게 심리적으로 덜 부담되는 평가 방법을 고민하던 중 좋은 아이디어가 떠올랐다.

> **아이디어 [1]: '익숙한 주제'를 다룰 것**
> - 수업에서 다뤘던 활동에 근거하여 평가를 진행하면 새로운 내용을 다시 공부할 필요가 없을 것이다.
>
> **아이디어 [2]: '암기 부담'에서 벗어날 것**
> - 이해만 해도 해결할 수 있는 방법으로 진행하면 암기에 대한 부담감이 줄어들 것이다.

위와 같은 아이디어를 바탕으로 '1:1 면접 수행평가'를 실시했다. 대부분의 학생들이 수행평가 자료를 미리 외우지 않아도 됐기에 비교적 부담감을 적게 느꼈다. 친하지 않은 선생님과 1:1로 대화하는 압박감이 버거운 아이들도 있었지만, 대부분의 학생은 떨리더라도 최선을 다해 수행평가에 참여했다.

수행평가는 다음과 같은 방법으로 진행되었다.

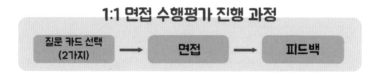

[질문 카드 종류]

마스크필터는 어떻게 바이러스를 걸러낼까?
(정전기 개념 활용)

번개는 어떤 원리로 발생하는 걸까?
(정전기유도 개념 활용)

형광등에 불이 들어오는 까닭은?
(전류, 전압 개념 활용)

스탠드의 버튼은 어떻게 불빛의
세기를 조절할까?
(저항 개념 활용)

누전차단기와 멀티탭의 원리는?
(저항의 직렬/병렬 연결 개념 활용)

- 교사는 수업 시간에 다뤘던 '핵심 질문'이 담긴 카드를 모두 뒤집은 채로 책상 위에 올려놓는다.
- 학생에게 다섯 가지의 질문 카드 중 두 가지를 선택하게 하여 질문에 대한 자신의 생각을 말하도록 한다.
- 교사의 도움이 필요하면 질문할 수 있는 한 번의 기회를 제공한다.
- 면접이 끝나면, 학생의 답변에 대해 피드백을 해 준다.

　동영상 활용 수업에 대한 한계점을 처음 느끼게 한 것은 A학생과의 면접에서 시작되었다. "반가워. 면접평가가 어색하겠지만 한번 재밌게 해 보자. 선생님이 도와줄게." 대답은 들리지 않았다. A학생의 눈은 불안해 보였다. "먼저, 질문 카드를 뽑아줄 수 있을까?" A학생은 두 가지 질문 카드를 뒤집고는 말했다. "저 그냥 포기할래요."

　수행평가는 학생이 성취기준을 달성했는지를 확인하는 것이 중요했다. 그래서 면접에서도 적절한 도움을 줌으로써 학생이 최종적으로 문제를 해결하는지에 초점을 두었다. 교사가 도와준다고 하면 모르는 것을 물어보거나, 틀리더라도 자신의 생각을 말할 것이라 생각했다. 하지만 예상은 완전히 빗나갔다. 충격적이었다. 중학교 2학년 학생이 벌써부터 자신을 포기해 달라고 말하는 것이 너무나 안타까웠다.

"과학 수업이 어렵니?"라고 물었다. "하나도 이해가 안 돼요. 무슨 말인지도 모르겠어요." A학생이 대답했다. 갑자기 지난 기억들이 떠올랐다. 내가 올린 수업 영상의 조회 수가 전체 인원의 반도 안 되는 것을 봤던 기억, 몇몇 학생이 불성실하게 참여했지만 수많은 학생에게 피드백을 하느라 지쳐 신경 쓰지 못했던 기억. '내가 효과적이라고 믿었던 동영상 활용 수업도 정답이 아닌 걸까?' 혼란스러웠다. 다시 한 번 내가 했던 수업을 되돌아보기로 했다. 그러면 문제를 해결할 수 있지 않을까?

'수업-활동-평가/피드백'으로 일체화하기

1학기 원격수업은 동영상을 활용해서 진행했다. 아이들에게 활동지를 제공한 후, 활동 결과물을 보면서 피드백을 진행했다. 나는 '교육과정-수업-평가-기록 일체화'와 비슷한 맥락으로 원격수업을 체계화하고자 했다. 그렇게 '수업-학습활동-평가/피드백'이라는 원격수업 틀이 만들어졌다.

[수업]: 성취기준(교육과정)에 근거한 수업 영상 제작

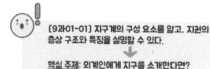

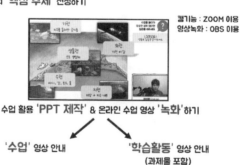

- 성취기준을 근거로 하여 영상 속에 담을 핵심 주제를 선정한다.
- 학생들의 이해를 높이기 위해 직관적인 수업자료인 PPT를 제작한다.
- PPT와 캠 화면을 동시에 녹화하여 생동감 있는 수업 영상을 제작한다.
- 중학생의 평균 집중 시간을 고려하여 수업 영상의 길이는 주제당 10~15분으로 구성한다.
- 수업 영상과 학습활동 안내 영상을 따로 제작하여 영상 길이가 길어짐에 따른 집중력 저하를 최소화한다.

[활동]: '학습활동' 제공

'학생 활동'
자신의 주변 환경을 사진 찍어 올리기

- 학습활동에 대한 소요 시간이 20~30분을 넘지 않도록 양을 조절한다.
- 학습활동을 바탕으로 성취기준을 달성했는지를 확인한다(피드백으로 연결).
- 다양한 방법(논술, 그리기, 사진 활용 등)으로 참여할 수 있는 학습활동을 제공한다.

[평가 & 피드백]: '점수' 부여 & '피드백' 제공

구글 클래스룸의 '평가 기준표' 를 이용한 피드백

- 학생들의 활동 결과물을 본 후 평가기준에 근거한 점수를 부여한다.
- '평가기준표'에 근거하여 학생들에게 구체적인 피드백을 제공한다.

이러한 수업 방법은 제작하는 영상의 질이 높아진다는 효과가 있었다. 한 차시 분량의 수업 내용을 완벽히 숙지하고 수업의 흐름을 미리 계획해야 수업 영상을 실수 없이 제작할 수 있었다. 이로 인해, 수업 영상의 흐름은 대면 수업의 흐름보다 더 매끄럽게 진행될 수 있었다.

다음으로, 거꾸로 수업에서 디딤 영상을 이용해 수업 시간에 다양한 학습활동에 집중할 수 있었던 것처럼, 동영상 활용 수업 역시 학생들의 다양한 역량을 키울 수 있는 학습활동에 집중할 수 있었다. 앞에서 봤던 사례처럼, '외계인에게 지구를 소개한다면?', '원소 기호 타이포그래피' 등 다양한 학습활동을 온라인에서 구현할 수 있었다. 온라인에서는 오히려 자료 검색이 자유로웠고 교실이라는 공간 제약이 없었기에, 평소에는 할 수 없었던 활동도 수월하게 진행할 수 있었다.

그러나 동영상 활용 수업은 단점이 존재했다. 첫 번째는 수업 영상을 제작하는 시간이 많이 소요된다는 점이다. 학생들의 흥미를 유발할 수 있는 자료를 준비하고 동영상을 제작하는 과정에는 상당히 많은 시간이 필요했다. 왜 유튜브 BJ들이 따로 편집자를 구하는지를 뼈저리게 느끼게 되었다. 20~30분의 영상을 제작하는 데 짧게는 2시간에서 길게는 6시간까지 걸렸다. 학생들의 흥미를 끌어야 한다는 마음을 내려놓고 영상을 제작하면 시간을 단축할 수 있었다. 그래도 단지 내용만 전달하는 영상을 진행하면 수업에 대한 참여도가 점점 낮아질 것 같아 시간을 줄이는 방법을 선택하지 못했다.

두 번째는 학습활동에 대한 개별화된 피드백을 제공하는 것이 현실적으로 어렵다는 점이다. 학생들마다 수업 내용에 대한 이해도가 달랐고 활동 수행 능력 역시 모두 달랐다. 도움 없이 스스로 문제를 해결해 내는 아이들은 극소수였다. 대부분의 아이들에게는 선생님의 피드백이 필요했다. 하지만

한 반의 인원수가 36명이었기에 제한된 시간 동안 학생들에게 개별화된 피드백을 주는 과정은 생각보다 어려웠다. 활동에 참여하지 않는 학생에게 전화하고 피드백을 하다 보면 하루 일정이 끝나는 경우가 다반사였다. 일과 시간이 넘어서까지 피드백을 하고 나면 몸과 마음이 지쳤다. '내가 조금 더 고생하더라도 피드백을 통해 아이들에게 배움이 일어난다면 그걸로 되는 거야'라는 생각만이 내가 투자하는 시간을 합리화했다.

마지막으로 수업에 참여하지 않는 무기력한 학생들과 불필요한 힘겨루기가 반복되었다. 대면수업에서는 무기력한 학생이더라도 다양한 방법을 활용해서 수업 동기를 불러일으킬 수 있었다. 그러나 이미 집에서 생활 패턴이 무너진 아이들에게 학습에 성실하게 참여하도록 요구하는 것은 현실적으로 불가능했다. 수업 영상을 학생들이 얼마나 시청했는지를 확인해 본 결과, 전체 학생들 중 1/2도 안 되는 인원이 영상을 시청했고, 처음부터 끝까지 본 학생들은 그것보다도 적었다. '짤'과 같은 짧은 영상을 보거나 긴 영상을 뒤로 넘기면서 보는 것이 익숙한 아이들에게 20분이 넘는 영상을 처음부터 끝까지 집중해서 보라는 것은 처음부터 불가능한 이야기일지도 모르겠다.

그럼에도 대부분의 학생들은 열심히 수업에 참여하고 있었고 나 역시도 내 방식이 옳다고 생각했기에 그 이상의 변화에 대해서 고민하지 않았다. 지금 와서 되돌아보면 보고 싶은 것만 보았기에 내가 하고 있는 방법이 최선이라 믿었던 것 같다. 학생들이 수업을 통해 성장하고 있다고 믿고 싶었다. 하지만 학습활동에 불성실하게 참여하는 학생들은 항상 존재했다. 성실하지 않은 이유는 아이가 게으르고 끈기가 부족하기 때문이라고 생각했다. 그래서 나는 아이들이 끝까지 문제를 해결할 수 있도록 돕는 것이 아니라 형식적이더라도 참여만 하는 것에 집중했다.

그러던 어느 날 나의 생각을 바꿔 버린 A학생의 사건이 발생하게 된 것이다. 앞에서 이야기했던 것처럼 수업을 통해 배운 것이 하나도 존재하지 않는 학생을 마주한 것이다. 지금까지 최선을 다해 수업자료를 제작했고 피드백을 진행했는데 아이에게는 너무나 부담이 큰 수업일 뿐이었다. 그렇게 익숙했던 동영상 제작 수업을 버리고 100% 실시간 쌍방향 수업의 길로 새로운 발을 내딛게 되었다.

새로운 도전, 100% 실시간 쌍방향 수업

"애들아, 안녕! 오늘은 모둠 활동을 진행할 거야. 소회의실에 들어가서 모둠별로 공유문서에 토의한 내용을 적으면 돼!", "아, 2모둠의 자료를 누가 삭제했니?", "얘들아, 미안해. 선생님의 준비가 미숙해서 오늘 모둠 활동은 실패했어. 선생님이 좋은 방법을 고민해서 다음에 활용해 볼게."

2학기가 시작되면서 무작정 100% 실시간 쌍방향 수업을 진행했다. 플랫폼 자체의 오류로 수업 진행이 안 된 적도 있고 모둠 활동을 한 결과가 갑자기 사라진 적도 있다. 열심히 수업을 준비했음에도 예상치 못한 일로 수업 진행이 안 되는 경우가 많았다. 그때는 답답함과 짜증, 우울함 등 여러 가지 감정을 느꼈다.

플랫폼의 문제뿐만이 아니었다. 1학기 동안 동영상을 활용해 수업을 진행했던 나에게 원격수업 속에서 아이들과 실시간으로 소통하는 것은 익숙하지 않았다. 아이들도 마찬가지였다. 수업 영상을 활용한 수업은 학생들의 집중도나 이해도와 상관없이 진행될 수 있었지만, 실시간으로 수업을 진행하게 되면 아이들의 현재 컨디션이 수업 진행에 큰 영향을 미쳤다. 동일한 수업 주제를 가르치더라도 아이들의 컨디션에 맞게 학급마다 적절한 변형이 필요했다.

실시간 수업은 쉽지 않았지만 1학기와는 다른 재미가 있었다. 아이들과 소통하는 과정에서 자연스럽게 교사와 학생 사이의 라포가 형성되었다. 1학기에는 담임 반을 제외하고는 아이들의 이름을 모르는 경우가 대부분이었지만, 실시간으로 수업이 진행되면서 대부분 아이들의 이름과 얼굴을 알게 되었다. 수업이 잘 안되더라도 위로해 주는 아이들이 생기기 시작했고 서로 농담도 하게 되었다. 게다가 수업 영상을 제작하지 않아도 되니 수업을 준비하는 데 많은 시간이 소요되지 않았다. 학생들이 수업에 참여하지 않았다고 전화할 필요도 없었다. 실시간 쌍방향 수업은 생각보다 장점이 많았고 수업이 지속될수록 나 자신의 원격수업 역량도 향상되었다. 지금부터 실시간 쌍방향 수업을 진행하면서 했던 고민과 해결하는 과정을 소개하고자 한다.

아이들이 수업 시간을 스스로 지키게 하는 방법은?

원격수업이 진행되면서 가장 해결하기 어려웠던 문제는 학생들의 '자발적 참여도'에 관한 것이었다. 비평준화 지역에서 출결은 성적에 직접적인 연관성이 있었기에 학생들이 수업에 참여하지 않는다고 마음대로 미인정 결과 처리를 할 수는 없었다. 학습을 하는 과정 자체에 재미를 느끼면서 수업에 참여하는 학생들도 있었지만, 집에서 새벽까지 SNS나 게임을 하면서 생활 패턴이 무너진 아이들도 있었다. 무기력한 아이들은 수업에 참여하지 않거나 형식적인 참여만 할 뿐이었다.

실시간 쌍방향 수업에서도 이와 같은 문제는 수업 진행에 큰 영향을 미쳤다. 수업 시간을 지키지 않는 일부 아이들로 인해 평균적으로 5~10분 정도 시간이 지체되었다. 45분 중에서 매번 출결이 10분 정도 수업에 영향을 미치는 것은 앞으로 실시간 쌍방향 수업을 진행해야 하는 나에게 반드시 해결해야 하는 문제였다.

아이들이 자신의 출결을 스스로 관리할 수 있는 방법은 무엇일지 고민하던 중 효과적인 방법을 찾게 되었다. '온라인 출석부'와 '포트폴리오 평가'를 소개해 보겠다.

온라인 출석부는 '체크리스트'의 효과를 봤던 경험을 바탕으로 만들었다. 나는 평소 내가 해야 할 일을 체크리스트로 만들고 할 일이 모두 끝나면 체크 표시를 한다. '할 일'이 '한 일'이 되었을 때 느끼는 만족감은 다음 할 일을 하게 하는 원동력이 되었다. '체크리스트를 완료함에 따라 만족감을 얻는 심리를 수업에 적용해 보면 어떨까?'라는 생각을 바탕으로 온라인 출석부를 만들게 되었다. 구글 스프레드시트를 이용해 출석부 양식을 만들고 아이들에게 공유하면 아이들은 자신의 이름 옆에 스스로 출석을 체크하면 되는 간단한 방법이었다.

[공유 및 내보내기] 기능을 활용하여, 양식을 다운받을 수 있어요!

출석체크

번호	이름	12.2.(수) 형성평가	12.9.(수) 비열	12.10.(목) 열팽창	12.16.(수) 단원정리	12.17.(목) 형성평가
1	구■■	☑	☑	☑	☑	☑
2	김■■	☑	☑	☑	☑	☑
3	김■■	☑	☑	☑	☑	☑
4	김■■	☑	☑	☑	☑	☑
5	김■■	☑	☑	☑	☑	☑
6	문■■	☑	☑	☑	☑	☑
7	박■■	☑	☑	☑	☑	☑

[출석부 양식 QR코드]

출석부 제작 TIP

1. [삽입] - [체크박스]를 통해 학생들이 스스로 체크하는 체크박스를 생성할 수 있어요!

2. [공유] - [링크보기] 에서 링크로 들어온 사용자의 권한을 '뷰어'에서 '편집자'로 수정하면 학생들이 체크박스에 스스로 체크가 가능해요!

3. [범위 지정] - [마우스 오른쪽 버튼] - [범위 보호] - [권한 설정]에서 사용자를 '나만'으로 수정하면 수업 시간이 지난 후, 학생들이 출석체크하는 것을 막을 수 있어요!

수업이 시작되면 1분 동안 학생들이 자신의 이름에 체크할 시간을 주었다. 그리고 나서 체크하지 않은 학생들의 이름을 부르면서 체크할 기회를 한번 더 주었다. 제한 시간 내에 들어오지 않은 학생들에게는 출석 체크를 하지 못하도록 수정 권한을 제한했다.

성실하게 수업에 참여하는 학생들에게는 다음 수업에도 일찍 참여하려는 동기를 만들어 주었고, 수업 시간에 늦게 참여한 학생은 제한 시간에 참여하지 못하면 출석 체크를 못 한다는 것을 스스로 느끼면서 수업 시간을 지키려고 노력했다. 나 역시 출석 체크하는 시간이 1~2분으로 줄게 되면서 출결 체크로 인한 불필요한 시간을 낭비하지 않아도 되었다.

수업 시간을 지키는 학생들이 많아지자 다른 문제가 보이기 시작했다. 아이들이 수업에 집중하게 하는 방법에 관한 것이었다. 이를 해결하기 위해 실시간 수업에서 진행한 학습활동을 포트폴리오 방식으로 기록하여 수행평가에 포함하게 되었다.

번호	이름	비주얼씽킹(2)	열과 온도	열평형	전도/대류/복사	비주얼씽킹(3)	최종
11	신	✓	✓	✓	□	✓	9
12	오	✓	✓	✓	✓	✓	10
13	오	□	✓	✓	□	✓	8
14	이	✓	✓	✓	✓	✓	10
15	이	✓	✓	✓	✓	✓	10
16	이	✓	✓	□	□	□	6
17	이	✓	✓	✓	□	□	7
18	이	□	✓	✓	□	✓	6

활동 참여 여부 (수행평가 활용)

온라인 출석부와 동일한 방법으로 제작할 수 있어요!

"이번에는 수행평가를 포트폴리오 방식으로 진행할 거야. 수업 시간에 주어지는 학습활동에 참여한 활동지를 바탕으로 점수를 줄 거야." 아이들은 등교 기간에 수행평가가 몰리지 않는다는 점에 집중했고, 수업 시간에 열심히 참여하기만 하면 된다는 사실에 호의적이었다.

원격수업에 참여한 활동에 근거해서 수행평가 점수가 매겨졌기 때문에 자연스럽게 학생들은 수업에 적극적으로 참여하게 되었다. 학생들도 언제든지 자신의 활동 참여 여부를 확인할 수 있었다. 처음에 점수를 받기 위해 열심히 참여했던 아이들은 점점 활동 자체에 재미를 느끼게 되었다. 내적 동기가 만들어지고 있었다. 이로 인해 아이들의 수업 참여도는 눈에 띄게 좋아졌다. 이로써 의미 있는 배움이 만들어지기 위한 모든 준비가 끝나게 되었다.

생동감 있는 원격수업을 만드는 방법은?

"자! 오늘의 실험을 시작해 보도록 할게요. 여기 물과 달걀이 있어요. 물에 달걀을 넣으면 달걀이 물 위에 뜰까요? 가라앉을까요?", "달걀을 뜨게 하기 위해서 어떻게 하면 좋을까요? 채팅창에 여러분의 생각을 적어 주세요!"

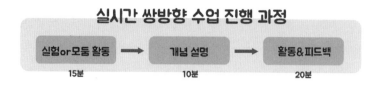

실시간 쌍방향 수업 진행 과정

실험or모둠 활동	→	개념 설명	→	활동&피드백
15분		10분		20분

'수업의 집중도를 높이기 위해서는 어떻게 수업을 디자인해야 할까?' 실시간으로 수업을 진행함에 따라 45분의 시간을 어떻게 구성해야 할지 고민이 되었다. 학생들이 수업에 평균적으로 10~15분 집중한다는 연구 결과를 본 기억이 떠올랐다. 이에 근거해 아이들의 집중력을 유지시키기 위한 방법으로 '최대 15분을 기준'으로 수업 방법이 변화할 수 있도록 수업을 디자인했다.

[실험 & 모둠 활동] (15분)

물에 달걀 띄우기 (밀도)   슬러시 만들기 (열에너지 흡수)

실험은 학생들의 호기심을 자극하고 수업 주제에 관심을 갖게 할 수 있는 좋은 방법이다. 운이 좋게도 과학이라는 과목 특성상 단원별로 다양한 실험들이 존재했다. 동영상으로 실험을 보여 주는 것은 오차 없는 실험 결과를 보여 줄 수 있다는 장점이 있었으나 '현실적인 생생함'이 없었다. 똑같은 마술을 동영상으로 보는 것보다 직접 보는 것이 더 신기한 것처럼, 실시간 실험 수업은 직접 보는 것과 비슷한 효과를 이끌어 냈다. 아이들은 실험 결과를 궁금해했고, 실험을 통해 오늘 배울 수업 주제에 관심을 갖기 시작했다.

실험을 진행하기 어려운 주제인 경우, 모둠 활동을 통해 서로의 의견을 나

뒤 보는 시간을 가졌다. '구글 프레젠테이션'을 활용해서 학생들이 자신의 생각을 적을 수 있는 '모둠 활동지'를 제작해 모둠별로 공유했다. 아이들은 줌(ZOOM)의 소회의실에서 토의한 결과를 모둠 활동지에 작성했다. 마지막으로, '모둠별 활동 정리지'에 모둠에서 나온 결론을 모둠장이 적으면, 나는 아이들과 모둠별로 나온 의견을 함께 보면서 수업을 이어 나가면 되었다.

[개념 설명] (10분)

"교과서 36쪽을 펴세요. 지금부터 방금 했던 실험을 설명하기 위해 필요한 개념을 배워 봅시다!"

개념 설명은 교과서를 활용한 강의식 수업으로 진행되었다. 교직 경력 1, 2년 차에는 활동지를 활용해서 수업을 진행했다. 핵심 개념을 미리 구조화시켜 만든 활동지였기에 아이들은 교과서를 볼 필요가 없었다. 개념이 잘 정리된 활동지에 익숙한 아이들은 글을 읽을 필요가 없었고, 이로 인해 글을 읽고 해석할 수 있는 문해력이 점점 떨어지게 되었다. 이러한 문제를 해결하기 위해서 3년 차부터는 과감하게 수업에서 활동지를 사용하지 않고 교과서를 이용해 수업을 진행했다. 실시간 수업에서도 개념 설명은 교과서를 이용해서 진행되었다. 학생들에게 교과서를 보여 주고 핵심 개념을 설명하고 필기하면서 아이들이 개념을 스스로 정리할 수 있게 했다.

실시간으로 모든 수업을 진행하다 보니, 수업 시간에 부득이한 사정으로 참여하지 못하거나 컨디션이 좋지 못해 집중하지 못하는 학생들이 생기기 시작했다. 실시간 수업은 특정 시간이 아니면 다시 볼 수 없다는 단점이 있었다. 이를 해결하기 위한 방법도 새롭게 고안되었다. '노션(Notion)'은 자유롭게 자신의 생각을 기록하고 정리할 수 있는 온라인 플랫폼이다. 수업자료와 핵심 개념을 노션에 정리하면서 수업을 준비했고, 이러한 과정을 학생들이 언제나 볼 수 있도록 공유했다.

[Notion] 은 수업 외에도 학급 운영에도 사용될 수 있어요!

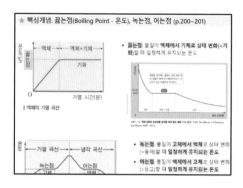

[Notion 학습 자료 QR 코드]
- 주제 : 밀도 -

개인적인 사정으로 인해 수업을 못하더라도 아이들은 노션을 통해 언제든지 수업자료를 볼 수 있었다. 또한 학생들이 수업 주제에 대해 질문한 내용에 대한 내 생각을 적어 줌으로써 또 다른 소통 방법으로 활용했다(QR코드에 들어가면 확인해 볼 수 있다). 이는 효과적인 복습자료로 활용되어 시험공부를 하는 아이들에게 많은 도움이 되었다.

[학습활동&피드백] (20분)

아이들이 작성한 과제에 대한 피드백은 댓글을 이용해서 제공했어요!
시간이 너무 많이 걸리기에, 아이들끼리 피드백을 하는 방법을 활용한 적도 있어요!

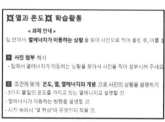

'학습 과제' 안내 자료

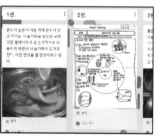

'Padlet'을 이용한 '학습 활동'

마지막으로, 핵심 개념을 이해했는지를 확인하기 위한 학습활동을 진행했다. 모둠 활동을 평가로 활용하는 것은 아직 어려움이 있었기에 개별 활동 위주로 진행되었다. 여기서 중요하게 생각한 것은 두 가지였다. 첫 번째는 실생활과 연계할 수 있어야 한다는 점이고, 두 번째는 포트폴리오로 모아 둠으로써 자신의 성장을 스스로 볼 수 있어야 한다는 점이다.

과제 제작 TIP

1. 실생활과 연계시킬 수 있는 과제를 제공하고, 과제 난이도는 중간 이하 정도로 제작해요!

2. 자신의 과제를 포트폴리오처럼 모아 놓음으로써 스스로의 성장을 관찰할 수 있도록 해요!
   (수행평가 점수 안내 시 학생에게 보여 줄 수 있는 기초자료로도 활용)

과제를 포트폴리오처럼 모아 놓을 수 있는 플랫폼으로는 '패들렛(Padlet)'이 적절했다. 패들렛의 다양한 디자인 중, '셀프'는 학생들이 자신의 이름 아래 지금까지 했던 과제를 모아 놓을 수 있도록 도와주었다. 아이들은 친구들이 과제를 수행하는 모습을 보면서 자극을 받아 수업 활동에 더 열심히 참여했다. 또한 자신의 경험과 핵심 개념을 연결시키는 과정을 통해 어려운 개념을 쉽게 이해할 수 있게 되었다.

[Bonus] 중단원을 내 방식으로 정리하기, 비주얼씽킹

처음부터, 비주얼씽킹을 잘하는 학생은 많지 않았어요.
아이가 부족하더라도, 격려해 주세요! 그리고, 수정할 부분을 말해주면, 열심히 참여할 거예요!

'물질의 특성' 비주얼씽킹

'혼합물의 분리' 비주얼씽킹

"중단원 수업이 모두 끝났어요. 다음 시간에는 비주얼씽킹으로 단원 정리를 할 예정이니, 색연필과 사인펜을 준비해 주세요."

중단원의 학습이 모두 끝나면 핵심 개념을 정리하는 시간을 가졌다. 비주얼씽킹 활동을 통해 배운 내용을 자유롭게 구조화해 봄으로써 자신만의 공부 방법을 찾기를 바랐다. 비주얼씽킹 양식 중 '써클 맵' 양식을 활용해서 개념을 정리할 수 있게 했으며, 아이들에게 요구한 것은 다음과 같다.

비주얼씽킹 제작 TIP

1. 교과서의 개념을 그대로 따라 적지 않고, 자신이 이해한 대로 간략하게 정리하게 해요!
2. 그림을 못 그려도 괜찮다고 격려하고 개념 + 개념을 표현한 그림을 포함시키게 안내해요!
3. 다양한 색의 사인펜과 색연필을 이용해서, 글과 그림에 생동감을 넣게 해주세요!

처음 학생들과 비주얼씽킹 활동을 진행했을 때에는, 시간이 걸리고 노력이 필요하기에 귀찮아하는 아이들이 많았다. 대충 작성하고 다 했다고 이야기하는 아이들도 있었다.

"오! 열평형에 관한 내용을 이런 그림으로 표현했구나." "잘 정리했는데, 핵심 개념 중 밀도의 개념이 빠져 있네. 시간이 있으니 여기까지만 정리해 보자. 잘했어!" 비주얼씽킹으로 정리하는 것이 많은 노력이 들어가는 것을 알기에 활동에 참여하는 것을 힘들어하는 학생에게는 "할 수 있어"라고 격려했다. 자신의 시간을 더 투자해 열심히 참여한 학생의 작품은 '우수 작품'으로 선정하여 아이들에게 소개했다. 이러한 격려는 아이들의 내적 동기를 만들어 냈다. 조금씩 효과가 나타나기 시작했다. 여학생에게만 유리한 활동이라고 생각했던 것과 다르게 어떤 반은 남학생의 우수 작품이 더 많았다. 아이들은 자신만의 방법으로 중단원의 핵심 개념을 정리했고 이를 통해 개념을 구조화하는 기술이 향상되었다.

수업을 마무리하며 과학 수업을 통해 자신의 어떤 점이 성장했는지 아이들에게 물어보는 시간을 가졌다. 한 아이가 대답했다.

"비주얼씽킹과 선생님이 설명하시는 방법을 통해 과학을 공부하는 방법,

다른 과목을 공부하는 방법 등을 배우게 되었어요. 교과서에 있는 내용만 그대로 옮겨 쓰는 것이 공부하는 게 아닌 것을 알게 되었죠. 자신만의 언어로 정리할 수 있는 것이 진정 이해하고, 공부한 것이라고 말할 수 있다는 것을 알게 되었습니다."

학생들의 배움과 성장

"선생님, 그냥 저 포기해 주세요." 아직까지도 그 아이의 말이 머릿속에 맴돈다. 지금 되돌아보면 그 말을 해 준 아이에게 너무나 고마움을 느낀다. 포기해 달라는 말을 듣지 않았더라면 나는 2학기까지 동영상을 제작하는 수업에 확신을 갖고 수업을 진행했을 것이다. 동영상을 제작하는 수업이 틀렸다고 이야기하는 것이 아니다. 현재에 안주하고 '내가 하는 것이 옳다'고 생각하는 것을 넘어서 새로운 것에 도전할 수 있도록 계기를 마련해 주었기에 고맙다는 것이다.

실시간 쌍방향 수업은 모든 선생님들에게 큰 도전이었고, 나에게도 마찬가지였다. 실시간 수업이 진행되면서 자연스럽게 온라인과 오프라인의 경계가 사라졌다. 항상 학생들과 얼굴을 보면서 수업을 진행했기에, 등교수업에서도 자연스럽게 아이들과 수업을 이어 갈 수 있었다. 그것이 실시간 쌍방향 수업의 가장 큰 장점이라고 생각한다. 바로, 관계가 단절되지 않고 연속적으로 이어진다는 점이다. 1학기가 지나는 동안 나는 내가 가르치는 아이들의 얼굴도 이름도 몰랐다. 실시간 쌍방향 수업이라는 도전이 없었더라면 1년 동안 가르쳤던 대부분의 아이들을 기억하지 못했을 것이다. 수업은 교사와 학생이 어떤 관계를 맺고 있느냐에 따라 달라질 수 있다. 내게 실시간 쌍방향 수업은 온라인 속에서도 교사와 학생이 라포를 형성해 갈 수 있는 좋은 방법이었다.

실시간 수업을 진행하면서 실패한 적도 많았다. 모둠 활동을 진행하다가 모둠 활동을 했던 자료가 누군가에 의해 삭제되어 수업이 중간에 멈춘 적이 있었다. 다음 수업에서도 이러한 과정이 반복될까 봐 두려워서 다음 활동부터는 개인 과제로 바꾸게 되었다. 아직까지도 내게 온라인에서의 모둠 활동은 두려움으로 남아 있다. 대부분의 교사가 학생들에게서 상처받을까 두려워하는 여린 마음을 지녔을 것이다. 그런 상황을 피하고 싶어서 수업 속에서 아이들과 소통할 수 있는 방법을 더 열심히 고민했다.

한 학부모님과 통화했던 것이 떠오른다. "아이가 원격수업에 참여하면서 컴퓨터 게임을 하는 것을 종종 보는데, 지적해도 계속 게임을 하네요. 지금 내 상황도 너무 힘든데 아이까지 제멋대로니 정말 힘들어요. 잘못된 것을 알면서도 너무 힘들다 보니 아이에게 지적하는 것을 피하는 내 자신에게 죄책감이 들어요." 내가 할 수 있는 말은 한 가지밖에 없었다. "지금까지 누구보다 아이를 위해 노력하셨을 거예요. 하지만 아이보다 중요한 것은 어머니 자신이라고 생각해요. 지금 너무 힘들면 잠깐 쉬어 가세요. 그러다 보면 어느 순간 다시 에너지가 생기게 되고 아이와 자연스럽게 소통할 수 있을 것이라 생각해요."

선생님들에게도 똑같이 말하고 싶다. 지금까지 누구보다 아이들을 열심히 교육하느라 고생하셨다고, 잠깐 쉬어 가도 된다고. 2021년에도 당분간은 원격수업이 지속될 것으로 보인다. 우리는 교육이라는 이름의 장거리 마라톤을 하는 선수이다. 항상 최고 속도로 달린다면 목적지에 절대 다다를 수 없다. 힘들면 잠깐 쉬어 가도 좋다. 항상 학생들에게 최고의 교사가 될 수는 없다. 나의 교육 방법에 신념을 가지고 이를 행하고 있다면 그것으로 충분하다.

– 임해성

실시간 쌍방향 수업, 이렇게 하면 편하다!

① 실시간 수업의 규칙을 아이들과 함께 정해 보세요!

- 실시간 수업의 규칙을 함께 정하고 난 후, 수업시간에 규칙에 근거하여 아이들을 지도하세요.

- 논의할 주제 예시 1) 캠 화면을 켜지 않는다면? 2) 출석 인정 기준은? 3) 사정이 생겨, 수업에 참여하지 못한다면? 4) 수업 시간에 궁금한 것이 있을 때는?

② 학생들과의 소통은 채팅창을 이용하면 편해요! - 교사와 학생 개인 간의 소통은 '말'로! 교사와 학생들 전체 간의 소통은 '채팅창'으로!

③ 수업에 활용할 기능별로 기기를 나눠 보세요!

- 컴퓨터-쌍방향 소통용/ 아이패드-수업용(교과서 필기)/ 휴대폰-실험 보여주기용

④ 질문이나 소통할 학생을 미리 정해 보세요!

- 한 수업에 겹치지 않도록 4~5명의 학생을 미리 정해서 질문해 보세요. 아이들과 점점 친해질 거예요(압박하지 말고 대답을 못하더라도 기다려 주세요!).

학생참여형 수업, 에듀테크에 로그인하다

2020년 봄, 네 번의 개학 연기와 사상 초유의 온라인 개학을 만들어 낸 코로나19는 거대한 협력을 요구했다. 온라인 플랫폼에 가상 학교를 세우고, 구글 기반의 학사운영 체제를 함께 설계하고 구동하는 '찐'한 협력은 학교를 넘어 지역으로, 다시 지역을 넘어 대한민국 모든 교사의 협력을 만들어 냈다. 한 학기가 끝나 갈 무렵 '협력이 피워 낸 온라인 학교'는 현란한 에듀테크의 홍수 속에 점차 안정을 되찾고 있었다.

이제 쉽게 동영상 콘텐츠를 제작할 수 있게 되었고, 구글 설문지를 통한 과제제시형의 수업으로 정돈된 학습 내용을 제공하며 계획된 시간을 충실히 운영할 수도 있었다. 뿐만 아니라 오픈 채팅방과 비공개 댓글을 통한 실시간 피드백은 오프라인에서는 시도해 보지 못했던 다양한 정서적 교감과 개별화 교육의 실현이라는 점에서 뿌듯했던 경험이기도 했다.

하지만 이것이 수업의 끝이라면 '교육의 본질은 무엇일까'라는 의문이 다시 혼란스럽게 엄습해 왔다. 그동안 학교는 어떤 역할을 해 왔고 그 속에서 교사는 무엇을 실천해 왔는지, 그리고 에듀테크에 급급한 지금의 수업 운영 방식이 정말 최선인지에 대한 의문이 내 안에서 커다란 울림으로 나를 흔들고 있었다.

에듀테크에 휩쓸리기보다는 수업의 주인으로서 학생의 참여를 온라인 교실에서도 구현하고 싶었다. 함께 탐구하고 협력적으로 소통하며 서로의 성장에 도움을 지원하는 코로나 이전의 배움을 온라인 교실에서도 만들어 내고픈 마음에 에듀테크를 탐색하고 조합하며 고민을 이어 갔다. 학교 안과 밖을 넘나드는 연대와 협력의 고민 끝에, 다시 학생을 수업의 주인으로 바로 세우는 수업을 시작하게 되었다. 가을이 되었다.

한 학기 교육과정 재구성: 2020학년도 2학기 국어B

2015 국어과 교육과정에는 '국어'의 성격을 다음과 같이 정의하고 있다.

> 국어는 대한민국의 공용어로서 사고와 의사소통의 도구이자 문화 창조와 전승의 기반이다. (중략) 따라서 학습자는 학교생활을 통해 폭넓은 국어 경험을 쌓으며 일상생활과 학습에 필요한 실질적인 국어 능력을 길러야 한다. 이를 바탕으로 학습자는 더 깊이 있는 사고와 효과적인 소통, 발전적인 문화 창조 능력을 갖추게 된다. 나아가 자신의 말이나 글에 책임지는 태도를 지니고, 바람직한 인성과 공동체 의식을 기름으로써 국어 교육의 목적을 달성할 수 있다.

2015 국어과 교육과정에서 '국어'는 "범교과적 내용이나 주제를 담은 담화나 글, 작품을 듣기·말하기, 읽기, 쓰기의 활동 자료로 활용함으로써 미래 사회가 요구하는 융합형 인재를 기르는 데 이바지"하자고 그 취지를 밝히고 있다. 따라서 '국어'의 본질적인 목표는 미래 사회의 인재로서 성장할 수 있는 토대를 마련하는 데 있다고 할 수 있다. 단지 기술적인 능력으로서의 '국어'가 아닌 미래 사회의 인재로서 바람직한 성장을 도모할 수 있도록 '국어'의 수업은 디자인되어야 할 것이다.

"우리는 아이들에게 미래의 주인으로서의 의무는 강요하지만, 오늘의 주인으로서 누릴 권리는 무시하는 경우가 많습니다"라는 야누시 코르차크(Janusz Korczak)의 말은 오랫동안 내 수업의 밑그림이다. 학생들이 수업 속에서 시민으로서 주인 된 경험을 쌓고, 현재의 삶을 성찰할 수 있는 기회를 제공하고 싶었던 내 수업 철학을 다시 되새겨 보았다.

　교육적 상상력의 토대가 되는 수업 철학은 교육과정 재구성을 통해 구체
화된다. 원격수업도 마찬가지다. 다만 에듀테크라는 새로운 기술을 접목해
야만 확장된 배움터에 도달할 수 있었다. 봄과 여름에 허겁지겁 습득한 에듀
테크를 정돈하며 2학기 교육과정 재구성을 설계해 보았다.

주체적인 관점으로 새롭게 해석하기 [구글 프레젠테이션 활용]

교과 역량	성취기준	영역, 제재
• 문화향유 역량 • 비판적·창의적 사고 역량 • 자기성찰 계발 역량	[9국05-05] 작품이 창작된 사회·문화적 배경을 바탕으로 하여 작품을 이해한다. [9국05-06] 과거의 삶이 반영된 작품을 오늘날의 삶에 비추어 감상한다.	1. 문학과 삶 (1) 까마귀 눈비 맞아 /들판이 적막하다 (2) 꺼빠딴 리(전광용)

학습 경험(어떻게 배울 것인가?)	
○ [전체] 문학작품에 담긴 시대상 파악하기	○ 콘텐츠+구글 설문지(사실 확인)
○ [모둠] 모둠별 작품 속 사회상 탐구하기 → 공유 　① 계유정란 　② 메뚜기는 왜 사라졌을까? 　③ '이인국'이 살던 시대상	○ 콘텐츠+설문지(논술형 문항: 　모둠별 토의) → 공유
○ [전체] 사회문화적 배경을 바탕으로 작품 이해 　① 까마귀 눈비 맞아 　② 들판이 적막하다 　③ 꺼삐딴 리(전광용)	○ 콘텐츠+논술형 문항 (녹강의식 　수업을 위한 발문)
○ [개인] 오늘날의 삶과 관련지어 새롭게 해석하기 　① 시와 시인 선정하기: 선정 이유 밝히기 　② 감상의 초점을 연계한 신문기사 또는 뉴스 찾기 　③ ①과 ②의 공통분모 찾기: 작품 속 상황과 유사한 문제 상황 찾기 삽입 　　근거(문제 상황) 제시 　④ ②의 사회문화적 배경을 바탕으로 선택한 작품 새롭게 해석하기 　⑤ 나도 시인이 되어 사회문화가 반영된 작품 생산 　⑥ 뉴스의 등장인물이 되어 창작의 계기, 일기문 쓰기 　⑦ 수업성찰문 작성하기	○ 수행평가: 프레젠테이션 활용 　(원격(5차시)과 등교(2차시) 연계) 　→ 프레젠테이션 안에서 댓글과 　　채팅을 통한 피드백

평가기준	
우수	작품이 창작된 사회·문화적 배경을 파악하고, 이것이 작품 전체의 의미나 주제를 형성하는 데 어떤 관련이 있는지를 이해하며 작품을 이해하고 과거를 배경으로 한 작품에 나타난 시대적 배경과 인물의 삶을 오늘날의 삶에 비추어 이해하고 자신의 삶을 성찰하며 작품을 감상할 수 있다.
보통	작품이 창작된 사회·문화적 배경을 바탕으로 작품을 이해하고 과거를 배경으로 한 작품에 나타난 삶의 모습을 오늘날의 삶과 비교하며 작품을 감상할 수 있다.
미흡	작품이 창작된 사회·문화적 배경을 파악하고 과거를 배경으로 한 작품에 나타난 시대적 배경과 인물의 특성을 파악하며 작품을 감상할 수 있다.

라디오 진행자가 되어 위로의 말하기 [줌 소회의실 기능 활용]

교과 역량	성취기준	영역, 제재
• 의사소통 역량 • 공동체대인관계 역량 • 자료정보 활용 역량	[9국02-09] 자신의 읽기 과정을 점검하고 효과적으로 조정하며 읽는다. [9국01-06] 청중의 관심과 요구를 고려하여 말한다. [9국01-07] 여러 사람 앞에서 말할 때 부딪히는 어려움에 효과적으로 대처한다.	4. 점검과 조정 (1) 읽기 과정을 점검하며 읽기 (2) 청중을 고려하며 자신 있게 말하기

학습 경험(어떻게 배울 것인가?)

○ [전체] 라디오 오프닝 멘트 들려주기(예시)

① 읽기 자료 활용하여 대본 작성하기[읽기 과정 설명]
② 언어적·준언어적·비언어적 표현 전략을 활용하여 말하기[시범 보이기]
③ 모둠 조직 및 사전 협의

○ [모둠] 프로그램 구상 및 역할에 따라 수행하기

① 방송 시간대, 청취자 분석 및 요구 고려: 라디오 프로그램 구상하기
② -1 선택한 상황을 구체적으로 설계하여 청취자 사연 작성하기(2명)

등교수업 전날 밤	원서 쓰는 날 아침
결혼식 전날 아침	2020년 마지막 날
졸업식 전날 저녁	3년 후 수능 본 날 밤

② -2 사연에 부합하는 위로와 격려의 방송작가가 되어 대본 작성하기(읽기 자료 활용하여 조언하기)(2명)
② -3 표현 전략을 활용하여 라디오 방송을 진행하는 말하기+추천곡 들려주기(2명)
③ 공유 및 발표하기

○ 줌 화상회의를 통한 실시간 쌍방향 수업
○ [등교수업] 모둠 조직 및 사전협의 운영: 역할분담

○ 공유문서를 활용하여 모둠 전체 또는 역할에 따라 자유롭게 협력적 소통이 가능하도록 운영
○ 수행평가: 모둠별 공유문서 검토 후 소회의실 참여 → 학습으로서의 피드백 활용
○ 등교수업 시간에 함께 나누며 우수작 시상

평가기준

우수	자신의 읽기 과정을 점검하고, 자신이 사용한 읽기 방법이나 전략의 적절성을 평가하며 효과적으로 읽기 방법을 조정하며 읽을 수 있다. 또한 청중의 관심과 요구를 충분히 반영하여 내용을 마련하고 청중의 반응을 적극적으로 고려하여 말하며 청중 앞에서 말하기를 할 때 부딪히는 어려움을 점검하여 이를 적극적으로 해결하면서 자신의 의견을 자연스럽고 분명하게 말할 수 있다.
보통	자신의 읽기 과정을 점검하고 효과적으로 조정하며 읽을 수 있다. 또한 청중의 관심과 요구를 고려하여 내용을 마련하고 청중의 반응을 살피며 말하며 청중 앞에서 말하기를 할 때 부딪히는 어려움들을 해결하며 자신의 의견을 분명하게 말할 수 있다.
미흡	주어진 자료를 참고하여, 자신의 읽기 과정을 점검하고 조정하며 읽을 수 있다. 또한 청중의 관심을 고려한 내용을 마련하여 이를 말하며 청중 앞에서 말하기를 할 때 부딪히는 어려움들을 파악할 수 있다.

1) 문학작품 수록

광야(曠野) / 이육사

까마득한 날에
하늘이 처음 열리고
어디 닭 우는 소리 들렸으랴

모든 산맥들이
바다를 연모해 휘달릴 때도
차마 이곳을 범하던 못하였으리라

끊임없는 광음을
부지런한 계절이 피어선 지고
큰 강물이 비로소 길을 열었다

지금 눈 내리고
매화 향기 홀로 아득하니
내 여기 가난한 노래의 씨를 뿌려라

다시 천고의 뒤에
백마 타고 오는 초인이 있어
이 광야에서 목 놓아 부르게 하리라

이육사(이원록)

: 음력 1904년 4월 4일 출생, 경상북도 안동 ~ 1944년 1월 16일 사망

일제 강점기에 굽혀지지 않던 민족의 암상을 지라의 독특하고 일제에 항거한 시인(항로드기 돌붙이). 《교육(육포기》 등과 같은 작품들을 통해 목가적이면서도 웅혼한 일지로 항거의 의지를 노래했다.

본명 원록(源祿) 또는 원삼(源三), 개명은 활(活), 별호 육사(陸史) 출생. 조부에게서 한학을 배우고 대구 교남학교(橋南學校)에서 수학하였다. 1925년 독립운동단체인 의열단(義烈團)에 가입하였다. 1926년 베이징으로 가 베이징 사관학교에 입학하였다. 1927년 귀국했다가 장진홍(張鎭弘)의 조선은행 대구지점 폭탄사건에 연루되어 대구형무소에서 3년간 옥고를 치렀다. 그때의 수인번호 264를 따서 호를 육사라고 지었다. 출옥 후 다시 베이징대학 사회학과에 입학, 수학 중 무렵도 3차 등검사건으로 독립운동을 계속하였다.

[네이버 지식백과(두산백과)]

2) 문학작품을 선정한 이유

최근 역사 시간에 1910년대에서 광복 전까지 일제 강점기에 대해 배웠는데, 그 시절 쓰여진 시들도 더 많이 있게 될고 싶었다. 또 요즘 시는 1학기에 배웠던 시들보다도 작가가 쓰여진 시기가 같이 더욱 흥미가 생겼습니다. 또 현재 전염병으로 인해 전세계적으로 어려움을 겪고 싶었을 때 일제 강점기의 상황이 유사한 점이 있다고 생각했다. 그래서 현재 미래를 예측할 수 있는 담담한 상황을 문학작품에 빗대어보고 싶었습니다.

이육사 시인은 암담한 현실에 낙망지지 희망을 잃지 않고 극복할 의지를 보였기 때문에, 현재의 상황에 놓인 우리들이 비록 힘이 들지 말고 또 한국 대한민국이 마음가짐이 유사하다고 생각하였습니다.

3) 관련있는 뉴스 또는 기사문 제시하기

'행 코로나 안전국가 3위' 보도
...K방역 우수성확인"

동북구 경제연구소 금명 전략업무 최정 제 5위로 산부나 스케서 3위로 시민의 심포쇼로 DKG(Deep Knowledge Group) 연구로 신부서 있는데 한국이 내요 DKG 상위 100위 안전권가 이 3위라고 보도했다며 ... K방역의 우수한 평가기구로 속 위기에 쓰기 위해 상황이 있게다.

출처 : [중앙일보] 신문편 기사 / 2020.09.16 14:13분

4) 공통분모 제시하기

이육사 시인은 암담한 현실과 미래를 예측하지 못할 답답한 상황에서도 희망이라는 꿈을 잃지 않고 많은 노력을 하였습니다. 《광야》라는 시에서는 시인의 삶의 터전을 '광야'라고 표현하며, '지마 이곳을 범하던 못하였으리라'라는 문구로, '다시 천고의 뒤에 백마 타고 오는 초인이 있어 이 광야에서 목놓아 부르게 하리라'라는 문구로 세월이 흐르고 시간이 지나면 언젠가 광복을 맞이할 것이라는 미래에 대한 확신을 표현하였다.

또, 최근 코로나라는 전염병으로 하루에도 및 반복 악화되고 회복되는 상황에서도 및 개월의 전염병의 확산을 막기 위해 노력하는 중앙방역대책본부 등과 대한민국의 모습을 볼 수 있습니다. 그 데에 세계적으로 방역의 우수한 나라가 되었다는 결과가 이 세계, 특히 대한민국에서 포기하지 않고 회복을 위해 매일 노력하고 있다는 것에서 비롯됩니다.

이렇게 일제강점기라는 어려운 상황 속에서도 서로의 미래를 기대하며 조국에 대한 사랑과 신념을 잃지 않았던 이육사 시인과, 한계 회복하리라는 희망을 잃지 않고 매 개발 전염병의 확산을 막기 위해 노력하는 대한민국의 모습이 유사하다는 생각이 들었습니다.

6) 새로운 모방작품 생산하기

소나기

구름 한 점 없는 맑은 날에
말 숙 옥구름이 도리우고
어떤 속에 안개가 피어오르라

지금 소나기가 퍼붓고
의심과 두려움이 홀로 가득하니
내 여기 지킴의 희망의 씨를 부려라

지구 공통분기
절지 시간의 깊이에 개념을 대해도
지마 이 곳을 범하지 못하였으리라

이 비가 그치고 난 뒤에
바람에 맑은 하늘이 있어
날 가려진 모든 것을 벗어내고
언젠가 이 길의 끝에서 나 될 하리라

5) 뉴스의 등장인물이 되어 일기문 작성하기

한국은 지금, 코로나19라는 전염병 속에서 2차 대유행 시기를 지나는 중이다. 모임, 행사 등을 지개해달라고 묻지 듣고의 당부를 했는데도 집단 감염이 계속되고 있어 허탈하다. 그래도 더 전파되지 않는 것에 감사하며 진다는 생각이 든다. 또 방역에 있어서 우리나라의 기술이 발달되어 있고 이 감염병을 지료하는 것에 어려움을 겪고 있어서 초반과는 일긴 무참한 살아지 많아서 다행이다. 나, 또 한국이 코로나19 100대 안전국가 중 3위라는 소식을 들었다. 이 소식을 듣고 그동안 노력이 헛되지 않은 것 같아 조용은 뿌듯했다고 기쁨에 뿌렸다. 그리고 질병으로 힘들 시민들의 안심을 위해 고군분투하는 질병관리청에 자랑스럽고 감사하다. 조속히 이 암담한 상황이 끝나고 자유롭고 평화로운 성일을 모두가말은데 좋겠다는 생각이 든다.

7) 수업성찰 및 소감문 작성하기

이 수업을 통해서 나는 문학 작품을 새롭게 해석해 보는 것이 굉장히 흥미롭게 느껴졌다. 특히 공통분모를 제시할 때 고민을 많이 하였는데 나가 내려고지 하는 공통분모를 찾 생각과 같이 스스로 생각했다. 그리고 사실 직접 쓰면 조금 어렵더라서 아이와들을 현대 PPT를 활용한 것이 매우 좋았습니다.

이육사 시인의 '광야'을 을 통해 독립에 대한 강렬한 바람으로 이 글을 썼을 테다. 그 시대의 문학작품이 코로나19로 침통어있는 2020년에는 또다른 강렬함으로 해석될 수도 있다는 사실이 흥미로웠다.

다른 문학작품도 새로운 해석으로 지금 내가 싶고 있는 세상과 연결해보면 더 재미있을 것 같다.

기록 (과정 속에서 발견한 학생의 성장 스토리)	「광야」(이육사)의 감상을 'K방역 우수성 확인'이라는 뉴스와 연계하여 감상을 확장하며 질병관리청 직원의 입장에서 밝은 미래에 대한 확신으로 일제강점기를 이겨 냈던 역사처럼, 평안한 일상으로 돌아갈 수 있다는 신념으로 지금의 위기를 극복할 수 있다는 일기문과 모방시를 작성함.

원격수업의 강점, 자료·정보 활용을 통한 '새롭게 해석하기'

국어교과의 성취기준 '9국05-06'은 "과거의 삶이 반영된 작품을 오늘날의 삶에 비추어 감상한다"이다. '오늘날의 삶에 비추어 감상'하는 기회를 제공하기 위해 그동안 뉴스나 신문기사를 '미리' 검색해 오도록 안내하곤 했다. 하

지만 원격수업은 '오늘날의 삶'을 자유롭게 탐색해 볼 수 있는 기회였다.

수업의 과정은 ① 자신이 탐구할 문학작품 선정하고 선정 이유 밝히기, ② 감상의 초점을 연결할 수 있는 뉴스 찾고 작품과 뉴스의 공통분모 밝히기, ③ 뉴스 속 인물 중 하나를 화자로 선정, 작품을 쓰게 된 배경을 일기로 써 보기, ④ 자신의 삶 속에서 새로운 작품 생산하기, ⑤ 상호평가지 작성의 단계로 진행된다. 2018학년도에는 5월에 운영했던 뉴스의 주인공이 되어 '새롭게 해석하기' 수업에서 '남북정상회담'의 시대적 분위기를 고스란히 반영하여 곽효환의 「그날」을 해석하기도 했다.

> 남북정상회담이란다. 늦은 저녁을 먹던 심심한 하루, 규칙적으로 흘러갔던 나의 하루, 오늘도 똑같이 흘러가나 싶었지만 잊을 수 없는 하루가 되었다.
>
> 순간 숨이 턱 막혀 왔다. 먹던 밥숟가락을 떨어트렸다. 종전 선언을 할 예정이란다. 울컥 울음이 터져 나왔다. 몇십 년간 참아 왔던 눈물이 펑 터져 나온 기분이었다. 꿈을 꾸는 것만 같았다. 내가 들은 말이 사실일까. 어쩌면 나는 북에 있는 내 아내와 자식들을 만날 수 있다는 생각에 슬프고도 행복한 기분이 들어 눈물을 멈출 수가 없었다. 평생 해 온 생각이, 바라 왔던 소망이 이루어질 수 있다는 것이 나는 너무나도 기뻤다. 너무 그리웠다. 그립고도 그리웠다. 보고 싶은 아내, 얼굴도 모르는 자식들, 기다리겠다. 하염없이 기다리겠다. 내 몸이 닳아 없어질 때까지. 그날 나는 다시 견디는 법을 배우기로 했다.
>
> -뉴스 속 등장인물이 되어 작품 창작의 배경으로 일기문을 쓴 사례

'주체적인 관점으로 새롭게 해석하기' 수업은 문학 제재가 분절적으로 나뉘어 소멸되지 않기를 바라는 마음으로 문학의 텍스트에서 벗어나 삶 속의 뉴스나 신문기사와 연계되어 감상이 확장될 수 있도록 설계되었다. 뉴스의 등장인물이 작성했다고 가정한 일기문을 읽어 보면 각기 다른 그 시절의 풍

경이 펼쳐지며 과거의 문학작품이 오늘날 학생의 삶 속에 새롭게 살아 숨 쉬고 있었다. 2020학년도에 다시 활동을 준비하면서 원격수업과 등교수업을 연결할 수 있는 방법을 고민했다.

수업설계는 학생들이 처한 교육 환경을 분석하고 반영하는 일에서 출발한다. 2018년과 2020년은 분명히 다르다. 종이에 적어 오던 시 한 편 대신, 실시간으로 자유롭게 좋아하는 시를 검색하고 시인의 젊을 적 사진까지 감상하며 연계된 뉴스 동영상을 찾아 프레젠테이션에 삽입하는 과정 속에서 문학작품을 '오늘날의 삶에 비추어 감상'할 수 있었다.

프레젠테이션을 선택한 가장 큰 이유는 검색을 통한 동영상이나 이미지 삽입이 가능하다는 강점 때문이었다. 첫 시간에 사본으로 제공한 서식에 학번과 이름을 적어 제출함으로써 휴대폰으로 수업에 참여하는 학생들을 선별했다. 휴대폰을 사용하는 학생들에게는 잼보드 서식[i]을 비공개 댓글로 제공함으로써 저마다 다른 교육 환경의 격차를 조율했다.

또한 과제를 제출하면 '편집자' 설정이 '뷰어'로 바뀌는 점을 활용하여 수업 시간에만 작성할 수 있도록 제한하려던 계획은 수정될 수밖에 없었다. 문서의 권한이 학생에게 넘어가는 경우에는 댓글로 피드백을 할 수 없기도 했고, 무엇보다 250명의 사본을 수업 전 '편집자'로 재설정해야 하는 어려움으로 비공개 댓글에 링크 주소를 남기는 것으로 매시간 과제 제출을 대신했다.

이 활동에서 가장 중요한 것은 피드백이다. 수업 중에도 링크 주소를 정리한 화면을 검토하며 피드백을 운영하지만, 수업 후에는 더 꼼꼼하게 지난 활동의 피드백을 정리하고 한 화면에 담아 둔다. 다음 시간의 도입 부분에서 정리한 화면을 공유하며 잘된 사례와 보완하거나 개선해야 하는 자료들을 나눔으로써 교실 안에서 사례를 공유하던 방법을 원격수업 시간에도 운영했다.

교수-학습의 과정을 구조화하면 항상 피드백은 가장 마지막에 '환류'로서

---

i) 링크 주소의 '/edit~' 부분을 '/viewer'로 변경하면 핸드폰에서도 작성할 수 있다.

도식화되곤 한다. 하지만 피드백의 패러다임은 이미 전환되어, 학습으로서의 과정과 과정 속에 성장을 지원하는 피드백이 원격수업 속에서는 절실하게 요청된다. 코로나 이전의 수업이 배움의 속도가 서로 다른 학생들을 관찰하고 적절한 넛지를 제공하는 피드백을 통해 운영되었듯이, 원격수업에서는 기술적인 역량의 차이까지 고려해야 한다. 학생들에게 서식에 대한 안내와 만약의 상황에 대비하는 사본 만들기나 다운로드 방법까지 정말 세밀하게 안내하고, 무한 반복의 질문에도 상담원의 친절함으로 응대해야 했다.

5)에서 6)으로 진행할 무렵, 아이들이 등교수업을 맞게 되었다. 원격수업과 등교수업의 연결을 위해, 한 학생마다 12번의 클릭으로 인쇄 설정을 한 후 소책자 인쇄가 완료되면 중철 제본기로 찍어 워크북 형태의 자료를 준비했다. 기술적인 역량이 저마다 달라 원격수업에서 활동이 어려웠던 친구들에게 이전 활동을 보완할 수 있는 기회를 제공했다.

원격수업의 강점 중 하나는 검색을 통한 자료·정보 활용 활성화라고 생각한다. 하나의 작품, 하나의 뉴스에 대해 무수히 많은 관점과 해석이 존재할 수 있다. '주체적인 관점으로 새롭게 해석하기'는 이렇듯 다양한 관점을 존중하고 검토하는 과정 속에서 정보를 선별하고 체계적으로 분류하며 자신만

기록 (과정 속에서 발견한 학생의 성장 스토리)	라디오 진행자가 되어 위로의 말하기 활동에서 진행자의 역할을 맡아 대본의 의미를 충실히 전달할 뿐만 아니라 특유의 반언어적 표현을 재치 있게 활용하여 생동감 있게 위로의 말하기를 수행함.

의 생각을 정립할 수 있는 기회를 제공함으로써 다른 상황에서도 배움을 적용하며 성장하기를 소망하는 수업이었다.

원격수업에서도 가능한 협력적 의사소통, '라디오 진행자'

원격수업 중에도 모둠 활동을 운영하고 싶었다. 또래의 언어는 교사의 언어보다 이해가 쉽고 발달단계에 부합하는 비계를 제공한다. 그러나 초반의 원격수업은 콘텐츠를 활용한 교사 주도의 수업이 더 큰 비중을 차지할 수밖에 없었다. 점점 또래 간의 협력적 수업이 활성화될 수 있었던 등교수업이 그리워졌다. 하지만 "빛처럼 빠르게 달려 옛날의 나[5]"를 만날 수는 없었다. 2학기를 맞이하며 에듀테크 중에서 코로나 이전의 교실 상황과 같은 모둠 활동을 실현할 수 있는 방법을 찾아보았다.

브레이크 아웃 룸을 활용한 모둠 활동

구글의 확장형 프로그램인 '브레이크 아웃 룸'은 미트(Meet)를 구동한 후, 모둠별 링크 주소를 개설하면 실행된다. 클래스룸에 모둠별 링크 주소를 안내하여 모둠 활동이 시작되는데 교사는 한 화면에서 개설한 모든 모둠의 활동을 한눈에 볼 수 있고, 모든 모둠은 참가자에 교사가 보이므로 선생님이 항상 그 모둠에 있다고 생각하고 활동하곤 한다. 뿐만 아니라 전체 마이크를 켜고 학급 단위의 안내를 전달하기도 하고 모둠의 마이크만 켜고 피드백을 진행할 수도 있다는 점에서 코로나 이전의 교실을 플랫폼에 옮겨 놓은 듯했다.

하지만 본교는 학급 단위의 클래스룸에서 미트가 구동되는 운영체제였던 탓에 앞 시간 선생님의 수업이 아직 종료되지 않아 세팅을 완료하고 안내할 시간 확보가 어려웠고, 하울링이 심해서 모둠 구성원들이 음성이 아닌 채팅창에서 소통하는 모습은 도구의 약점을 더 고민하게 했다.

---

5) 박상우, 「序詩, 단세포 동물」의 한 구절.

줌 소회의실 기능을 활용한 모둠 활동

1학기에 토론의 절차와 규칙을 배우고 여섯 개의 토론 주제를 바탕으로 모둠을 구성한 후, 각각의 역할에 따른 말하기 활동을 운영했다. 하지만 아이들 간에도 마스크를 쓰고 만난 관계인 만큼 서먹하고 불편해하는 기색이 역력했다. 모둠 활동에 더 많은 시간을 할애하고 싶었다. 관계를 차근차근 맺어 나갈 수 있는 시간을 제공하고 싶었다.

'듣기·말하기'를 통한 의사소통의 과정과 전략은 초등학교에서부터 고등학교까지 나선형 구조로 조금씩 정교하게 다듬어진다. 세종대왕께서 누구나 쉽게 뜻을 실어 펼치라 하셨던 것처럼 어느덧 배움이 생활이 되고 생활 속에서 자신이 전하고자 하는 의미를 의식하지 않아도 '듣기·말하기'로 능숙하게 표현할 수 있게 되는 것이 '듣기·말하기' 영역의 도달점이다. 하지만 단지 '기능'이나 '기술'로 배움이 머문다면 '바람직한 인성과 공동체 의식'까지 도달하지는 못할 것이다.

'말하기'보다 '듣기'는 수업 디자인에서부터 고민이 많았다. '4. 점검과 조정' 단원은 읽기와 듣기·말하기 과정 속에서 자신의 과정을 점검하고 조정하는 역량을 기르는 활동이다. 특히 성취기준 "[9국01-06] 청중의 관심과 요구를 고려하여 말한다"를 실현하기 위해 라디오 프로그램 운영을 상상해 보았다.

사연을 보내는 사람은 '청중'이 되어 자신의 관심과 요구를 제시하고, 방송작가가 되어 청취자의 관심과 요구에 부합하도록 읽기 자료를 활용하여 대본을 작성한 후, 진행자는 말하는 과정에서 부딪히는 어려움에 효과적으로 대처하며 위로의 말하기를 진행하는 일련의 과정을 디자인해 보았다. 특히 방송 대본은 읽기 자료를 활용하여 청취자의 사연에 부합하는 위로의 말을 작성하도록 했는데, '4. 점검과 조정'의 활동이 '듣기·말하기'뿐만 아니라 '읽기'의 과정을 점검하고 조정하는 성취기준을 포함하고 있기 때문이었다.

모둠원들은 라디오 프로그램을 기획하며 전체적인 흐름을 협의한 후 각각의 단계별 활동을 두 명씩 분담하도록 했다. 소회의실의 아늑한 플랫폼에서 소통이 활성화되고, 보다 친밀한 관계가 정립되길 소망했다. 그리고 협력적 의사소통을 기반으로 활동이 이루어지는 과정 속에서 듣기와 말하기의 역량이 서로 발휘되고 보완되길 소망했다.

학생들이 화상회의에 입장할 때, 공유화면으로 전체적인 수업의 흐름을 파악할 수 있도록 안내문을 띄워 놓았다. 그리고 수업이 시작되면 전체방에서 지난 시간의 활동에 대한 전체적인 피드백을 제공한다. 학생들의 활동을 정리한 학급별 파일을 화면공유하여 유형별로 사례를 제시하며 활동의 방향을 점검한다. 이러한 안내가 충분히 이루어진 후에 소회의실을 열었다. 모둠별 공유문서를 실시간으로 점검하며 소회의실을 방문하여 시간을 효율적으로 사용했다.

배움의 속도가 모둠마다 달라 소회의실에서 모둠의 피드백을 정교하게 제시하기도 했다. 어떤 모둠은 작성한 원고를 라디오 진행자 역할 담당 학생이 읽으면 청취자나 방송작가 역할 담당 학생이 피드백하며 반언어적 요소들을 보강하고, 공감할 수 있는 전개를 위해 거꾸로 사연이나 대본을 수정하기도 했다. 물리적으로 교실보다 작은 소회의실이 주는 평안함과 친밀감은 서로에게 성장의 조언을 가감 없이 나눌 수 있는 공간이었다.

한 모둠당 6명보다 모둠 구성원이 더 적었다면 좋았겠지만 본교는 학급당 36명으로 코로나 이전처럼 9모둠을 운영하는 것은 원격수업 운영상 제약이 많았다. 소회의실에 참여하고 나가는 시간이 1분씩 6모둠이면 12분이다. 45분 수업 중, 기술적인 요소로 허비되는 12분을 보완하기 위해 수업 시간 후에도 댓글이나 채팅창을 통해 피드백을 운영했다.

협력적 의사소통은 너무도 인간적인 미래역량이다. 지필평가가 끝나고 보이는 라디오를 함께 공유하며 우리는 오랜만에 신나게 웃었다. 마스크를 벗은 아이들의 모습에 이리도 울컥할 줄은 몰랐다. 졸업하는 아이들이 으뜸으로 꼽은 수업이 본 수업이다. 함께 소통하고 고민함으로써 더 큰 성장을 맞이하며 진정한 듣기·말하기에 도달했다는 생각이 든다. 교사는 교육적 상상력을 실현하는 실천가이다. 우리 아이들에게 필요한 역량을 수업 속에서 지원할 수 있도록 우리는 또 방법을 찾아야 한다.

콘텐츠로 디자인하는 원격수업, 바람직한 공동체 의식 함양하기

2학기에 1학년 두 반과 '한 학기 한 권 읽기' 수업을 함께 했다. 등교수업이었다면 책을 읽고 워크북을 작성하고 나누는 활동을 통해 우리 사회의 다양한 삶을 포착하고 공유하며 '바람직한 인성과 공동체 의식' 함양을 도모했을 것이다. 하지만 원격수업으로 진행할 때에는 학생들이 도서를 선택할 수 있도록 안내함과 동시에 읽을거리를 찾지 못한 친구들을 위한 콘텐츠 제공도 함께 진행해야 했다.

국어 교육의 목적에 부합하는 콘텐츠 발굴 및 제작

중학교에 오면서 가장 어려웠던 것은 학생의 발달 수준에 적합한 글을 찾는 것이었다. 지역의 독서 모임을 통해 중학생들의 생각을 이해할 수 있고, 수업에 활용하면 좋을 만한 도서를 접하게 되었다. 조금씩 활동지에 넣어 보기도 하고 자투리 시간에 활용해 보기도 하면서 학생들이 무엇을 좋아하고 어떤 것에 신나 하는지 알게 되었다. 2학기에 학생들과 함께 나눌 도서 목록을 작성하며 콘텐츠를 고민하게 되었다.

도서명(저자)	중심 내용	수업 준비
미어캣의 스카프(임경섭)	물질적 욕망→자본주의	콘텐츠 제작
프러포즈 하는 날(김동식)	행복을 위한 용기	등교수업(토의)
내가 시를 쓰기 시작했을 때(심보선)	아버지의 젊은 날은?	등교수업(모방작품)
모모(미하엘 엔데)	시간이 없다는 말	애니메이션 활용
옛날에는 돼지들이 아주 똑똑했어요(이민희)	편리함과 나태함	콘텐츠 제작
고릴라는 핸드폰을 미워해(박경화)	생태계의 파괴	콘텐츠 제작
원숭이 두 마리(최규석)	경쟁과 차별	콘텐츠 제작
피부색깔 꿀색(전정식)	입양의 그늘	애니메이션 활용
눈길(이청준)	투박한 어머니의 사랑	콘텐츠 활용

정보의 바다에서 아이들이 "어느새 지느러미와 꼬리를 꺼내 달고 헤엄치며 물고기[6]"가 될 수 있는 콘텐츠를 찾는 일은, 아이들이 정보를 활용하여 수업에 참여하도록 운영하는 것만큼이나 어려운 일이었다. 하지만 한편으로는 그 수업을 운영하기 위한 좋은 길잡이를 제공하는 일이기도 했다.

쌍방향 실시간 수업을 통한 콘텐츠 파고들기

중학생은 학년별 격차가 뚜렷하다. 따라서 꼼꼼하게 수업의 흐름을 설계하고 친절하고도 상세하게 안내하는 것이 우선이다.

뿐만 아니라 활동의 취지를 분명히 제시하여 학습 동기를 유도하고, 길잡이가 될 수 있는 자료를 통해 안내하며, 함께 정리하는 시간을 통해 서로 다른 성장의 속도를 고려한 공유의 시간을 운영해야 한다.

그러기 위해서 읽기 분량을 최소화하고 독서 흥미를 높이기 위해 다양한 생각을 나눌 수 있는 공유의 시간을 충분히 확보했다. 구글 설문 양식을 통해 개발한 콘텐츠를 5분 이내의 분량으로 담고, 섹션을 나눠 한 단계의 확인 문제를 해결해야 다음 섹션으로 넘어갈 수 있게 설문지를 만들고, 퀴즈 과제로 변환하여 학생들 스스로 정답을 확인할 수 있도록 했다. 또한 마지막 문제는 총점에 포함되지 않는 서술형의 문제를 제시하여 다양한 생각을 화면으로 공유하며 생각나눔의 도입부로 삼았다.

학생참여형 수업이 확대될 때, 그럼 강의식 수업은 틀렸단 말이냐라는 볼멘소리가 여기저기서 터져 나왔다. 쌍방향 수업이냐 과제제시형이냐 하는 원격수업의 운영 방안도 이와 비슷한 공박이란 생각이 든다. 방법은 달라도 도달점은 '바람직한 인성과 공동체 의식' 함양이다. 교사 주도의 '한 학기 한 권 읽기' 수업은 제대로 된 콘텐츠 하나가 수업의 성패를 가르고 있었다.

....
[6] 안도현, 「운동장에서」의 한 구절.

콘텐츠를 자신의 삶에 적용하는 온라인 활동지

콘텐츠로 시작한 독서 활동이 습관으로 정착될 수 있도록 우리 삶 속에 감상을 적용하는 활동을 진행했다. 콘텐츠가 단지 전달에 머물지 않고 삶 속에 오래도록 음미하는 활동으로 이어질 수 있도록 키워드로 감상의 핵심을 개인이나 모둠별로 공유(잼보드)하거나 공유문서(학급 번호순 작성)를 통해 탐구 활동을 진행하기도 했다.

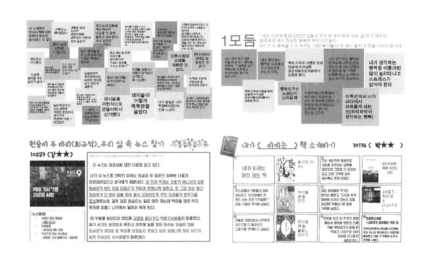

설문지의 논술형 응답이나 공유문서에 먼저 생각을 정리하는 시간을 운영함으로써 서로 다른 생각을 공유문서에 정리하며 다시 생각해 볼 수 있는 기회로 연결했다. 콘텐츠를 통해 하나를 고민하게 되고, 자신의 삶 속에 되새기며 음미하는 과정 속에서 학생들은 보다 깊이 있는 성장으로 도약하며 우리 사는 사회를 새로운 시선으로 바라볼 수 있을 것이다. 비단 독서뿐이겠는가. 독서역량은 '사고와 의사소통의 도구'이자 '문화 창조와 전승의 기반'이 되고 '바람직한 인성과 공동체 의식'을 함양하는 양분으로 귀히 쓰임받게 될 것이다.

'찰나'를 만나는 온라인 항해

코로나 19가 내게 준 가장 큰 장애물은 불확실성이었다. 성취기준에서 출항한 배가 학생마다 서로 다른 기항지(寄港地)를 거쳐 목표한 항구에 도달하는 것이 배움이다. 과정마다 수업과 평가를 함께 진행하며 서로 다른 기항지에서 학습으로서의 피드백을 항해의 동력으로 제공받아 저마다의 속도로 항구에 도착해야 한다. 하지만 시대의 변화를 반영하지 못한 과거의 지침은 수업과 평가를 병행하기 어려운 상황을 초래했다.

실시간 플랫폼을 활용하여 프레젠테이션을 작성한다고 하더라도 학급 구성원이 36명인 본교의 현실에서 과연 교사 1인이 그 많은 학생들의 활동을 '제대로 관찰·확인했느냐'고 채근하며 '제출한 과제의 수행 주체 및 과정을 관찰할 수 없는 경우 평가 및 학생부 기재 불가'라는 엄격한 지침을 적용한다면 등교수업은 수행평가라는 현실은 개선될 수 없다. 원격수업 시간은 준비와 마무리까지 등교수업보다 시간적 압박이 심하다. 따라서 수업 시간이 종료되면 '편집자' 기능이 '뷰어'로 자동 변경되는 에듀테크가 지원되거나 수업 시간에 제출 종료된 학생 활동을 피드백하고 검토할 수 있는 교사의 시간적 여유를 확보해 주었으면 한다.

다시 새 학기가 시작된다. 의미 없는 경험은 없듯이 코로나 학기가 준 교훈은 되새겨 봄 직하다. 항구에 도착하지 못했다고 하여 각기 다른 기항지의 아침이 주는 아름다움이 퇴색될 필요는 없다. 기항지에서 숨을 고르는 방법이 학생마다 다르듯 엄격하게 규격화된 지침에서 벗어나 각기 다른 방법으로 에너지를 공급하는 교사의 전문성과 평가 방법을 존중해야 할 것이다. '공정성'이란 당위성은 급박하게 변경되는 감염위기 상황에서 좀 더 유연한 융통성을 장착해야 할 것이다. 배움의 여정에서 즉각적인 피드백을 제공하며 모두가 안전한 항구에 도달할 수 있도록 항해를 이끄는 실천가는 바로 교사이기 때문이다.

『논어』의 군자삼락(君子三樂)에는 "得天下英才 而敎育之 三樂也(천하의 영재를 얻어서 교육하는 것이 세 번째 즐거움이다)"를 세 번째 즐거움이라 말한다. 그렇다면 '천하 영재'란 무엇일까? 수업 속에서 만난 '영재'는 배움을 탐구하며 새로운 질문을 던지고 그 질문에 나조차 몰랐던 깨달음을 함께 나누며, 함께 성장하는 '찰나'를 선물하는 학생이었다.

온라인 교실에서 나는 그 '세 번째 즐거움'을 다시 맛보고 있다. 학생의 성장과 발달, 그 어디쯤에서 나 또한 에듀테크를 장착하고 "걷던 쪽으로 한 걸음 더(<미스터 션샤인>의 명대사)" 성장하고 진화하고 있었기 때문에 가능한 일이었다.

과정중심 평가를 넘어 성장중심 평가를 운영함으로써 '바람직한 인성과 공동체 의식'이라는 항구에 학생들이 무사히 정박할 때까지 교사는 성취기준이 어떻게 실현되고 도달되는지 꼼꼼히 챙겨야 한다. 코로나 19는 단지 교과 역량뿐만 아니라 원격수업에서 구현할 수 있는 방법으로서의 에듀테크도 챙겨야 하는 교사의 기술적 역량을 요구하고 있다.

하지만 원격수업이라는 새로운 교실 장면에 적응하기 위해 허겁지겁 익혔던 에듀테크는 단지 방법일 뿐이다. 다시 수업의 교과별 목표에 집중하여 교육과정을 재구성하고 학습 경험의 과정을 설계하며 느린 아이들에게 어떠한 피드백을 운영할 것인지 고민해야 한다. 그리고 이러한 과정이 온라인 플랫폼에서 구현될 수 있는 방법적 모색으로 에듀테크를 활용해 보자. 나아가 우리에게 제공된 에듀테크뿐만 아니라 원격수업의 경험을 토대로 에듀테크의 새로운 기술적 보완을 요청하고 다양한 에듀테크를 조합하고 활용하는 교육의 주체로서 당당히 위기 상황을 이겨 내길 소망한다.

교사의 수업 디자인은 학생의 성장과 발달을 기원하는 마음에서 출항한다. 이전보다 더 꼼꼼하고 분주하게 교육과정과 에듀테크를 손질하며 교육적 상상력이 실현될 '찰나'를 설레는 마음으로 준비하는 겨울이다.

- 고은정

원격수업 TiP

원격수업에서 수행평가를 어떻게 할까요?

① 성취기준 및 교과서 제재를 분석하여 핵심역량을 파악한다.

- 제재는 다른 출판사의 교과서를 참고하여 교체해도 좋다(갈등의 진행과 해결 과정: 「물 한 모금」(황순원)/ 「수난이대」(하근찬)).

- 교육과정을 재구성할 때는 단원과 단원을 연계하여 과정을 만들어 보자(예: 문학의 특성+상상의 세계(창작) → 갈래의 특성 이해+갈래별 창작).

② 핵심역량에 도달하기에 적합한 '학습 경험'을 디자인한다.

- 비판적·창의적 사고 역량: 문학작품의 장면 → 상황에 대한 이해+문제 제기 → 해결 방안을 반영한 창작(「난장이가 쏘아 올린 작은 공」(조세희))

- 자기성찰·계발 역량: 문학작품의 장면 → 자신의 삶에 적용 → 성찰의 글쓰기(「하늘은 맑건만」(현덕))

③ 과정을 담을 수 있는 서식을 구안한다.

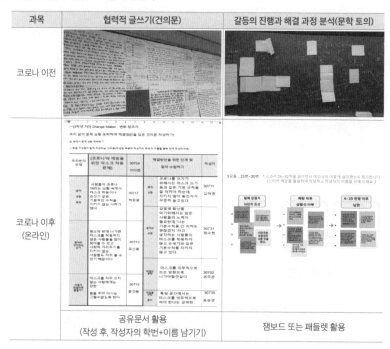

과목	협력적 글쓰기(건의문)	갈등의 진행과 해결 과정 분석(문학 토의)
코로나 이전		
코로나 이후 (온라인)		
	공유문서 활용 (작성 후, 작성자의 학번+이름 남기기)	잼보드 또는 패들렛 활용

미래교육을 열어가는 배움중심 원격수업

84

④ 평가의 과정과 평가기준에 대해 충분히 안내한다.

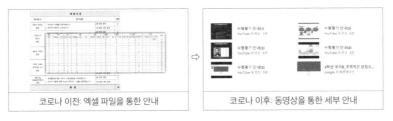

코로나 이전: 엑셀 파일을 통한 안내	코로나 이후: 동영상을 통한 세부 안내

⑤ 과정의 단계마다 충분한 피드백이 필요하다.

- 동영상으로 제시한 평가의 세부 내용을 확인하지 않는 학생들이 많다. 학생 간의 개인차를 충분히 고려한 활동 안내가 필요하므로 등교수업 때, 새로 시작하는 수행평가 안내를 운영하는 것이 효과적이다.

- 그럼에도 활동에 대한 이해가 부족한 학생들을 위해 수업의 도입 부분에서 전 차시의 우수작과 유형에 따른 피드백을 묶어서 제시하며 활동의 방향을 제시한다.

- 개인별 피드백은 비공개 댓글이나 채팅을 통해 진행한다.

- [피드백 Tip ①] 강의식 수업을 진행할 때는 구글 설문지에 내용 확인 문항에 덧붙여 논술형 문항을 제시하여 생각을 모으고 나누는 활동으로 마무리했다. 응답을 '스프레드시트'로 만들면 실시간으로 응답 현황을 관찰하며 함께 나눌 내용을 준비할 수 있다.

- [피드백 Tip ②] 지필평가를 앞두고는 패들렛을 활용하여 모두가 질문과 응답을 공유할 수 있도록 운영했다. '익명'이 주는 평안함으로 질문의 수준이나 범위에 구애받지 않고 자유롭게 질의응답을 운영했다.

⑥ 등교수업을 통해 과정을 보완하고 성장할 수 있는 기회를 제공한다.

[제언] '변별'이 아닌 '성장'을 평가의 중심에 놓아 보자.

- 과정과 결과를 5:5 정도의 비율로 정하여 과정의 피드백을 보완하여 산출물을 만들었다면 결과에서는 이러한 부분을 고려하여 반영한다. 물론 채점 기준에 분명히 이러한 부분을 기재하여 나름의 공정성을 확보한다면 '느린 아이들'도 충분한 시간과 조언을 제공받을 수 있다. 모두가 동의할 수 있는 채점 기준을 학생들과 함께 마련한다면 공정성 너머 성장과 발달을 지원하기에 더욱 효과적일 것이다.

학생의 성장을 지원하는
피드백 제공하기

비대면수업이 새로운 규준이 된 2020년 봄, 아이들도 없는 빈 교정에 봄 꽃이 눈부시게 피어났다. 미세먼지 없는 하늘 아래 풀이며 나무는 계속해서 더 멋진 자태를 뽐내며 자라났다. 아이들도 그랬다.

새로운 시대, 새로운 수업설계를 고민하다

돌아보면 기우에 불과했지만 새해 교육과정을 미리 준비하는 2월 워크숍에서 전해 들은 아이들의 모습은 걱정스러웠다. 2학년 담당 교사들로 구성된 전문적학습공동체에서는 학년 중점 교육 목표를 '배려와 나눔을 실천하는 매력적인 민주시민'으로 정하고 교육과정 재구성을 논했다. 학년 교육 목표를 어떻게 구현할 것인가, 아이들의 배움과 성장을 위해 어떻게 수업을 구성할 것인가 궁리하다가 '공.공.연.한 교실'을 생각해 냈다. 온라인 개학으로 교사의 수업이 개방될 수밖에 없는 상황, 어차피 공공연해져야 할 수업이라면 아이들이 서로 공감하고 공정하며 함께 연대하여 하나 되는 교실에서 스스로 따뜻한 시민으로 성장하게 해 보자.

이미 익숙한 교과서인데다 상황이 워낙 급박하다 보니 교과서 분석과 교육과정 재구성에 많은 시간이 걸리지 않았다. 단원별 주제와 학습 요소를 추출하여 실천 과제 및 세부 과제를 구상했다. 그런데 수업을 시작하려니 큰 걸림돌이 있었다. 나는 아이들을 모른다. 서로 일면식도 없는 친밀감 제로 상태. 학교 홈페이지 기반 주 2회 원격수업, 그것도 출석을 강제하지 못하고 자발적 참여에만 의존하여 진행되는 수업 내용도 부실한 원시적 환경에서 어떻게 관계를 형성하고 유지할 것인가?

관계 형성을 위해서 피드백을 선택하다

관계 형성에 대해 고민하던 중, 급격한 우울증 악화로 온 가족이 고통받는 학생 때문에 고생하는 동료 선생님을 지켜보며 아이들이 느낄 고립감과 불안감에 주목하게 되었다. 각자 떨어져 있지만 실은 서로 이어져 있으며 이 위기를 혼자가 아니라 함께, 그것도 책임 있는 시민으로서 헤쳐 나가도록 돕는다면 덜 고독하고 덜 불안하지 않을까?

아이들에게 가장 중요한 것은 생존이요 안전이었다. 안전하게 살아 있는지, 무얼 느끼고 무슨 생각을 하고 있는지를 헤아려 주는 것이 우선이었다. 배움은 그다음이었다. 그러나 아이들이 스스로 입을 열지 않는다면 무슨 수로 마음을 헤아린단 말인가? 생면부지의 아이들이 과연 온라인상으로 자신의 느낌과 생각을 자유롭게 말할 수 있을까?

원격 초기 가장 시급한 문제는 아이들과의 관계 형성이었고, 빠른 관계 맺기와 지속적인 관계 유지를 위해서 선택한 전략이 바로 피드백이었다. 원격수업의 특성상 개별적, 즉시적 반응이 가능하고 온라인상 교사 실재감을 구현할 수 있는 효과적 도구였기 때문이다.

그러면 어떻게 해야 할까? 마음을 담은 말이 오가야 한다. "21세기는 자신의 생각을 표현할 줄 아는 사람만이 건강하게 살아남을 수 있습니다. 내가 표현하기 전에는 아무도 내 생각을 알 수 없어요. 입을 꾹 다문다고 지혜로워지는 것이 아닙니다. 깊이 생각하고 표현할 줄 알아야, 다른 사람들의 생각을 온 마음으로 들어야 생각이 자랍니다. 느낌이 자랍니다." 이것은 나의 수업 강조 사항이다. 학생들은 성찰-표현-공유의 과정에서 나와 타인에 대한 이해를 넓히고 서로 배우면서 성장한다. 그러므로 아이들이 스스로 생각하고 말하게 해야 한다. 교사는 학생의 언어적, 비언어적 표현에 대해 긍정과 지지, 적절한 오류 수정을 통해 성장을 지원하는 피드백을 실시해야 한다. 진심 담은 피드백이 수업 참여를 이끈다.

코로나19 이전 시기의 피드백을 돌아보다

2019년도에는 운 좋게도 창의적이고 열성적인 아이들을 만나 독서와 토론 프로젝트까지 즐거운 한 해를 보냈다. '오류를 두려워하지 말고 네 생각을 표현하라'는 주문에 아이들은 주저함이 없었다. 초등학교 때부터 단련된 창의력, 발표력에 파파고와 구글 번역기 같은 든든한 조력자가 있고 필요하면 교사의 도움을 받을 수 있었기 때문이다.

그러나 피드백에 대한 심각한 고민이 없었다. 수업 중 우렁찬 목소리로 '박수!'를 외치며 격려하고 서로 칭찬하게 하는 게 거의 다였다. 수행평가 시에도 전자사전 검색을 허용하고 세 번 내에서 교사의 도움을 받을 수 있게 했기 때문에 교정적 피드백의 필요성도 그다지 느끼지 않았다. 부끄럽지만 교사의 피드백을 최소화하려고 했다. 칭찬은 수없이 할 수 있지만 교정은 힘들다. 그래서 낸 꾀가 동료와 부모님의 댓글이었다.

2019년도 1학기 '가족 자서전 만들기' 수행평가에서 학생들은 가족 중 한 명을 선정하여 인터뷰를 하고 자서전 만들기를 했다. 뒤표지에 선택사항으로 자서전 주인공의 소감문 받기를 실시했다. 교사의 피드백은 사전 활동인 인터뷰 질문지 작성 과정에서 언어적 오류 정정 또는 격려의 형태로 이루어졌다. 아이들이 진심을 담아 만든 것도 놀랐지만 자서전 뒷면에 작성한 부모님들의 소감문은 더욱 놀라웠다. 하나같이 사랑과 감동이 넘치는 명문이었다.

2학기 '나도 작가!' 수행평가에서는 그래픽 노블 『엘 데포(El Deafo)』를 읽고 창작 글쓰기를 했다. 등장인물 중에서 새로운 주인공을 선정하여 새 주인공의 시점에서 6장까지 요약하고 나머지 이야기는 상상하여 쓰도록 했다. 책

뒤표지에는 동료들에게 서평 받기를 실시했다. 일일이 피드백해 줘야겠다고 생각하고 호기롭게 소감문을 쓰기 시작했으나 한 학급을 마치고 포기하고 말았다. 각 권을 빠짐없이 읽으며 과제 완성, 내용, 언어 사용을 따지며 채점 하려니 벅찼기 때문이다. 영어로만 피드백하려 했던 것도 부담이었다. 아이들은 그마저도 세심하게 읽어 볼 시간이 없었다. 그나마 부족한 교사의 자리를 아이들끼리 메울 수 있어서 다행이었다. 동료들이 쓴 글을 바꿔 읽으며 서로 상상력을 나누며 소감을 받을 수 있어서 좋지 않았을까 위안해 본다. 때로 친구는 멀리 있는 교사보다 낫다.

코로나19 이후의 피드백 어떻게 할까?

비대면수업의 시대, 발상의 전환이 필요했다. 온라인 단방향 수업에서 어떻게 아이들의 목소리를 담을까? 종전의 'Speak yourself. 끝!'을 고수하면, 즉 말만 하게 하고 공유하지 않으면 아이들의 목소리만 묻히는 게 아니라 수업 참여 동기 또한 묻히게 될 터였다.

다행히 교장 선생님께서 학습 후 평가가 반드시 이루어지게끔 하도록 당부하신 터라 3월 첫 주부터 격주로 단어와 문법 학습자료 제시 후 구글 설문 또는 소크라티브를 통해 평가를 실시했는데, 우리 학교가 선택한 '교육과정-수업-평가/피드백 일체화'는 수업 정상화를 위한 절묘한 선택이었다고 생각한다. 학생들의 의견을 피드백할 수 있는 유용한 도구가 되었기 때문이다.

궁리 끝에 학습자료는 여타 과목처럼 제시하되 평가에 집중했고 평가 문항 제작 시 학습 내용에 대한 이해와 더불어 학생들의 심경, 의견을 묻는 문항을 반드시 추가했다. 그리고 '모든 응답을 확인하고 활동 결과는 반드시 공유한다'를 피드백의 원칙으로 삼았다. 1:1 개별적 피드백이 원칙이 되어야 하겠지만, 그 어려움을 알기에 현실적인 대안으로 차시마다 제시된 학생들의 답변을 모두 점검하고 공유할 가치가 있는 것을 찾아 제시하기로 했다. 학생의 목소리에 귀 기울이고 있다는 신호를 보내고 싶었다.

처음 두 달간은 주 2회 블록타임 수업이라 학습과 평가자료 제작에 많은 시간이 들지 않았으나 피드백은 학년 전체 285명을 대상으로 해야 했기 때문에 오히려 엄청난 시간이 들었다. 그나마 5월부터 담당 학급 학생들만 피드백하기로 하면서 일이 줄었다. 하지만 피드백의 목적을 관계 맺기에 두고 있었기 때문에 학생들의 답변을 읽을 때 실제 학생의 이야기를 듣는 것 같고 하나하나가 소중했다. 더 좋았던 것은 영어를 잘하는 아이들만이 아니라 못하는 아이들까지 공평하게 주목할 수 있었다는 점이다.

이것이 바로 원격수업의 장점이 아닐까? 등교수업에서는 잘하는 아이들, 열심히 하는 아이들에게만 눈길이 가기 마련인데, 원격수업에서는 마치 블라인드 테스트처럼 답변에만 주목하게 된다. 스프레드시트 좌측에 있는 이름을 먼저 볼 일이 없으니 편견이나 고정관념이 끼어들 여지가 적다. 저절로 공평해진다. 모두가 사랑스럽다. 학생들은 성찰하고 공유하는 과정에서 동료들에게 배우며 실력 향상과 사고의 확장을 꾀할 수 있고, 교사는 오프라인에서 발견하지 못했을 잠재력을 찾아내고 학력 향상과 인격의 성장을 지원할 수 있게 된다.

사상 초유의 온·오프 연계 교육으로 모두가 갈피를 잡지 못하고 있을 때 동료 선생님들의 도움을 받아 유용한 애플리케이션을 이용하게 되고 실시간 쌍방향 수업까지 하게 되어 감사한데, 기적처럼 수업에 적극적인 학생들을 만났으니 2020년은 인생 최고의 해였다. 학생들의 진지한 응답과 계속되는 피드백 과정에서 어느 시인이 노래하듯 아이들을 자세히 보게 되었고 각자 지닌 아름다움을 발견하게 되었다.

피드백 1단계: 마음을 잇는 설문조사 결과 공유

3월 2주 차 1단원 'to 부정사' 학습 후 구글 설문 평가에서 "힘든 시기를 슬기롭게 헤쳐 나가는 우리 국민들에게 응원의 메시지를 영어로 써 봅시다"라는 선택 문항을 추가했다. 코로나19 위기 극복을 위해 희생하는 분들에게 감사하고 함께 연대하여 위기를 극복해 나가자는 메시지를 주고 싶었기 때문이다. 3일간에 걸쳐 학생 답변을 모아 학교 홈페이지에 게시했는데, 여러 차례 수정 게시하는 동안 학생들이 자신의 목소리를 내고 싶어 하며 서로에 대해 관심을 가지고 있다는 것을 알게 되었다.

이어 2단원 성격 묘사하기와 관련지어 '요즘 가장 많이 느끼는 감정과 그 이유'를 조사하고 그 결과를 홈페이지에 게시 공유했다. 3월 말에는 N번방 사건 등 디지털 범죄에 대한 사회적 우려가 커지던 때라 1단원에서 학습한 소셜 미디어상의 예절과 연관 지어 '사회관계망 서비스 이용 경험', '안전한 온라인 문화를 위한 대국민 제안'을 조사하고 모든 학생 답안을 학교 홈페이지에 게시했다. 이와 같이 피드백 1단계는 마음 잇기에 초점을 두었는데 이후에도 설문 결과 공유는 늘 인기 있었다.

피드백 2단계: 영상을 활용한 적극적인 동료 피드백

4월부터 구글 클래스룸으로 플랫폼이 바뀌면서 자체 동영상 제작이 일상화되었고 피드백의 형태가 변했다. 영상이 활용되고 비공개 댓글과 수업 중 퀴즈 형태로 학생들의 응답이 공유되었다.

영상을 활용한 피드백

4월 들어 가족, 친구 등 관계의 소중함을 다룬 2단원과 1단원을 연계하여 2단원 본문 학습 후 'Who is the best talker? 내 주변 소통의 달인을 찾아라' 글쓰기 활동을 실시하고 학생들의 응답을 추려 영상으로 만들어 구글 클래스룸에 게시했다. 과제 안내에서 학생들의 이해를 돕기 위해 예시를 만들어 제시했는데 학생들은 그것을 기준 삼아 훌륭하게 써냈다. 이를 통해 과제 수행에서 규준 제시의 중요성을 깨달았다.

교사의 즉각적인 조력을 받기 어려운 비대면수업 시대, 수준이 높은 학생이든 낮은 학생이든 명확한 과제 이해를 위해서는 예시가 유용했다. 기준이 제시되기 때문이다. 아울러 영어로 의사표현이 어려운 학생의 경우 주어진 예시를 직접 자판으로 치거나 몇 단어 바꾸고, 우리말과 영어 혼용 글을 쓰도록 했다. 점만 찍어 내는 학생이 확연히 줄었다.

영상 제작을 위해 먼저 우수작을 골랐다. 가독성을 고려하여 한 화면에 들어갈 수 있는 분량을 기준으로 삼았고 잘된 글, 재미있는 글을 섞어 동영상으로 만들었다. 유튜브 일부 공개로 우리 학생들만 보는 것이었지만 이름 일부를 *처리했고 영상 마지막 크레디트에 가나다순으로 글쓴이 명단을 올렸다. 학생들은 설문조사에서 '주변 사람들의 소중함을 깨닫게 되었다', '나와 말이 가장 잘 통하는 사람이 누구인지 여러 번 생각하게 되어 가장 의미 있는 활동이었다'고 소감을 밝혔다. 학생들은 다른 친구들의 글을 읽으면서 표현이 섬세해지고 개성을 찾아갔다.

교사 피드백

3월 말 2학년에서 「코로나19를 극복하여 매력적인 '나'로 성장하기」 전 교과 융합 프로젝트를 진행했는데, 영어과는 음악과와 융합하여 코로나 송을 듣고 개사하기 활동을 했다. 4월에 플랫폼을 옮기면서 숨도 돌릴 겸 '마음 모아 함께 극복, 코로나 19!' 활동을 계획했고, 'Stay Healthy'를 주제로 〈Wash Your Hands VOA 뉴스〉와 〈아기상어 Wash Your Hands Song〉 시청 후 학습 내용 평가, 아기상어 노래 영상 속 한 단어를 선정하여 코로나 극복을 위한 Acrostic Poem(n행시) 쓰기와 건강 관련 뉴스 쓰기를 했다. 다음 차시에는 학생들의 시를 영상으로 만들어 공유했다. 시에 대한 교사의 피드백은 비밀 댓글을 통해 개별적으로 이루어졌다. 아이들이 처음 하는 창작 활동이라 시 하나하나를 마음으로 읽고 답하고자 노력했다.

동료 피드백 1: 공감 댓글로 수동적 공유를 넘어 적극적 공유로

2단원의 핵심 문법인 현재완료를 익히는 소재로 당시 주목받던 대만 보건 대학원생의 유엔 사무총장에 대한 항의 연설을 시청하고 해당 문법을 집중학습했다. 평가 문항 마지막에 "자신의 나라를 근거 없이 모욕한 사무총장에 항의한 대만 학생을 보면서 무슨 생각이 드나요? 여러분은 부당한 일에 맞설 수 있는 용기를 가지고 있나요? 공정한 사회를 위해 여러분이 할 수 있는 일은 무엇일까요?"를 영어나 우리말로 쓰게 했다.

학생들의 답변 중 의미 있는 글을 추려서 영상으로 만들었고 다음 차시 구글 설문 평가에서 '지난 과제 영상'이라는 섹션을 만들어 게시했다. "위 영상에서 가장 공감되는 말은? 또는 추가하고 싶은 말은?"이라는 문항을 만들어 공감 댓글을 작성하게 했다. 공감 글의 선정과 추가 활동을 통해 결과물의 수동적 공유를 넘어 적극적 공유로 나아갔다.

동료 피드백 2: 추가 창작을 통해 공유에서 연대로

4단원의 소재는 스포츠와 도전정신이다. 랩과 광고를 활용하여 코로나 위기의 아픔을 노랫말로 승화시키고 함께 도전하여 극복하자는 연대의식을 심어 주고자 '중등래퍼, 몸은 멀어도 마음은 가까이 한마음 한뜻으로' 활동을 계획했다.

1차시에는 Listen and Speak 경험 말하기 표현과 〈고등래퍼 2〉 김하온 편의 싸이퍼 영상을 활용한 관련 학습 내용 평가, 경기도교육청의 신문광고 '우리는 친—구/ 친구들과 마음은 가까이/ 거리는 멀—게/ 함께하면 이겨 낼 수 있습니다'를 활용한 랩 쓰기를 실시했다. 2차시에서는 구글 설문 평가에 'Review: 중등래퍼, 친구에 대하여' 섹션을 만들어 반별 우수작을 게시하고 공감 가는 친구의 랩을 골라 듀엣 파트너로 호응하는 가사를 쓰도록 했다. 단순한 소감 쓰기가 아니라 마음에 드는 동료의 작품에 자신의 상상력을 더해 추가 창작하는 형태로 피드백을 진행한 것이다. 하모니를 이루는 가사 창작으로 화합과 연대가 이뤄졌다.

퀴즈로 나누는 결과물

학생들의 결과물은 퀴즈 형태로도 제시되었다. 5월 들어 전 세계적으로 혐오가 심각한 사회 문제로 대두되었다. '혐오 없는 사회를 위하여'를 주제로 가난하고 볼품없는 10대 학생에서 영웅으로 변하는 피터 파커의 이야기, 스파이더맨의 탄생 배경과 유엔 사무총장의 혐오 반대 연설 영상을 학습한 후 자신이 경험한 혐오의 사례를 쓰도록 했다. 3월부터 영작 단어 수를 점차 늘린 결과, 학생들의 표현력이 증진된 것을 확인했다. 그중에서 3단원 단어 학습 퀴즈에 쓸 가볍고 익살스러운 글을 찾았고 학생 동의를 얻어 '설문 결과 공유'란에 문제를 제시했다.

7월 초 피아니스트 프란츠 리스트를 다룬 3단원에서는 '장애에 대한 편견을 버려라'를 주제로 청각장애 타악기 연주자인 에블린 글레니의 TED 강연 〈How to Truly Listen〉을 보며 내용을 학습한 후 평가에서 "여러분이 왕립 음악학교 오디션 심사위원이라면 앞에 소개된(단지 청각장애 때문에 입학 거부를 당할 뻔했던 에블린이 심사위원들에게 했던) 말에 뭐라고 답변하시겠습니까?"를 넣었다. 다음 차시 '하늘빛 공감 콘서트' 섹션에서 학생들의 심사평을 이용하여 "다음은 영국 왕립학교 오디션 심사위원들의 의견이다. 생각이 다른 사람은?(하나만 선생님의 글이며 나머지는 학생 여러분의 실제 응답입니다)"라는 독해 문제를 냈다.

피드백 3단계: 원격수업과 등교수업을 잇는 교사의 교정 피드백

등교일수가 많지 않았던 2020년, 등교 기간은 주로 수행평가와 지필평가 준비에 할애되어 피드백에 신경 쓸 겨를이 없었다. 그나마 1학기는 실시간 쌍방향 수업이 아니었기 때문에 여유가 있었다. 1학기 1차 수행평가로 '2050 미래의 나' 스토리북 만들기를 했다. 6월 첫 등교수업 직전 원격수업 1차시에 자기소개서 작성법을 영상으로 소개하고 구글 문서 활동지를 작성하게 했다. 첫 수행평가이고 평소 학생들이 선생님의 도움을 받지 못해 오류투성이의 최종 결과물을 제출하는 것이 옳지 않다고 생각하여서 학생들이 작성한 사전 활동지를 모두 읽고 오류 사항을 체크한 후 댓글을 발송하고 출력물은 등교 시 학생들에게 배부했다.

등교수업 2~3차시에 수행평가를 실시했는데, 사전 활동지를 참고하여 2050년 미래의 나에 대해 A3 용지 8면 미니 북을 만드는 것이었다. 친구소개서를 작성하려다가 방역 문제로 자기소개로 변경하고, 지금의 나를 분석하고 미래의 나를 상상해 보는 글쓰기를 하게 되었는데 오히려 잘한 선택이었던 것 같다. 학생들은 '수행평가이긴 했지만 미니 북을 만드는 과정에서 나에 대해 생각해 볼 수 있어서 의미 있었다', '나의 꿈이 무엇인지 더 잘 알게 되고 좋았다'라고 소감을 밝혔다.

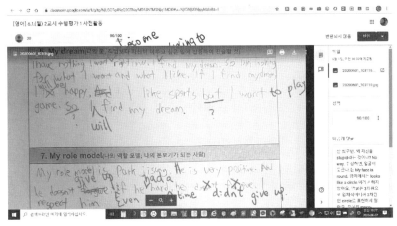

사전 활동 개별 피드백

2050 미래의 나 스토리북 만들기 학생 작품

피드백 4단계: 실시간 쌍방향 수업 기간의 가상교실 피드백

2학기 들어서는 콘텐츠 활용 수업보다 줌을 통한 실시간 쌍방향 수업을 주로 실시했다. 계속되는 원격수업에 긴장감이 떨어져 결석하는 학생이 종종 생겼기 때문이다. 실제 교실과 같은 상황을 만들어 주고자 줌의 화면공유 기능을 활용한 발표수업, 소회의실 기능을 활용한 협력 활동, 구글 프레젠테이션과 구글 문서를 활용한 조별 활동을 실시했다.

9~10월경 세계문화, 축제를 소재로 한 5단원과 우주, 과학을 소재로 한 6단원 수업의 말미에 심화 활동으로 각각 구글 프레젠테이션을 활용한 조별 세계 축제 조사 및 발표 활동, 구글 문서를 활용한 우주에 관한 조별 글쓰기 활동을 실시했다. 줌에서 만나 조를 구성하고 소회의실에서 조별 토론을 거친 후, 역할에 맞게 자료를 준비하여 함께 슬라이드와 글을 작성했다. 교사는 줌 소회의실별로 들어가 활동 상황을 점검하고 조장이나 희망 조원이 협조적인 사람과 비협조적인 사람 명단을 채팅창에 올리도록 했다. 교사는 화상 또는 전화로 개별 학생과 접촉하여 참여를 독려하고 조원 간 갈등을 중재했다. 구글 작업은 학생들의 실시간 공동 작업이 가능하고, 교사가 조별 활동 사항을 즉시 확인할 수 있을뿐더러 결과물에 실시간으로 댓글을 달아 피드백할 수 있어서 아주 편리했다. 또한 발표 시 화면공유를 통해 2인 이상 조원들이 공동 발표를 했는데, 학생들의 축제 슬라이드는 탁월하고 발표력 또한 대단했다.

2학기 자유학기 활동에서는 12월 말에 전자책 만들기를 했는데, 사전 활동으로 〈BBC Learning English〉의 'Stories for Children'에 소개된 『The Robot』이라는 동화를 읽고 음성 파일을 제출하도록 했다. 다음 차시에서는 자신이 좋아하는 영어책을 읽도록 했다. 수행평가 발표 사전 활동으로 녹음을 수차례 해 봤기 때문에 학생들은 어려움이 없었지만 문제는 교사였다. 2차 지필평가 논술형 채점과 학교생활기록부 작성으로 바쁜 와중이라 전체 피드백은 불가능했다. 일부 학급에게만 '소리가 선명하고 차분하니 듣기가 좋구나', '잘 읽네. 발음도 좋고'처럼 짧게 응답하고 본시 활동에서는 직접 피드백하는 대신 학교생활기록부 교과 세부능력 및 특기사항에 "(책, 연극으로 피어나다) Magic Tree House #1: Dinosaurs Before Dark(Mary Pope Osborne) 일부를 선정하여 8분 길이의 오디오북으로 제작함. 인물에 맞는 목소리와 대사에 걸맞은 낭독으로 연극적 묘미를 더함"과 같이 입력했다.

학생이 교사에게 주는 피드백

교직생활을 하는 동안 2020년처럼 많은 설문을 실시해 본 적이 없다. 학생들의 욕구를 파악하고 수업을 개선하기 위하여 수업 관련 설문을 온·오프라인으로 수시로 실시했다.

학생들의 피드백을 통해 선호하는 활동, 문제점을 파악할 수 있었고 보다 신속한 오류 수정 및 수업설계의 변화가 이뤄졌다. 아직 해결하지 못한 게 있지만 실험적인 수업에서 나 역시 고민하던 문제였기 때문에 학생 의견에 100% 공감하지 않을 수 없었다. 학생들의 안목과 올바른 태도가 감사할 따름이다. 작년 한 해 이렇게 배우면서 성장했다.

2020년 원격수업과 등교수업을 하며 부족하고 힘든 일도 많았지만 다행히 좋은 아이들과 선생님들, 묵묵히 기다려 준 학부모님들이 있었기에 즐겁게 보낼 수 있었다. 다시 원격수업을 준비해야 하는 두려운 상황이지만 학생들이 자신의 목소리를 내고 서로 공감하고 공정하게 함께 연대하여 위기를 극복해 갈 수 있도록 최선을 다하여 지원할 것이다. 현명한 아이들에게서 배우고 교사로서 성장하려니 다시 설렌다. 곧 봄이다.

- 장수진

원격수업 TiP

원격수업과 실시간 쌍방향 수업에서 효과적인 피드백의 방법은?

① 원격수업 초기에는 신뢰관계 형성을 위해 1:1 피드백에 집중해 보세요.

　안부 확인과 짧은 격려 메시지는 빠른 관계 형성에 도움이 됩니다. 칭찬과 오류 수정 교정
　피드백은 신뢰를 굳건하게 해 줍니다.

② 학생들의 심경과 생각을 표현할 수 있는 문항을 개발하여 활용해 보세요.

　관련 단원 학습 후 다양한 형식으로 자신의 생각을 표현하게 하고 그 결과를 공유하면 학생들의
　수업 동기를 높일 수 있습니다.

③ 실시간 쌍방향 수업과 등교수업에서는 교사의 긍정과 지지, 즉시적인 피드백에 집중하세요.

　원격수업과 관련지어 학생의 발전을 구체적으로 언급하고 학급 전체가 박수로써 칭찬하는
　활동이 유익합니다.

④ 동료와 학부모님에게도 피드백할 기회를 주세요.

　교사의 피드백은 학생들의 성장에 매우 중요하지만 학생들은 동료 학생과 부모님에게서도 많은
　것을 배웁니다. 효과적인 피드백 방법을 창안해 보세요.

3 장

원격수업으로
삶의 역량 키우기

수업을 통해 길러야 할 것은 무엇일까? 그것은 우리 학생들이 자신의 삶을 주체적으로 살아가며 미래 사회를 아름답게 바꾸어 가는 능력이다. 이것을 '삶의 역량'이라고 부른다.

코로나 사태는 우리에게 이러한 삶의 역량이 얼마나 중요한지를 역설적으로 깨닫게 했다. 학교가 문을 닫고 집 안에만 머물러 있어야 하는 상황에서, 우리 아이들이 게임에만 빠져 있도록 할 수는 없었다. 물리적으로 고립되어 있는 상황에서 스스로 학습할 수 있는 능력, 사물과 자연의 아름다움을 발견하는 능력, 타인과 소통하는 능력, 자신의 삶을 성찰하는 태도, 사회에 기여하고자 실천하는 태도를 기르는 교육이 더더욱 절실했다.

하늘빛중학교 교사들은 저마다 각자의 교과에서 삶의 역량을 키우는 수업을 진행했다. 원격수업 상황에 적합한 수업 방식을 끊임없이 계발하고, 수업이 지향해야 할 철학을 놓치지 않으려 노력했다. 논리적 사고능력, 미적 감수성과 창의성, 공감능력과 실천 의지를 기르는 교육은 원격수업에서도 이루어졌다.

공감능력과 실천 의지를 키우는 원격수업

코로나19와 함께 시작된 2020년은 불안한 점도 많고, 갑작스럽게 변화된 일상을 받아들여야 하는 시기였다. 교육과 학교 일상에서도 원격수업이라는 새로운 환경에 직면해 빠르게 적응해야만 했다. 교직생활 3년 차인 나는 여전히 부족함이 많은 교사였다. 다행히도 교육활동에서 열정과 최선을 다하는 우리 학교의 분위기, 동료 선생님들의 도움과 협력적인 문화가 있었기에 나의 원격수업 진행이 가능했다. 새로운 교육 환경에 적응하며 아쉬웠던 점들을 반성하고, 더 나은 역사 수업을 준비하기 위해서 스스로 원격수업을 준비했던 과정을 정리하고자 한다.

교육과정 재구성 목표 설정

2020년 2월은 학기 시작을 앞두고 우리 학교가 교육과정 워크숍을 통해 새로운 도전을 준비하던 참이었다. 교과 내 협의를 넘어서서, 학년별로 과목 선생님들이 모여 '교육과정 재구성 목표'를 정한 뒤 이에 따라 시기별·과목별 수업계획까지 설정하는 것이었다. 이전까지는 동교과 선생님과 진도 운영 및 평가 계획을 논의했는데, 학년별로 모든 과목 선생님들이 하나의 교육 목표를 함께 수립하는 것이 어렵지만 참신했다.

학생들의 특성, 과목의 특수성, 교과 간 융합 가능성 등을 포괄적으로 고려하여 정해진 3학년의 교육과정 재구성 목표는 '공감하고 실천하는 자율시민'이었다. 여기에는 우리 학생들이 주변의 친구, 학교, 사회의 상황이나 문제를 '공감'하길 바라는 점이 반영되었다. 그리고 우리 주변의 상황이나 문제를 해결하기 위한 방안들을 끊임없이 고민하고, 이를 스스로 '실천'할 수 있는 시민으로 성장하는 데 주안점을 둔 목표였다. 이러한 3학년의 교육과정 재구성 목표를 역사 과목에서 어떻게 실현할지 고민한 끝에, 한국 근현대사에 나타나는 공통분모로서 '정책'에 주목하게 되었다.

교육과정 재구성 목표에 따른 수업설계

2009 개정 교육과정에 따른 중학교 역사2 교과서에서는 흥선대원군의 개혁, 갑신정변, 동학 농민 운동, 갑오개혁, 광무개혁 등을 통해 과거의 다양한 정책들을 차례로 만나게 된다. 이러한 정책들에 대하여, 보다 나은 공동체를 만들기 위한 과거 사람들의 고뇌가 반영된 결과물로 인식할 수 있는 수업을 고민했다. 이와 같은 측면에서 학생들이 시대적 상황을 탐구하다 보면, 자연스럽게 당시 사람들이 직면했던 문제점들을 생동감 있게 '공감'할 수 있을 것이라 생각했다.

또한 당시 사람의 입장에서 직면한 문제들을 해결하기 위해 '실천'할 수 있는 방안들을 함께 고민하면 유의미한 수업이 될 것이라 생각했다. 여기에 과거의 정책에만 그치지 않고, 오늘날 우리 학교·사회·국가의 문제점들을 진단한 뒤 스스로 해결 방안을 만들어 보는 수업을 구상하게 되었다.

'역사' 과목에서 무엇을 공감하고, 어떻게 실천할 수 있는가?

공감 활동 예시

한국 근현대사에서 나타나는 여러 정책들을 당시 사람들의 입장이 되어 평가하는 활동을 주로 했다. 예를 들면, '흥선대원군은 어떤 정책을 펼쳤을까?'를 주제로 학습한 뒤에는 1860년대의 조선 사람이 되어 직접 그 정책을 평가해 보는 글쓰기 활동을 진행했다.

지난주 과제 피드백 (2차) : "성실하고 친절한 답안"

여태껏 농부로 살면서 환곡만큼 더럽고 비인간적인 법은 없었어요. 처음엔 그게 얼마나 잔혹한지 몰랐어요. 봄에 곡식을 빌려줄테니 가을에 약간의 이자만 붙여서 갚으면 된다고 했으니까요. 저희같은 농부들은 쌀 한알한알이 소중하고 금같은데 얼마나 고마웠겠어요. 그런데 막상 곡식을 받고 나니 실망스럽더라고요. 쌀은 얼마 있지도 않은거같은데 모래랑 겨가 섞여 있었어요. 뒤통수 맞은 기분이었죠. 그렇게 계절이 두 번 바뀌고 가을이 와서 곡식을 갚을 때가 왔어요. 저는 갚을 곡식을 내놨는데 탐관오리가 텃세를 부리더라고요. "장난해? 곡식을 빌려가놓고 이정도밖에 안갚아?" 하면서 두 배를 내놓으라고 하더라고요. 주지 않으면 제 가족이 끌려가 모진 고문을 받을 테니 어쩔 수 없이 곡식을 넘겨줬어요. 이 일로 액땜했다고 생각하고 다음 봄부터는 절대로 안빌려야지 했죠. 그렇게 새로운 봄이 오고 농사 준비를 한창 시작하고 있을 때, 탐관오리가 이번에는 강제로 곡식을 빌리라고 하네요. 싫다고 괜찮다고 말했더니 명령을 어기는거냐며 또 텃세를 부려요. 어쩔 수 없이 올해도 이 뭣같은 법에 당해야 하구나라는 생각밖에 안들었어요. 무슨 나라가 이런지 백성들 괴롭히는데에 맛들렸나 봐요. 빈익빈 부익부의 상황을 부정하고 싶었지만 어쩔 수가 없었어요. 그런데 얼마 전에 한 줄기 빛이 제게 비춰지더라고요. 대원군께서 환곡 대신에 어떤 정책을 시행하셨다는 소식이었어요. 사창제라고 하네요. 각 마을이 어려운 백성에게 곡식을 빌려주는 사창을 만들고, 그 마을에서 덕망과 경제적 여유를 갖춘 사람에게 운영을 맡긴 제도라고 합니다. 이제부터 탐관오리들이 수탈을 못할거라고 해요. 또한, 곡식을 빌리는 규모가 개개인이 아닌 마을 단위로 바뀌어서 훨씬 더 믿음이 가서 좋을거 같아요. 여태껏 무고한 백성들을 괴롭히던 나라를 고쳐주신 대원군님 너무 감사드립니다!!

3-2 학생

과거 사람의 입장에서 흥선대원군의 정책을 평가해 보기

위의 학생은 당시 농민의 입장에서 흥선대원군이 시행한 사창제를 긍정적으로 평가하고 있다. 학생은 흥선대원군의 정책을 평가하는 과정에서, 19세기 후반 '삼정의 문란'으로 인한 피지배층의 고충에 구체적으로 공감했다. 나아가 학생의 공감대는 그 당시 사회의 모순을 정확하게 이해하고 있는 흥선대원군의 정책으로까지 이어졌다. 과거 사실에 대한 충분한 이해와 공감을 바탕으로 역사 학습이 이루어지는 것이다. 또한 시대적 배경과 개혁의 내용을 정확히 연계하여 서술해야 하므로, 학생들이 자연스럽게 학습 내용을 기억하는 데에도 도움이 된다.

실천 활동 예시

원격수업에서 흥선대원군의 정책을 평가해 본 활동과 연계하여, 등교수업 때는 정권 담당자가 되어 정책을 만들어 보는 글쓰기 활동을 진행했다. 삼정의 문란을 해결하기 위해 학생들은 암행어사 제도 시행, 직극적인 개화 정책의 추진, 곡식 무료 나눔 정책 등 창의적인 방안들을 내놓았다. 과거 사람의 입장에서 당시의 문제를 해결해 보는 구체적인 실천이 나타난 것이다.

인사 문제 등 모든 국가 업무를 총괄하는 최고 정치 기구로 자리 잡았음.

탐구·활동

19세기 후반 조선의 관리가 되어, '당시 상황(19세기 국내외 정세 참고)에 필요한 정책'을 1가지만 만들어봅시다. 그리고 내가 만든 정책과 흥선 대원군의 정책을 비교해봅시다.

내가 만약 19세기 후반 정권 관리가 된다면, 나는 백성을 괴롭히는 양반 유생들과 수탈을 일삼는 탐관오리들을 찾아내기 위해서 '암행어사'제도를 확대시키는 것 같다. 암행어사들을 전국 각지에 파견시켜 붙잡힌 양반 유생들에게는 벌금을 거두어 경제력을 충당함으로써 백성의 세금을 경면해주고, 붙잡힌 탐관오리들은 파면시킴으로써 백성들의 생활을 안정하게 하는데 도움을 주고 싶다. 내가 만든 정책을 흥선 대원군의 정책과 비교해본다면 성격개혁과 서원 정리가 경제적·민생안정 측면에서 비슷하다고 볼 수 있다.

19세기 후반 조선의 정권 담당자가 되어 직접 정책 만들어 보기

위의 학생은 '암행어사 제도의 확대'라는 새로운 방안을 제시했지만, 흥선 대원군의 일부 개혁과 비교하며 경제적·민생 안정 효과의 측면에서 공통점을 찾고 있다. 이처럼 역사 수업에서 나타나는 개개인의 창의적인 실천 방안들이 학습한 내용과 연계될 수 있도록 노력했다.

'현재와 연결하기'를 통한 공감 및 실천 활동

과거의 시대적 배경과 그에 따른 정책을 분석한 뒤에는, 이를 현재와 연결하는 활동을 했다. 원격수업에서 설문지·활동지 등의 형태로 과제를 부여한 뒤, 댓글을 활용하여 구체적인 피드백을 전개했다. 양질의 과제물은 차시 수업 영상에 소개함으로써 원격수업을 통한 공유와 확산이 이루어지도록 시도했다.

학생들은 코로나19, 교육, 환경, 청소년 범죄 등 다양한 사안들을 현대 우리 사회의 문제점으로 진단했다. 생각했던 것보다 학생들이 우리 사회의 문제점에 대해서 관심이 많다는 것을 알 수 있었다.

1학기가 끝나 갈 무렵에는 우리 학교의 장점과 보완할 점을 정리한 뒤, 이를 토대로 학교에 필요한 정책을 만들기도 했다. 과거의 상황과 개혁을 공부하는 데 그치지 않고, 현재 우리와 밀접하게 관련이 있는 학교 공간·수업·생활 규정 등에 대해 진지하게 고민하며 개선할 점을 찾은 것이다. 역사 원격수업에서의 이러한 공감 및 실천 활동을 통해, 학생들이 자신이 속한 공동체

의 당당한 일원이자 민주사회의 시민으로서 자존감을 형성하는 데 도움이 되고자 했다.

지난주 과제 피드백 (2차) : "성실하고 친절한 답안"

문제점 : 무분별한 화석 연료의 사용으로 인하여 온실가스 배출이 증가하면서 지구 온난화 현상이 나타나고 있다. 이로 인하여 해수면이 상승하고 이상기후가 발생하는 문제가 나타난다.

정책 : 정부가 온실가스 사용에 관한 제도를 마련하고, 신재생 에너지 개발에 지원하는 등의 노력을 해야 한다. 또한 기업이 오염 정화 시설을 설치하고, 친환경적인 기술을 개발하도록 정부에서 관리하여야 한다.
환경문제는 개인만이 노력하여 막을 수 있는 사회의 문제가 아니다. 먼저 정부에서 온실가스의 사용에 관한 제도를 만들어 가스의 사용량을 조절하고, 화석연료가 아닌 친환경적인 신재생 에너지를 개발하도록 국가에서 지원해 주어야 한다. 또한 기업들에게도 오염 정화 시설을 설치하도록 하여 대량의 폐기물들을 정화하여 배출하도록 제제하고, 기업이 친화적인 기술을 개발하여 환경오염이 되지 않는 기술을 만들도록 해야한다. 이러한 국가의 정책으로 국민 모두가 실천하게 하여야 한다.

3-5 학생

현재 우리 사회의 문제점을 진단하고 정책을 만들어 보기

역사 원격수업의 진행 예시

앞서 언급한 '공감'과 '실천' 활동 사례의 연장선상에서 역사 원격수업의 진행 방법을 소개하고자 한다. '[교과]: I-1-⑴ 흥선대원군은 어떤 정책을 펼쳤을까?' 1학기 첫 역사 블록수업이었는데, 여기에는 프레젠테이션 녹화, 판서 동영상 촬영, 과제 안내 영상 등 세 가지 원격수업의 형태가 결합되었다. 해당 수업은 크게 3강으로 이루어졌으며 구성은 다음과 같다.

1강: 19세기 조선의 정세

이 수업의 1강은 우선 프레젠테이션 녹화 방식으로 진행했다. 조선의 정세를 국내와 국외로 분류한 뒤, 지도와 사료를 중심으로 학습 내용을 살펴보았다. 마지막 부분에서는 흥선대원군의 인적 사항에 대해 간단하게 탐구했다. 이를 통해 당시 조선의 문제점과 개혁의 필요성을 공감했다.

프레젠테이션에서 하나의 장에 처음부터 텍스트와 그림이 전부 나와 있으면, 녹음된 목소리와 겹쳐 집중도가 분산될 수 있다. 교사가 설명하고 있는

부분에 집중하지 못하고, 학생들이 다른 곳에 시선을 빼앗길 수 있기 때문이다. 그렇기 때문에 각 행마다 애니메이션 효과를 넣어 교사가 설명하는 부분이 차례대로 나오도록 하는 것이 좋다. 프레젠테이션도 하나의 판서가 되는 셈이므로, 수업자료를 제작할 때 나의 목소리와 텍스트의 조화를 염두에 두어야 한다.

2강: 흥선대원군의 개혁

다양한 정책들을 '왕권강화', '민생안정'이라는 두 가지 개혁의 방향으로 분류하는 시간이었다. 학습 내용의 구조화가 필요한 부분이므로 판서가 유용하다고 생각했고, 이에 동영상 촬영으로 진행했다. 동영상 촬영 전 칠판을 3등분한 뒤 왼쪽에는 학습 목표를, 가운데에는 왕권강화(내용 정리 1), 오른쪽에는 민생안정(내용 정리 2)을 미리 기재함으로써 공간을 구분해 두었다. 깔끔한 판서를 통해 학생들은 역사적 인물이 당시의 문제점을 해결하기 위해 실천한 방안들을 체계적으로 정리할 수 있었다.

동영상 촬영 장소는 교내에서 가장 긴 칠판이 있는 과학실이었다. 삼각대에 휴대폰을 설치하고, 허리에는 무선마이크를 착용한 뒤 촬영을 진행했다. 판서 동영상 촬영에 앞서, 교사는 대본 및 구조화할 학습 내용을 꼼꼼하게 숙지하는 것이 좋다. 촬영하는 데 소요되는 시간의 상당 부분을 줄일 수 있기 때문이다.

3강: 정책 분석 및 연구

'과거의 정책을 분석하고, 현재의 정책을 연구하다'라는 소주제를 붙여 학습 내용을 간단히 정리하고 과제를 안내하는 시간이었다. 여기에서는 학생들이 직접 흥선대원군의 정책을 평가하는 과제와, 현재 우리 사회의 문제점을 찾아본 뒤 이를 해결하기 위한 정책을 만들어 보는 과제를 제시했다.

학생들이 과제를 제출하면, 댓글 기능을 통해 개인적인 피드백을 진행했다. 창의적이고 성실한 답안은 따로 추려 놓고, 차시 수업 영상을 시작할 때

공유했다. 일련의 과정을 통해 학생들이 역사 수업에서 공감능력과 실천 의지를 키울 수 있도록 노력했다.

역사 콘텐츠 제작을 통한 공감 및 실천 역량 키우기

동아리를 통해 학생들의 공감 및 실천 역량을 구현할 수 있는 방안도 모색했다. 1학기 때는 동아리 활동을 학급별 원격수업으로 진행했는데, 나는 과학·미술 선생님들과 함께 2개 학급의 진로 동아리를 운영했다. 학생들이 희망하는 진로에는 공연기획자, 소설가, 웹툰 작가, 소프트웨어 전문가 등이 있었다. 학생들이 적성과 창의성을 발휘하도록 도울 수 있는 활동을 고민하던 끝에, 역사에서 '만약'을 가정해 보는 콘텐츠 제작 활동을 진행하게 되었다.

콘텐츠 분야는 소설, 웹툰, 영상 중에서 학생이 원하는 분야 하나를 선택하도록 했다. 또한 학생이 감정이입하고 싶은 역사적 주제는 다음과 같이 주어진 네 가지 중 한 개를 선택할 수 있었다.

< 역사 콘텐츠의 주제 >

① 신라가 아닌 다른 나라가 삼국 통일을 했다면?
② 세조가 단종을 몰아내는 데 실패했다면?
③ 1차 동학 농민 운동 당시 정부가 청나라에 지원병 요청을 하지 않았다면?
④ 자신이 바꾸고 싶은 시대, 사건

역사콘텐츠 제작 계획서

1. 내가 선택한 주제는? (   )번
   (1) 삼국시대 - 신라기 이닌 다른 나라(백제, 고구려)가 통일을 히였다면?
   (2) 조선전기 - 세조(수양대군)가 단종을 몰아내는 데 실패했다면?
   (3) 근대 - 1차 동학 농민 운동 당시 정부가 청나라에 군사적 지원을 요청하지 압았다면?
   (4) 그 외 - (1) ~ (3) 밀고도 여러분이 자유롭게 역사적 사건을 설정해도 됩니다!

2. 내가 만들 역사콘텐츠의 종류는? (   )번
   (1) 소설 - 글을 통해 이야기를 진개해 나갑니다.
   (2) 웹툰 - 만화를 통해 이야기를 그려냅니다.
   (3) 영상 - 선택한 주제에 대해 1인 크리에이터가 되어 이야기를 소개합니다.

3. 새로운 이야기에 관한 내용을 아래 표에 간단히 정리해 봅시다.
   (꼭 서술형이 아니어도 됩니다! 글, 마인드맵, 그림 모두 가능 ^^)

   제목 :

첫 번째 동아리 원격수업 시간에 학생들은 과거의 역사적 사건을 하나 선택하고, 새로운 결과를 재구성하는 계획서를 작성했다. 학생들은 '고구려가 삼국을 통일했다면', '단종이 성군이 되었다면' 등 다양한 상상을 전개했다. 이 과정에서 평소 아쉬워했던 역사적 인물, 사건에 대한 학생들의 공감이 계획서에 반영될 수 있도록 노력했다.

계획서를 바탕으로 두 번째 원격수업 시간에는 각자 역사 콘텐츠를 제작했다. 과거의 인물·사건에 대한 공감을 바탕으로, 직접 새로운 결과물을 상상하고 만들어 보는 실천 활동을 전개한 것이다. 학생들이 콘텐츠를 제작해서 제출하고 나면, 교과수업과 마찬가지로 댓글을 통한 피드백을 진행했다. 또한 등교수업 때 친구들이 제작한 영상, 웹툰을 함께 살펴보면서 역사적 인물과 사건에 감정이입하는 시간을 가질 수 있었다.

유관순의 생애를 재설정하여, 3·1 운동 때 순국하지 않고 해방 이후 교육 분야에서 많은 기여를 하는 모습을 소설로 구현한 학생도 있었다. 과제에 대한 교사의 피드백이 끝난 이후에도, 학생이 자발적으로 작품을 보완할 만큼 평소 유관순에 대한 존경심을 엿볼 수 있었다.

새로운 학기의 원격수업을 준비하며

역사 과목에서 연도나 과거 사실만을 기계적으로 암기하는 것은 진정한 배움이라고 할 수 없다. 역사에서 과거와 현재를 연결하는 것은 매우 중요한데, 이를 위해 '공감'과 '실천'을 부각시키며 학습 내용과 우리 주변의 상황을 연계해 보고자 노력했다. 자신이 소속된 공동체의 문제점을 공감하고 이를 해결하기 위한 실천 방안을 고민할 때 유의미한 역사 수업이 될 것이라 기대했다.

이러한 교육 목표 및 철학이 수업으로 이어지는 것이 쉽지만은 않았다. 게다가 원격수업이라는 새로운 교육 환경 형태가 더해지면서, 양적으로나 질적으로나 수업 준비에는 더 많은 노력이 요구되었다. 학생들에게도 힘든 부분이 많았을 것이다. 주로 원격수업으로 진행된 역사 과목에서 공감과 실천 방안을 찾으며 과제를 수행하는 데 어려움을 겪었다.

특히 현재의 정책 만들기 활동에서 여러 학생들이 어려움을 호소했는데, 이는 하나의 정책이 공동체의 모든 구성원을 만족시키기 어렵다는 것을 직접 느꼈기 때문이다. 여기에서 정책을 고안하는 사람의 고충도 공감할 수 있었다.

한편으로는 학생들이 청소년 범죄를 거론하며 '촉법소년' 같은 용어를 사용하거나, 우리나라 교육 환경의 문제점을 비판할 때 외국의 입시제도 사례를 제시하는 점을 보고 내심 놀라기도 했다. 또한 해결 방안을 진지하게 고민하는 모습을 보며 수업 진행의 보람을 느꼈다. 우리 학교·사회·국가의 문제점을 진단하고 나름대로의 정책을 만들어 보는 과정을 통해 학생들은 공동체의 일원으로서, 민주시민의 올바른 자세를 배양하는 데 유의미한 경험을 할 수 있었다고 생각한다.

나는 부족한 점이 많은 교사지만 동료 선생님, 학생, 학부모님들의 많은 격려와 도움을 받으며 학기 초 구상했던 교육 목표에 따라 원격수업을 진행할 수 있었다. 내가 역사 과목에서 추구했던 공감과 실천은 오직 학습 내용적인 측면에만 국한되지는 않았던 것 같다. 새로운 교육 환경과 체제에서 서로의 상황과 어려움을 공감하며, 원활한 원격수업을 위한 학교 구성원 모두의 부단한 실천이 있었기 때문이다.

나름대로 열심히 원격수업을 진행했다고 생각하면서도, 부족하고 아쉬웠던 점은 명확했다. '콘텐츠 제작-과제 제시-피드백'과 같이 한번 자리 잡게 된 역사 원격수업의 형태를 쉽게 깨지 못했다. 2학기에 쌍방향소통형 수업을 진행했지만, 코로나19 이전의 등교수업 때만큼 모둠 활동이나 토의 활동 등을 전개하지 못했다. 원격수업이 장기화되는 만큼, 다양한 플랫폼 연구를 병행하여 새로운 학기에는 수업 운용의 폭을 더 확대해야 하는 과제를 안게 되었다. 이 과제를 성공적으로 수행하며 더욱 발전된 원격수업을 진행하는 나를 기대해 본다.

- 정원영

원격수업 TiP

쌍방향소통형 수업을 따뜻하게 만드는 교사의 언어

① 수업 시작을 미리 기다리고 있는 학생에게, 학급 SNS를 통해 줌이나 구글 미트로 친구들이 들어올 수 있도록 부탁하세요. 수업 시간을 깜박 잊은 학생들에게 큰 도움이 되며, 출석 확인에 소요되는 시간도 줄일 수 있습니다.

> "○○이가 오늘 제일 먼저 들어왔네? 학급 단체방에서 친구들한테 지금 바로 화상회의에 들어오라고 전달 부탁해요. 고마워요!"

② 화면 작동이 잘되지 않는(카메라가 고장 난 경우 등) 학생들을 배려해 주세요.

> "앗, 카메라 작동이 잘되지 않는구나. 조금 불편할 수도 있겠지만 오늘 학습 내용을 함께 살펴보는 데에는 큰 어려움이 없을 거야. 열심히 해 보자!"

③ 원격수업에 적극적이고 성실하게 참여하는 학생들이 있습니다. 이러한 학생들이 수업을 함께 만들어 나가는 존재임을 느끼며 자부심을 느낄 수 있도록 인정해 주세요.

> "그럼 라티푼디움에 대해서 살펴볼까요? 어, 우선 ○○이가 라티푼디움에 대해 채팅창에 입력한 부분을 함께 읽어 봅시다. 아까 ○○이가 채팅창에 입력한 내용 덕분에 더 쉽게 이해할 수가 있었죠? 수업 진행을 도와줘서 고마워요."

온라인에서
미적 성장 이루어 내기

오늘날은 아이디어와 지식의 시대이다. 새롭고 편리한 것은 하루가 다르게 쏟아져 나오고, 학생들은 유연한 머리로 어른들보다 훨씬 많은 것을 보고 듣고 접하고 재생산해 내는 크리에이터로 살아가고 있다. 하루에 특정 동영상 포털에 올라오는 새 동영상만 대략 40억 개라고 한다. 이러한 정보의 홍수인 인터넷 시대를 살아가는 우리는 어려서부터 자연스럽게 자신의 나이대와 니즈에 알맞게 콘텐츠를 찾아서 소비하는 것에 익숙해져 있다. 그리고 그 사이에서 학생들은 우리보다 더욱 유연한 머리로 수많은 콘텐츠를 소화하며 4차 산업혁명 사회에 알맞은 모습으로 성장하고 있다.

교육은 오랫동안 정체되어 있었지만, 최근 사회의 변화를 반영하며 새롭게 혁신해 가고 있다. 학생 중심의 교육, 현장 중심의 교육을 외치며 교육은 요 근래 많은 변화를 이루어 냈다. 그 변화를 가속화시킨 것이 코로나19이다. 학생들이 학교에 오지 못하자, 교사들은 부랴부랴 원격 플랫폼을 공부하고 서로 가르치고 배우면서 영상을 찍고 설문지를 만들어 전례 없는 상황에 대응했다. 어쩌면 몇십 년 후에는 이런 수업 형태가 고정될지도 모르겠다. 이러한 새로운 교육 형태는 전혀 낯선 상황을 만들어 냈고, 교사들은 현장에서 처음 보는 것들과 부딪히며 성장하고 있다. 그런데 상황에 맞춘 다급한 변화는 학교마다 형태나 철학, 수단의 다양화를 낳았고 학업성취도의 양극화를 불러왔다는 비판도 받는다. 이것이 바로 언택트 교육에 철학이 필요한 이유이다.

1년간 원격수업과 등교수업을 함께 진행하며 오프라인보다 영향력이 커지고 있는 온라인 생활과 온라인 교육에 대해, 그 속에서 우리가 교육자로서 추구해야 할 가치에 대해 생각하게 되었다. 나아가 그 가치를 달성하려면 '어떤' 수업을 해야 할지를 고민해야 했다. 이제 1년 동안 해 왔던 새로운 생각과 시도들에 대해 이야기해 보고자 한다.

온라인 학교와 원격수업의 시작

원격수업은 학생의 학습 의지가 없으면 학습이 일어나기 힘든 환경이어서, 교사들이 두 배로 노력해야 하는 교육 형태이다. 자칫 일방적인 전달이 되기 쉬운 원격수업은 학생 중심을 강조하는 교육철학과 부딪힐 수밖에 없다.

게다가 요즘 학생들은 콘텐츠에 너무나 익숙하다. 선생님이 아무리 열정적으로 알록달록하게 영상을 만들어 제시한들 그보다 더 자극적이고 화려한 영상들도 무심하게 넘기는 학생들에게 감흥을 주기는 쉽지 않을 것이다. 사실 처음에는 신기한 콘텐츠를 통해 학생들의 동기를 유발하려 했다. 그러나 아무리 재미있는 필터를 넣어 움직이는 AR 캐릭터가 수업 이론을 설명하고, 휙휙 돌아가고 넘어가는 특수 효과로 영상이 화려해져 봤자 학생들이 의지를 갖고 듣지 않으면 지루해지기 쉬운 수업일 뿐이고, 심지어 하루에 6~7시간씩 그런 영상을 보며 공부를 하게 하면 성인들도 지칠 것이라는 생각이 들었다.

또한 처음 원격수업과 맞닥뜨렸을 때 부끄럽지만 매너리즘에 빠지기 쉬운 수업 형태라는 생각이 들었다. 수업 진행도나 평가보다는 과제를 제출하지 않거나 화상채팅에 참여하지 않은 학생들에게 계속 연락하는 것에 중점을 두게 되고, 수업 내에서의 성장은 뒷전이 되어 버리는 상황에 괴리감이 들었다. 그러다가 미술 교육의 근본으로 돌아가서 내가 미술 수업을 통해 이루고자 하는 학생들의 성장은 어떤 것인지 생각하고, 원격수업 상황에서 어떻게 그러한 성장을 이루어 낼지 고민하기 시작했다.

원격수업 속 교사의 목표

내가 수업을 통해 학생들이 배웠으면 하는 목표는 무엇이었을까? 나는 학생들이 즐겁고 거리낌 없이 미술 활동에 참여하기를, 일상 속에서 아름다움을 찾아내는 눈을 기르길 원했다. 또한 자신이 표현하고자 하는 바를 미적으로, 창의적으로 표현하는 것도 중요하게 생각했다.

교육철학자 듀이는 교육이란 생활 속 경험의 지속적인 재구성을 통한 성장이라고 했다. 나는 학생들이 미술 수업을 통해 생활 속에서의 미적 경험을 재구성해 가며 창의적으로 성장하기를 원했다. 그래서 미술 수업으로 학생들에게 일상 속에서의 미적 경험을 제공하고, 스스로 그 경험과 미적 감수성을 표현하며 창의 융합적으로 유의미한 성장을 이룰 수 있도록 하는 것을 수업의 목표로 삼게 되었다.

이에 원격수업과 대면수업을 단순히 플랫폼의 차이로 보지 않고, 각각의 수업 형태에서 최상의 시너지를 낼 수 있는 수업을 고민하고 계획을 짜고자 노력했다. 또, 학생들이 집에서 수업을 듣는 환경에서 어떻게 하면 미적 경험을 끌어내고 가장 일상적인 환경을 창의적으로 소화해 낼 수 있을지를 고민했다. 결국 기본으로 돌아온 결론은, 달라진 환경을 고려한 교사의 설계와 도움 위에 학생이 학습의 주체가 되어 적극적으로 자신의 일상과 미적 요소를 탐구하는 것이 제일 중요하다는 것이었다. 지금부터는 학생을 학습의 주체로 만들기 위한 시도와 사례를 소개하고자 한다.

학생들의 삶 속에서 미적 경험을 재구성하며 함께 성장하다

조심스러운 이야기지만, 나의 학창 시절 미술 교육은 상당히 형식적이었다. 중학생 때는 미술 수업을 가장 좋아했었는데, 수업 자체가 의미 있어서라기보다는 영화를 많이 보는 것이 즐거웠다. 수행평가를 하더라도 단순히 주제와 기법을 주고 그림을 그리는 형태의 수업이 반복되었고, 주제도 특별할 것이 없었다. 예를 들어 손을 활용한 소묘 정물화를 그리거나, 색연필이나 사인펜을 활용해 포스터를 그리거나 하는 수업들이었다. 그러한 수업이 교사 입장에서는 별로 준비할 것도 없는 쉬운 수업이 아닐까 싶다.

　반면 고등학교에서의 미술 수업은, 머리를 쥐어짜서 새로운 것을 만들지 않으면 따라갈 수가 없었던 기억이 난다. 물론 기능적인 실기 기법 위주의 수업도 있었지만, 창의성을 요하는 수업이 훨씬 많았다. 인상 깊었던 수업이 하나 있는데, '고정관념 깨뜨리기'라는 주제만 제시된 수업이었다. 고등학교 1학년 학생이던 나에게는 상당히 충격적이고 어려운 과제였다. 영상을 만들라고 정해진 것도 아니고, 그림만 잘 그려서 되는 것도 아닌 순수한 아이디어를 평가하겠다는 선생님의 말씀에 몇 날 며칠을 머리를 쥐어뜯으며 고민했다. 많은 시도를 했지만 만족스럽지 않아 결국 그 과제를 제출하지 못했다. 반면, 몇몇 친구들은 정말 기발한 아이디어로 신선한 충격을 주는 결과물을 만들어 냈던 것이 인상적이었다. 단순히 그림을 그리거나 조형 활동을 하는 게 아닌, 이런 활동도 미술 수업이 될 수 있다는 것에 놀랐던 기억도 난다.

　이런 대비되는 경험은 교사가 되고 나서 수업을 설계하면서 나에게 많은 영향을 미쳤다. 학생들의 창의 융합형 사고를 지원하고 창의성 교육을 하면서 수행평가도 챙기고, 동시에 다양한 미적 경험을 제공할 방법을 계속 찾았다. 고등학생인 내가 고민했던 것처럼 일상 속에서 새로움을 찾는 눈을 심어주는 미술 수업을 하고 싶었다. 게다가 원격수업이라는 형태와 만나면서 더욱 많이 고민하게 됐다. 올해는 다양한 시도를 했는데, 어떻게 보면 실험적인 수업도 많아 학생들에게는 미안한 마음이 든다.

첫 번째 원격수업, 완전한 실패

　원격수업이 처음 시작되었을 때, 갑작스럽게 결정된 온라인 개학과 처음 시도하는 수업 형태에 당황해서 부랴부랴 준비했던 생각이 떠오른다. 학교 홈페이지에 과목별 탭을 만들어 놓고 공동 시간표를 짜서 수업을 업로드했는데, 이때 수업을 올리면서 원격수업을 효율적으로 진행하는 방법을 찾아야만 했다.

주로 1학기 초에 수업하는 조형 요소와 원리, 간단한 실습 활동, 미술의 개념 등을 주제로 수업을 전개했다. 관련 영상을 올리고 글로 설명하며 실습을 하도록 했지만 학생들이 영상을 봤는지, 실습 활동을 진행은 했는지, 했다면 어떻게 했는지 알 방법이 없었기에 내가 바라는 성장을 유도할 수가 없었다. 결국 수업은 전달식으로 그쳤고, 첫 원격수업 시도는 완전한 실패라고밖에는 못할 것 같다.

두 번째 원격수업, 피드백을 시작하다

시간이 좀 지나, 학교에서 수많은 회의와 연구를 거쳐 공통된 플랫폼과 수업 제작 방식을 활용하기로 하며 원격수업을 새롭게 구상했다. 관련 영상 자료를 찾아 링크를 거는 게 아니라, 내가 직접 학습 내용을 녹화하고 녹음하여 자료를 만들어 제시했고 학생들의 실습 결과물도 과제로 제출받아 확인했다. 질문이 있으면 댓글로 질문을 받아 답변해 주었고, 제출한 결과물에 대해 전부 댓글로 피드백을 달았다.

몇몇 학생은 영상을 열심히 보며 내용을 복습하고, 실습을 진행하며 어려운 부분은 질문을 하며 피드백을 꼼꼼히 읽어 보는 것을 확인할 수 있었다. 그런 학생들을 볼 때는 조금이나마 뿌듯하기도 했다. 하지만 일부 학생들은 여전히 영상을 보지 않고, 과제는 대충 구색 맞추기 식으로 제출하며 피드백을 확인하지 않는다는 것도 알게 되었다. 다시 고민해야 했다.

학생들이 온라인 활동 후 제출한 과제

세 번째 원격수업, 실시간 쌍방향 수업으로 성장중심평가를 진행하다

2학기가 되어 실시간 쌍방향 수업을 진행하게 되었을 때, 처음에는 막막했다. 게다가 수행평가를 진행해야 하는데 등교하는 날이 너무 적어 수행평가를 다 하기에 부족했다. 결국 쌍방향 수업에서 실습 수행평가를 진행하게되었다. 모든 학생들이 화면을 켜고, 활동 안내를 받은 후 실습을 진행하며 개별 피드백과 함께 수업을 진행했다.

원격수업에서 특히 중요한 것 중 하나가 피드백이라고 생각한다. 특히 실습 위주의 수업에서는 단순히 학생이 결과물을 만들어 내는 것으로 끝나면 내가 바라는 성장이 힘들다고 생각했다. 실제로 첫 번째, 두 번째 시도에서는 결과물을 만들어 내는 것만으로 수업이 마무리되어 버렸기에 개선이 필요하다고 느꼈다. 피드백을 통해 자신의 아이디어를 발전시켜 나가고 더 깊게 탐구할 때 창의적 성장이 가능하기 때문이다.

미술에서는 무엇이든 가능하다는 것을 항상 강조하면서 학생들이 생각하는 소위 낮은 수준의 작품이어도 장점과 발전 가능성을 열어 두고 피드백을 해 주려고 했다. 진행 상황에서 학생들의 아이디어를 최대한 발전시키기 위한 실시간 발문을 활용한 피드백을 주로 활용했다. 대면수업에서는 돌아다니면서 일일이 피드백을 해 줘야 하고 그 내용은 해당 학생만 들을 수 있지만, 원격수업에서는 다른 친구들의 활동과 피드백, 진행 단계를 다 같이 보기가 쉽다는 장점이 있다. 자신의 작업과 피드백뿐만 아니라 다른 친구들의 작업과 그에 맞는 피드백을 보면서 참고도 할 수 있고, 그만큼 자신이 생각하지 못했던 다양한 요소를 접하기가 수월하기 때문이다. 교사 입장에서도 화면에 학생들의 작업이 전체적으로 다 보이기 때문에 시간을 효율적으로 사용하기에 좋고 한눈에 활동을 지켜보기가 편리하다. 수업 마지막에 결과물을 다 함께 보기도 훨씬 편해서, 서로의 작품을 보고 아이디어를 발전시키면서 협력적인 수업을 전개하기에 좋다. 그렇게 피드백을 활용하여 실시간으로 수업을 진행했고, 학생들이 자신의 작업물을 발전시키면서 성장하고 그 과정에서 평가가 이루어지는 성장형 평가가 가능했다고 생각한다.

네 번째 수업, 원격수업과 등교수업을 연결하다

실시간 쌍방향 수업과 피드백을 활용하여 수업 내에서의 성장을 도모하면서, 더 다양한 원격수업 방법과 등교수업과의 연계성을 고민하게 되었다.

패들렛 활동

결과물을 공유하기 매우 좋은 패들렛 사이트를 활용했다. 미술과 진로를 연계하여 직업인 가상 인터뷰 활동을 하고, 결과물을 패들렛으로 공유하여 학생들이 서로 결과물을 나누고, 다른 학생들의 결과물을 통해 자신의 결과를 확장시킬 수 있었다. 다양한 정보를 단순히 학생들에게 전달하는 것이 아닌, 학생들이 스스로 주제를 정하고 주제에 대해 자료를 탐색하며 정보의 소비와 재생산이 이루어질 수 있도록 유도하는 것이다. 쌍방향 수업과 패들렛 결과물을 함께 사용하면 결과를 더욱 효과적으로 공유할 수 있다.

패들렛을 활용한 학생들의 진로 연계 수업 결과물

채팅의 활용

원격수업의 장점이 또 하나 있다. 바로 학생들 간의 소통이 용이해진다는 것이다. 학생들이 직접 얼굴을 마주 보고 말하는 등교수업보다 어떻게 의사소통이 원활해질 수 있느냐고 물으면 답은 "채팅"에 있다. 코로나19가 닥쳐와 원격수업을 하는 상황이 되기 한참 전부터, 학생들은 문자와 채팅에 굉장히 익숙했다. 글쓰기나 말하기를 어려워하는 몇몇 학생들조차도 게임에 접속하면 속사포같이 타자를 치고, 친구들과 아침부터 새벽까지 채팅 어플을 활용해 수다를 떨고는 한다. 학생들이 이미 친근하고 당연하게 느끼는 이

채팅이라는 수단을 사용하지 않을 이유가 없다.

학생들은 화상수업에서 자신의 얼굴을 공개하는 것에는 거부감을 느껴도, 채팅창에서의 대화에는 너무나 편하게 참여한다. 심지어 목소리를 내어 말하는 것보다 더 편하게 여긴다. 게다가 채팅에는 엄청난 장점이 또 있다. 수많은 아이들이 자신의 의견을 불특정 다수에게 말하는 것을 어려워하는데, 채팅은 다 같이 접속해 있기만 하면 정말 빠르면서도 모두가 동시에 커뮤니케이션을 이뤄 낼 수 있다. 그래서 채팅을 수업에 다양하게 활용해 보려 노력했다.

가장 간단하면서도 자주 사용한 방법은 결과물을 채팅으로 공유하고, 그것을 기반으로 수업을 진행하는 방식이다. 자신의 의견이나 질문에 대한 답 등을 채팅으로 보내도록 하고, 결과물을 함께 확인하며 학생들과 피드백을 주고받으며 진행하니 학생들도 좀 더 몰입할 수 있고, 실시간으로 학생들의 이해도나 학습 진행 상황을 확인하며 수업을 조절할 수 있어서 더 효율적인 진행이 가능했다.

또 다른 방법은 학생들끼리 채팅을 통해 대화하며 협력적으로 과제를 해결하거나 수업을 진행하는 방식이다. 예를 들어 학급에서 다 함께 정한 진로 주제로 릴레이 소설 쓰기 활동을 했었는데, 채팅창에 학생들이 돌아가며 내용을 쳐서 소설을 이어 가는 방식으로 진행했다. 학생들은 자신의 차례를 손꼽아 기다리고, 다른 친구들의 내용을 보고 웃으며 다음 이야기를 예상하며 수업에 집중했다. 학기를 마무리하며 수업에 대한 설문을 진행했을 때도 대부분의 학생들이 가장 인상 깊었던 활동으로 릴레이 소설을 골랐다.

학생들이 어떤 과제에서 어려움을 겪을 때 채팅을 활용해 서로 지원해 주는 방식을 사용할 수도 있다. 작업을 진행하다가 막히거나 피드백이 필요할 때, 교사가 직접 피드백을 제시하는 방법도 있지만 학생들도 실시간으로 서로의 결과물 영상을 보면서 채팅으로 피드백을 하도록 유도해서 협력적으로 진행이 가능할 수 있게 했다.

온라인과 오프라인의 연계

처음에는 원격수업에서 이론 수업을 하고, 등교수업 때는 실습을 시도했는데, 진행하면서 보니 이론 수업은 등교수업 때 더 효과적으로 진행할 수 있겠다는 생각이 들었다. 그래서 원격수업과 등교수업을 더 효과적으로 연계할 방법을 고민했다.

특히 이론 수업을 준비하며 더 고민이 필요했다. 학기마다 서양 미술사와 한국 미술사 이론 수업을 하게 된다. 창작과 실습도 중요하지만 학생들이 미술사의 흐름을 접하는 것도 중요하기 때문인데, 사실 학생들이 가장 지루해하는 수업이기도 하다. 이것을 올해는 원격수업으로 진행하게 되었다.

그렇지 않아도 집중을 유도하기 힘든 원격수업에서 한 시간 내내 이론만 설명하고 있으면 학생들이 제대로 수업에 참여할 수 있을 것 같지 않았다. 그렇다고 등교수업 때 하기엔 시수가 부족했다. 그래서 원격수업에서 학생별로 담당 파트를 정해 학생 발표와 그에 따른 피드백으로 수업을 진행했다. 학생들도 자신의 파트를 따로 공부하고, 부족하거나 필요한 부분을 서로에게 알려 주며 보완해 주는 식으로 진행했고, 학생들 발표에 맞춰 이미지 자료를 화면공유를 통해 보여 줬다.

이와 연계하여 집에서 할 수 있는 간단한 조사 과제를 부여했다. 지폐에 나오는 한국 미술 작품을 조사하는 과제였다. 평소에 무심하게 보아 넘겼던 지폐를 자세히 살펴보며 한국 미술 작품이 단순히 역사 속에 존재하는 것이 아니라 우리가 늘 접하는 일상 속에 있다는 사실을 자연스럽게 알 수 있도록 했다.

이러한 과정을 거친 후 등교수업에서 활동을 마무리했다. 온라인 활동에서 학생들이 직접 진행한 조사와 발표 내용을 정리해 준 후, 보고서를 작성하는 수업으로 마무리를 지었다. 이런 식으로 온라인에서 실습한 활동 결과물을 대면수업에서 활용하거나, 온라인에서 미리 준비한 내용을 기반으로 오프라인 활동을 진행하는 등 수업을 연계하여 진행하니 원격수업과 대면수업에서의 단점들을 보완할 수 있었다.

미술 수업의 핵심

원격수업에서 시도한 사례를 통해 내가 원격 미술 수업에서 핵심으로 생각한 것을 몇 가지로 정리할 수 있었다. 학생들을 학습의 주인으로 만드는 것, 그를 위해 교사는 피드백과 교육과정-수업-평가 일체화를 통해 학습을 지원하는 환경을 만들어 줄 것, 마지막으로 모든 수단을 활용해 학생들의 창의성을 길러 주는 것이다.

자기효능감

원격학습에서 동기부여와 진정한 학습이 일어나기 위해서는 학생이 교육의 주체가 되는 것이 무엇보다 중요하다. 그에 따른 핵심 개념은 자기효능감이다. 단순히 과제를 받고 과제를 수행하는 것으로 수업이 마무리되어서는 안 된다. 학생이 스스로 과제를 성취하며 내재적 동기를 부여받고 자신이 할 수 있다는 생각을 갖고 주도적으로 경험을 쌓아 가며 자기효능감을 키워야 한다. 학생 자신이 무엇을 배우는지 알고 있고, 지금 어느 정도 단계이며 앞으로 어디를 향해 나아가야 하는지 동기부여가 되어 있어야 한다.

교사가 아무리 내용을 보기 좋게, 쉽게 잘 설명하고 제시하더라도 학생들이 집중해서 노력하지 않는다면 아무 의미가 없다. 대면수업에서는 교사가 질문을 하고 동기부여를 하면서 학생들이 내용을 자연스럽게 따라오도록 유도할 수 있지만, 화면 안에서 그것은 학생들이 접하는 수많은 콘텐츠들 중 하나로 전락해 버리고 만다. 학생이 스스로 흥미를 갖고 집중해서 보지 않는 이상, 그것은 유의미한 배움으로 연결될 수 없다. 따라서 자기효능감을 갖고 학생들이 학습 내용 안에서 스스로 주체가 되는 것이 중요하다. 그러기 위해 학생들의 삶에 관심을 갖고, 그 형태에 알맞게 수업 환경을 구성해서 학생들이 자신감을 갖고 실천할 수 있도록 하는 것이 교사의 역할이라고 생각한다.

피드백을 활용한 생각 뻗어 나가기

학생들이 학습의 주체가 되어 노력할 때, 교사는 그 과정에서 더욱 유의미한 성장이 일어날 수 있도록 상황에 맞게 피드백과 발판을 제공해 주어야한다. 특히 미술 수업은 더 그렇다. 그렇지 않고서는 지식 전달식, 교사 중심의 원격수업이 되어 버리기 쉽다. 실시간 쌍방향 수업을 하며 작업물에 대해 피드백을 하고, 제출한 과제에 대해 피드백을 하고서 다음 차시에 이것을 기반으로 더 발전시키는 시간을 줄 수도 있다. 무엇보다 틀에 박힌 피드백이 아니라 학생이 더 고민할 수 있는, 아이디어를 발전시킬 수 있는 피드백이 중요하다. 그리고 그 피드백에 알맞게 수업을 이어 가며 학생들이 안심하고 생각을 뻗어 나갈 수 있는 수업 환경을 제공해야 할 것이다.

교육과정-수업-평가 일체화

일반적인 미술 수업 형태는 미술적 이론을 제공하고 주제나 기법에 맞게 학생들이 각자 실기 활동을 한 후 결과물을 제출하는 것이다. 그러나 과제를 제출하는 것으로 끝나서는 바람직한 원격수업이 될 수가 없다. 원격으로 진행되므로 가정에 있는 학습자의 상황을 고려해 미적 경험을 설계하고, 집안에서 간단한 가이드만으로 학생이 스스로 진행할 수 있어야 하며, 쌍방향의 피드백과 평가가 이루어져 교육과정-수업-평가 일체화를 진행해야 효과적인 원격수업이라고 할 수 있다.

수업설계 단계에서는 학교에서의 미적 경험과 집에서의 미적 경험은 다름을 알고 학습 상황에 맞추어 설계해야 한다. 학교에서 하기 수월한 활동이 있고, 집이라서 더 좋은 활동이 있다. 등교수업은 교내에서 해야 하므로 제한적인 부분들이 있는 데 반해, 가이드라인만 잘 제시하면 훨씬 다양한 경험을 유도할 수 있다는 것도 원격수업의 장점이다. 학생들의 일상 공간인 집에서 새로운 시야를 만들어 내는 경험은 학생들의 삶과 밀접하게 닿아 있는 미술 교육으로 이어질 것이다.

그 점을 살려서 건축물 수업을 했다. 원격수업 시간에 학생들이 직접 바깥에 나가 건축물들과 스트리트 퍼니처를 관찰하고, 조형 요소를 읽고, 의도를 찾아 보고서를 작성함으로써 일상 속에서 미적 경험을 하도록 했다. 원격수업이라서 학교 안에서보다 훨씬 다양한 결과물이 나올 수 있었다고 생각한다.

수업을 진행할 때는 학생이 주도적으로 진행하되 수준이 다르더라도 뒤처지는 학생이 없도록 수업 가이드라인을 제시하고 피드백을 해야 한다. 원격수업 환경에서는 학생들이 쉽게 포기해 버리는 경향이 있으므로, 차근차근 잘 따라올 수 있도록 단계별로 함께 진행하면 좋다.

또한 단계별로 평가를 진행했는데, 학생들의 첫 아이디어나 실습 활동의 결과물뿐만 아니라 아이디어를 어떻게 발전시켜 나갔는지, 교사의 피드백을 자신만의 방법으로 어떻게 해석했는지를 중점으로 평가할 수 있었다. 원격학습에서는 학생들의 과제와 발전 상황을 중간중간 사진이나 파일로 제출받기가 좀 더 용이해서 이러한 평가가 가능했다.

창의성

미술 교과에서 강조하는 핵심 가치 중 하나가 창의성이다. 창의성이란 새롭고, 독창적이고, 유용한 것을 만들어 내는 능력이다. 그런데 창의성이란 전혀 없던 무언가를 100% 새롭게 창조하는 것만이 아니다. 원래부터 있던 것들을 조합하고, 분해하고, 새롭게 바라보면서 생겨나는 모든 것들이 창의적이다. 학생들이 새로운 것을 창작할 때 두려움을 갖지 않고 자신만의 세계를 표출할 수 있도록, 일상생활 속에서 시각적 요소를 추출하여 미적으로 접근하고 바꿔 낼 수 있도록 경험을 제공하는 것, 그리고 그 과정을 다 같이 공유하며 서로 발판을 제공하고 함께 성장하는 것이 창의성 교육에서 핵심이라고 생각한다.

원격수업에서 학생들은 교사에게 피드백을 받고, 각자의 작업물을 화면 안에서 공유하며, 채팅을 통해서 의견을 교환하면서 성장할 수 있다. 수업이 끝나고 나서도 결과물을 함께 보며 직접 발표하는 것보다 편하게 채팅으로 의견을 나눌 수 있다. 서로의 창의적 성장을 도울 수 있는 수업 형태와 상황이 만들어지면서 학생들은 자연스럽게 다양한 의견을 접하고, 참고하고, 조합해 볼 수 있다. 게다가 원격수업에서는 학생들이 더 많은 정보와 요소들을 접할 수 있기 때문에 그러한 환경을 잘 활용한다면 좋은 시너지를 낼 수 있다.

학생이 주체가 되어 자신의 미적 경험을 다스리고 발전할 수 있는 수업이야말로 제대로 된 원격 미술 수업이다. 코로나19는 분명 위기이지만, 대면수업만으로는 얻을 수 없는 것들도 발견하게 되었고, 다양한 시도가 가능했다는 점은 앞으로 좋은 수업의 밑바탕이 될 수 있을 것이다.

피드백을 받으며 완성한 학생 일러스트

학생이 만들어 가는 원격수업

원격수업을 처음 시작할 때는 교사의 역할이 가장 중요하다고 생각했다. 콘텐츠를 만들어야 하고, 동기부여가 어려운 환경에서 어떻게 학습 동기를 불러일으킬 수 있을지, 학습 목표 달성은 어떤 식으로 할 것인지 답을 찾아야 했기 때문이다.

1년 동안 원격수업을 하면서 느낀 점은, 아이러니하게도 원격수업이라서 학생들의 역할이 더 중요하다는 것이다. 학생은 선생님이 던지는 질문에 대한 답을 자신의 삶 속에서 찾아야 하고, 표현 활동의 주체가 되어 자기주도적으로 진행해야 한다. 모든 과정에 교사의 직접적인 도움보다는 간접적인 도움만이 존재하기 때문에 비로소 학생이 학습의 주인이 될 수 있다. 교사가 만들어 주는 수업이 아니라 학생이 서투르게나마 만들어 가는 수업이 원격수업의 핵심이다. 새로운 시대의 온라인 학교와 원격수업은, 처음엔 많은 시행착오를 낳았지만 결국 학생이 주인이 되는 교육을 만들어 내는 꼭 필요한 과정이었다고 생각한다.

- 양혜원

원격수업 TIP

원격수업에서 미적 감수성과 창의성을 길러 주기 위한 방법은 무엇일까요?

① 학생들의 일상생활 속에서 유도할 수 있는 미적 경험을 제시합니다.

② 실시간 원격수업에서의 채팅과 결과물을 공유하는 플랫폼을 활용해 중간중간 결과물을 학생들끼리 공유할 수 있도록 합니다.

③ 교사의 피드백과 학생들 간 상호 피드백을 더 많이 주고받으며 각자의 작업을 발전시킬 수 있도록 합니다.

④ 원격수업 활동 마무리를 대면수업에서만 할 수 있는 형태로 마무리하거나, 원격수업으로 사전 작업 후 대면수업을 연계하여 진행하는 식으로 원격수업과 대면수업의 단점을 서로 보완하며 진행합니다.

수포자 없는
수학 원격수업

코로나19가 가져온 변화로 인해 지금까지 당연하게 여겼던 일상의 소중함이 더 크게 느껴지는 요즘이다. 특히 학교현장에서는 교사와 학생 모두가 한 번도 경험하지 못했던 상황이 펼쳐졌다. 코로나19가 야기한 변화에 대응하여 지난 한 해 동안 수학교사로서 어떻게 수업을 구성했는지 그리고 그 과정에서 느꼈던 성취감과 고민, 앞으로의 성장 방향을 담아 보려 한다.

늦어지는 개학, 수업 촬영을 시작하다

코로나19는 학교현장에 지금까지 경험해 보지 못한 새로운 과제를 제시했다. 바로 온라인 개학에 대한 대비이다. 다행히 우리 학교는 개학 전부터 학습 결손을 최소화하기 위해 학교 홈페이지에 학습과제를 게시했고, 이를 구글 클래스룸으로 이전하여 본격적인 온라인 개학을 준비하고 있었다. 또 원격수업에 대비하여 교수 매체 활용에 능숙한 과학 선생님을 필두로 다양한 교내 연수가 진행되어서 많은 선생님들이 원격수업에 필요한 교수 매체의 활용법을 배울 수 있었다. 얼떨결에 나도 교내 연수를 담당하게 되있는데, 나를 포함한 모든 선생님들이 원격수업에 대해 고민이 많았다.

수학은 그 어떠한 과목보다도 학습 내용 간의 위계성이 두드러지기 때문에, 아이들이 호기심을 갖고 스스로 참여할 수 있는 원격수업의 방식을 고민했다. 판서가 많고 문제 풀이 과정을 자세히 설명해 주어야 하는 수학 과목의 특성을 살리기 위해 내가 채택한 방식은 '인터넷 강의의 플랫폼을 활용한 영상 제작'이었다.

우선 수업 전에 교과서와 지도서, 교육과정 총론서를 분석하여 해당 단원의 핵심 내용과 성취기준을 파악한 후, 이를 바탕으로 수업 방식과 수업의 흐름 및 내용, 활용할 교수 매체를 수업계획 노트에 정리했다. 45분 분량의 매끄러운 수업을 진행하기 위해 3~4시간 정도가 소요되었는데, 이러한 시행착오를 통해 하나의 수업 영상이 제작되고 나면 이 수업을 아이들이 어떻게 받아들일지에 대한 기대감과 걱정이 동시에 밀려왔다. 촬영 후 구글 클래스룸에 업로드한 과정은 다음과 같다.

<콘텐츠 활용 중심 수업의 준비 과정>

① 촬영한 영상을 편집한다(비디오 편집기, 곰믹스, 뱁믹스 활용).
② 편집이 완료된 영상을 유튜브에 게시한다.
③ 구글 클래스룸에 해당 차시의 수업을 제작할 때 완성된 영상과 구글 설문지를 활용한 형성평가를 함께 게시한다.

직접 수업 영상을 촬영한 후 이를 편집하는 과정에서 수업을 객관적으로 검토해 볼 수 있었다. 내가 발견한 수업의 특징은, 아이들이 선수학습 요소로서 충분히 숙지하고 있을 만한 내용도 수포자(수학을 포기한 자의 줄임말)를 위해 많은 시간을 할애하고 있다는 것이다. 이러한 점은 수학에 어려움을 겪는 아이들에게는 분명히 도움이 되지만, 자칫하면 영상의 시간이 지나치게 길어져서 부담으로 다가올 수도 있겠다는 생각이 들었다. 이에 선수학습 요소에 대한 이해가 선행되지 않으면 따라가기 어려운 단원은 지금과 같은 방식을 취하고, 그 정도가 덜한 단원은 적절히 조절하는 등의 변화를 주기로 했다. 이러한 과정은 수업을 긍정적으로 개선하려는 자기 장학의 시간을 매시간 갖는 효과를 주어 수업 개선에 많은 도움이 되었다.

같은 내용 다른 느낌의 원격수업과 등교수업

5월 중순. 코로나 확진자 수가 소강상태로 접어들자 학교현장에 새로운 과제가 대두되었다. 바로 등교수업과 원격수업의 병행이다. 하늘빛중학교에 오고 나서 처음으로 아이들을 만난다는 설렘과 드디어 교실에서 수업할 수 있다는 기대감이 교차하던 순간이었다.

하지만 이러한 기대감도 잠시, 처음 보는 사이임을 대변하는 어색함과 오랜만의 등교로 인한 무기력감이 가득 찬 교실에서, 한 주 동안 연립방정식의 풀이 방법을 설명하는 것은 아이들의 관심을 끌지 못했다. 무엇보다도 원격수업을 통해 이미 자세히 설명한 개념들을 생전 처음 듣는다는 표정으로 일관하는 아이들에게 적지 않은 충격을 받았다. 좌절감과 수업 개선에 대한 깊은 고민이 내 머릿속을 가득 채운 시기였다. 다음에서는 한 학기 동안 느낀 등교수업과 원격수업의 차이를 구체적으로 적어 보려 한다.

수업 준비 과정에서의 차이

원격수업은 수업 영상을 촬영하여 편집하고 유튜브에 게시한 후, 구글 클래스룸에 유튜브 영상을 다시 게시하는 과정을 거쳐 수업을 준비했다. 또 영상을 제대로 학습했는지 확인하는 형성평가를 함께 게시해 주었다. 영상을 촬영하고 이를 편집한 후 여러 번의 게시 과정을 거치는 것이 번거로웠지만, 모든 학급에서 같은 수업을 진행하고 학습 진도를 규칙적으로 나갈 수 있다는 장점이 있다.

등교수업은 수업 전 영상 편집의 과정은 없었지만, 그동안 수업계획 노트에 빠져 있었던 가장 중요한 계획을 수립해야만 했다. 바로 학생들의 학습 동기 유발이다. 집에 있는 시간이 길어지고 불규칙한 생활 습관이 몸에 밴 아이들은 무기력감을 느끼는 듯했고, 학습 동기도 많이 내려가 있는 상태였다. 이에 내가 학생일 때 수학 선생님이 해 주었으면 했던 이야기가 무엇이었는지를 떠올려 보았다. 그때 떠오른 생각은 '왜 수학을 배우는지 알려 주자.

그리고 수학을 공부하는 방법을 자세히 알려 주자'라는 수학교사로서의 내 다짐이었다.

수학과 교과 역량 중 '태도 및 실천 역량'은 가장 중요한 것인데도 지금까지의 수학 교육에서 간과되었다. 어떤 일을 하더라도 그 일을 왜 하는지, 그리고 목표가 무엇인지, 어떤 방법으로 진행해야 하는지를 알지 못하면 즐거운 마음으로 임하기가 쉽지 않다. 성인도 그러한데 아이들에게 구체적인 이유와 방법, 목표를 알려 주지 않고 단지 '입시에 중요하니까 열심히 해야 해'라는 조언은 아이들의 내적 동기를 이끌어 내는 데 한계가 있다. 결국 수학을 배울 필요성을 느끼지 못하는 상황에서, 갈수록 학습량이 많아지고 내용이 심화되기 때문에 오늘날 수포자가 대거 양산되는 것이다. 이를 조금이라도 해소하고자 등교수업을 준비하면서 수학을 배우는 이유, 수학을 공부하는 방법 등을 정리하는 데 시간을 할애했다.

이후 등교수업에서는 기계적으로 외우고 많이 푸는 기존의 정형화된 방법이 아닌, '유형을 정리하고 답안지의 도움 없이 스스로 다양하게 생각해 보는 문제집 공략법', '문항별 아이디어 도출 방법', '폴리아의 문제해결 4단계', 'what if not 전략' 등을 소개했다. 아이들의 눈빛이 조금이나마 빛을 발산하는 모습으로 돌아와서 지금 시점에서 되돌아보면 뿌듯했던 순간으로 기억된다. 원격수업에서는 안내자로서의 교사의 역할이 강조되었다면, 등교수업에서는 촉진자로서의 교사의 역할이 강조되는 것을 경험한 뜻깊은 순간이었다.

수업 전개 과정에서의 차이

수업을 전개하는 과정에서, 콘텐츠 활용 중심 수업은 강의식으로 진행되었다. 다음에 언급할 피드백을 제공하기 전까지는 수업에 아이들의 의견을 반영하는 것조차 쉽지 않았다. 수업 시간에 남기는 댓글을 참고하여 영상을 수정하거나 댓글을 통해 실시간으로 피드백을 주곤 했지만, 등교수업 때 한 공간에서 즉각적으로 피드백을 제공하는 것과는 사뭇 다른 느낌이었다. 무엇보다도 수업 시간을 준수하지 않는 아이들이 큰 고민으로 다가왔다. 하루 종일 수업 참여를 독려하기 위해 전화를 걸었고, 늦게 제출한 아이들에게 피드백하기 위해 한 시간의 수업을 수업 이후 3~4일씩 확인하곤 했었다. 이 과정에서 아이들의 자발성이 보장되기 전에는 이러한 형태의 원격수업은 한계가 존재할 수밖에 없음을 실감했다.

단점이 명확하지만, 콘텐츠 활용 중심 수업의 장점은 다양한 교수 매체를 적극적으로 수업에 활용할 수 있다는 것이다. 실생활과 수학의 연관성을 인식하고 수학의 필요성을 알게 하는 수학의 외적 연결성을 수업에서 경험할 수 있도록 '실생활 문제 만들기 활동'을 시도해 보았다. 이 과정에서 새로 만든 문제를 노트에 적고 이를 찍어 올리는 방식과 패들렛(Padlet), 구글 프레젠테이션(Google Presentation)을 활용하는 방식을 모두 활용해 보았는데, 서로의 문제를 풀어 보고 피드백을 남길 때는 후자가 더 효과적이었다. 이러한 경험은 이후 실시간 쌍방향 수업을 진행하며 협동 학습과 포트폴리오를 활용한 활동을 계획하는 바탕이 되었다.

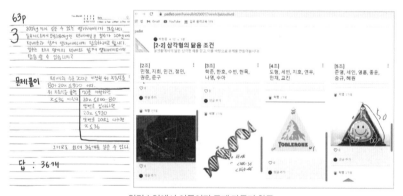

원격수업에서 이루어진 문제 만들기 활동

등교수업에서는 아이들과 상호작용하며 수업할 수 있다는 점이 좋았지만, 사회적 거리두기로 인한 협동 학습의 부재와 문제해결 과정을 공유하는 발표 시간의 생략은 아쉬움으로 남았다. 하지만 수업을 진행하면서 첫 등교수업에서 받았던 충격과 좌절감이 점차 적극적으로 수업에 참여하는 아이들의 반응으로 치유되고 있다는 느낌이 들었다.

피드백 과정에서의 차이

등교수업에서 한 시간의 수업이 끝나고 나면 아이들의 반응을 회상하며 어떤 개념을 제시하는 순간에서 어려움을 겪었는지, 문제해결 과정에서는 어떤 순간에 관심을 보였는지 등을 성찰하는 시간을 가질 수 있었다. 엎드려 자거나 허공을 바라보는 듯한 아이들을 마주할 때마다 상처받는 기분이었기 때문에, 이를 최소화하기 위해 필사적으로 수업 장면을 회상했다는 생각이 든다.

원격수업에서는 수업 후 수업 시간에 이루어진 형성평가에 대한 피드백이 주어졌다. 아이들이 교과서의 문제를 풀고 이를 구글 클래스룸에 게시하면 이에 대한 피드백을 제공했다. 또 '실생활 문제 만들기 활동'에서는 아이들이 만든 문제의 오류 여부를 점검하고 이를 직접 풀어 보는 시간을 가졌다. 활동 중 창의적인 문제를 만들거나 문제를 잘 해결한 사례는 따로 모아서 영상으로 녹화한 후, 이후 차시의 수업에서 소개하기도 했다. 이처럼 구체적이고 긍정적인 피드백이 이루어지자 아이들이 더 열심히 형성평가에 참여하는 효과를 이끌어 낼 수 있었다.

한 해를 마무리하고 수업을 돌아보는 지금 시점에서 보면, 코로나19 덕분에 등교수업뿐만 아니라 실시간 쌍방향 수업을 비롯한 다양한 형태의 수업을 경험할 수 있었다. 수업 방식의 차이일 뿐 궁극적인 수업의 목표는 아이들이 의미 있는 배움을 경험할 수 있도록 하는 것이기 때문에, 이러한 다양한 형태의 수업은 내가 교사로서 한 단계 더 성장할 수 있도록 해 준 기폭제가 아니었나 싶다. 또한 학교 차원에서 다양한 원격수업을 시도해 볼 수 있는 환경을 조성해 준 것이 다행이었다. 이 공간에서 하늘빛중학교만의 원격수업이 이루어졌다.

실시간 쌍방향 수업의 시작

콘텐츠 활용 중심 수업은 장점도 있지만 한계가 명확했다. 이에 등교수업의 장점을 반영한 원격수업을 진행하기 위해 '실시간 쌍방향 수업 협의회'가 출범하게 되었다. 줌(ZOOM)과 구글 미트(Google meet) 등의 화상회의 프로그램을 활용한 수업에 관심이 있는 선생님들이 한자리에 모였다.

첫 주에는 구글 클래스룸과의 연동성을 바탕으로 줌과 구글 미트를 파악하는 시간을 가졌다. 이를 활용해 본 적이 있는 과학 선생님과 내가 선생님들에게 프로그램을 소개했는데, 다들 열정적으로 프로그램의 기능, 원격 협동 학습의 실현 가능성, 출석 확인 및 수업 참여 안내 등에 관심을 보였다. 이후 주차에서는 연구수업의 방식으로 일부 과목의 수업에서 실시간 쌍방향 수업을 적용해 보고 그 결과를 나누는 시간을 가졌다. 시범 대상이었던 우리 반의 경우, 학생들이 처음에는 화면을 켜고 얼굴을 드러내는 것에 대해 반감을 보였지만, 조종례를 활용하여 점차 친숙해지도록 하자 학기 말에는 긍정적인 가능성을 엿볼 수 있었다.

개학이 연기되었던 여파로 짧았던 여름방학은 잠시 나를 스쳐 지나갔다. 짧은 재충전의 시간을 뒤로하고 시작된 2학기에 본격적으로 실시간 쌍방향 수업을 시도해 보았다. 처음에는 기존의 영상 촬영 기법을 활용하여 노트북으로 줌 회의실을 개설하고, 스마트폰으로 칠판을 촬영하며 다른 구글 계정으로 이를 송출하는 방식을 활용했는데, 아이들에게 실제 등교수업과 똑같다는 긍정적인 반응을 얻었을 수 있었다.

실시간 쌍방향 수업의 경우 콘텐츠 활용 중심 수업과는 다르게 순간적으로 수업의 흐름을 놓치거나 학습 내용을 이해하지 못하면 이후 신행뇌는 수업에 참여하기 쉽지 않다. 특히 수학은 이러한 한계점이 두드러질 수 있기 때문에, 수업 후 해당 내용에 대한 정리 영상을 별도로 촬영하여 구글 클래스룸에 게시했다.

이러한 수업 방식의 변화는 1학기와 비교했을 때, 수업 참여에 대한 강제

<판서를 활용한 실시간 쌍방향 수업의 준비 과정>

① 노트북으로 ZOOM 회의실을 개설한다.

② 스마트폰을 활용하여 칠판의 판서 내용을 화면공유하여 송출한다.

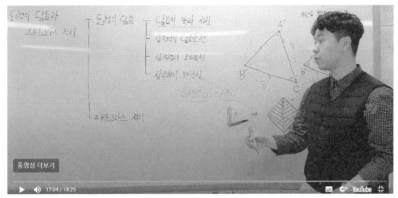

실시간 쌍방향 수업 때 제공된 수업 정리 영상

성을 부여하여 아이들의 수업 태도 개선 측면에서 효과를 발휘했다. 또 새로운 수업 방식에 적응하자 등교수업에서처럼 적극적으로 교사의 질문에 반응하는 아이들이 등장하여 의사소통이 활발한 수업 분위기를 조성하는 데 기여하기도 했다.

하지만 한 가지 큰 문제점이 있었다. 판서를 활용하여 내용을 설명할 때는 칠판과 줌 회의를 관리하는 노트북의 거리감으로 인해 아이들의 반응을 즉각적으로 확인하며 수업을 진행하는 데 어려움이 있다. 그리고 스피커를 켜고 이야기하는 것보다 채팅을 통해 이야기하는 것이 친숙한 아이들에게 판서를 활용한 시간은 수업에서 교사가 부재한 시간으로 인식되기 쉬웠다. 수업에서 안내자로서의 교사가 부재하게 되자, 화면을 끄고 딴짓을 하거나 수업에 집중하지 않는 아이들이 급속도로 늘어났고, 이는 아이들과의 상호작용이라는 요소를 수업에 반영하고자 시작한 실시간 쌍방향 수업의 취지에 맞지 않는다는 생각을 했다.

이를 보완하고자 디지털 교과서와 와콤(Wacom) 펜의 활용을 시도해 보았다. 판서의 부분을 화면공유 화이트보드와 와콤 펜을 활용한 설명으로 대

3장
원격 수업으로 삶의 역량 키우기

체하자 아이들이 더욱 집중하는 모습을 보였다. 또 디지털 교과서를 화면공유로 띄워 놓고 수업을 진행하자 수업에서 이탈하지 않고 스피커를 켜고 대답을 하는 등 점차 능동적인 반응을 보이기 시작했다.

결국 원격수업 방식의 변화는 등교수업에도 영향을 주었다. 우선 실시간 쌍방향 수업으로 인해 1학기보다 선생님과 상호작용하는 시간이 늘어나자 아이들의 질문이 많아졌다. 수학 학습법을 구체적으로 질문하기도 했고, 풀지 못한 문제를 물어보는 아이들도 하나둘 나타났다. 또 이러한 상호작용 덕분인지 교사와 학생 사이에 라포가 형성되자 아이들이 나를 엄격한 선생님이 아닌 친근한 선생님으로 인식하기 시작했다. 아이들의 가시적인 변화가 더 크게 와닿았고 내면에 깊은 울림을 주었다.

<화면공유를 활용한 실시간 쌍방향 수업의 준비 과정>

① 디지털 교과서와 Wacom펜을 준비한다.

② 화면공유 화이트보드에 Wacom펜을 활용하여 판서한다.

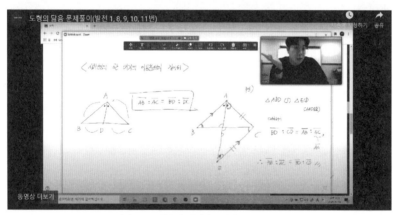

화면공유를 활용한 실시간 쌍방향 수업의 모습

협동 학습의 이면과 포트폴리오의 재발견

실시간 쌍방향 수업의 시도와 함께 고민했던 것은 협동 학습과 포트폴리오의 활용이었다. 등교수업의 경우, 사회적 거리두기로 인해 협동 학습을 진행하기에 무리가 따랐다. 하지만 원격수업에서는 줌의 소회의실 기능, 구글 미트의 브레이크아웃 룸스(Breakout rooms) 같은 확장 프로그램, 구글 미트 링크의 수정을 통한 여러 개의 회의실 활용 등을 사용한다면 충분히 가능하겠다는 생각이 들었다. 여러 기능을 비교한 끝에, 협동 학습과제 제작을 위해 디지털 교과서와 구글 프레젠테이션을 활용하기로 결심했다.

출처를 명시하고 교과서의 문제를 구글 프레젠테이션에 한 페이지마다 입력한 뒤, 옆에 노트를 삽입하여 아이들이 스스로 풀이 과정과 답을 적고 이를 발표할 수 있도록 했다. 또 이를 모둠별로 묶어서 제시하여 서로 모르는 문제를 협력하여 해결할 수 있도록 구성해 보았다. 그리고 두 차시 수업을 마친 뒤에는 실생활 문제를 하나씩 넣어서 이를 다 같이 해결할 수 있게 했고, 이러한 활동을 누적하여 입력할 수 있는 포트폴리오 형식의 활동지를 제작했다.

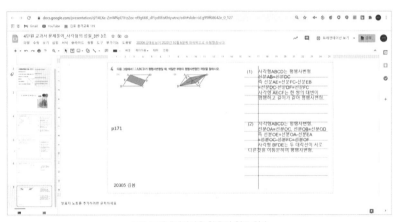

구글 프레젠테이션을 활용한 협동 학습

자신감 넘치던 계획과는 달리, 수업을 진행하면서 몇 가지 문제점에 맞닥뜨리게 되었다. 우선 원격수업으로 인해 학급 내 아이들끼리 충분한 유대감이 형성되지 않아 협동 학습이 제대로 진행되지 않았다. 친한 아이들이 많이 배치된 모둠은 서로 협력하여 문제를 해결하는 모습을 보였지만, 그렇지 못한 모둠은 각자 담당한 문제만 해결하고 화면을 꺼 놓은 채 활동에 참여하지 않는 모습을 보였다.

이를 개선하기 위해 6명이 정원인 한 모둠을 구성할 때, 2~3명 정도는 친한 친구가 배치될 수 있도록 사전에 신청을 받고, 이렇게 구성된 2~3명을 짝지어서 모둠을 구성했다. 학급 내에서 다른 아이들과 잘 어울리지 못하는 아이들은 비교적 친화력이 높은 아이들이 있는 모둠에 포함시켰다. 또 모둠별로 균형을 맞추기 위해 수업 참여도 및 학업성취도를 반영했다. 모둠을 구성하는 과정이 복잡했고 친한 아이들끼리만 소통할 위험성은 여전히 존재했지만, 이전과 비교했을 때 아이들은 모둠원들과 소통하려는 모습을 보였다. 순회 지도 과정에서 문제해결 방법을 이해하지 못한 한 학생이 질문하자 다른 모둠원들이 화면공유를 통해 풀이 과정을 설명해 주는 장면을 목격하여 안도의 한숨을 내쉴 수 있었다.

다음으로 발표자 선정의 문제가 있었다. 참여를 독려하기 위해 발표자를 무작위로 선정했는데, 관심이 집중되는 상황을 부담스러워하는 아이들이 발표를 꺼렸다. 자신의 순서가 되었지만 다른 모둠원에게 발표를 떠넘기려 했고, 다른 모둠원은 자신의 차례가 아니라며 발표를 회피하는 모습을 보였다. 이런 식으로 발표가 지연되자 수업 진행에 차질이 빚어졌다.

이를 해결하기 위해 모둠별로 역할 분담이 잘 이루어졌는지를 다시 한 번 점검하고, 순회 지도를 통해 모둠 활동의 과정을 지속적으로 관찰했다. 또 적절한 수학적 표현 수단을 활용하여 발표하는 과정에서 의사소통역량이 신장됨을, 즉 논술형 문항의 해결에 큰 도움이 됨을 모둠별 활동 전에 충분히 설명해 주어야겠다는 교훈을 얻을 수 있었다.

마지막으로 아이들이 협동 학습의 목적을 이해하지 못하는 문제가 있었다. 모둠의 구성을 바꾸자 이전에 비해서 상호작용이 활발해지기는 했지만, 성취도가 높은 아이들은 여전히 지루함을 느꼈고, 수포자에 해당하는 아이들은 수학 학습에 대한 동기 자체를 상실한 모습을 보였다.

또 수업 시간에, 그것도 원격수업에서 군이 모둠별 활동을 진행해야 하느냐는 질문을 하는 학생도 여럿 있었다. 이러한 질문을 통해 아이들에게는 협동 학습이 마냥 긍정적이고 재미있는 활동만은 아닐 수도 있겠다는 생각이 들었다. 따라서 협동 학습의 목적을 아이들이 수긍할 수 있도록 설명해야만 했다. 성취도가 높은 아이들에게는 문제 풀이 과정을 설명함으로써 문제해결역량을 신장할 수 있다는 점과 타인과 협력하고 배려할 줄 아는 민주시민으로의 성장이 왜 필요한지를 설명해야 했다. 반면, 수포자에 해당하는 아이들에게는 학습한 수학 개념을 적용해 볼 수 있는 교과서의 문항을 친구와 선생님의 도움을 통해 해결하게 함으로써 수학에 대한 자신감을 회복시켜 줄 필요가 있었다.

결국, 다양한 수준의 아이들이 협동 학습 과정에서 의미 있는 배움을 경험하기 위해서는 교사가 치밀하게 수업의 세세한 부분까지 설계할 필요가 있음을 느꼈다. 그리고 협동 학습을 통해 협력의 가치를 수업 시간에 구현하기 위해서는 먼저 그 필요성을 아이들 스스로 자각할 수 있도록 제시해야 함을 배웠다.

이처럼 협동 학습의 긍정적인 모습과 이면을 경험함과 동시에, 활동지를 활용한 실시간 쌍방향 수업에서 포트폴리오의 가치를 확인할 수 있었다. 교과서의 대단원에 해당하는 분량을 활동지 양식으로 제작하고, 수업 시간마다 차시별 분량을 누적하여 협동 학습 시간에 제시하는 방식을 택했다. 그러자 소통이 활발한 모둠은 차시별 활동이 누적되어 하나의 기록지로 포트폴리오가 완성되었는데, 여기에서 두 가지의 긍정적인 관찰 결과를 확인할 수 있었다.

첫째, 원격수업이라는 환경적 제약에도 불구하고 완성된 포트폴리오를 수업에 적절히 활용할 수 있었다. 등교수업에서는 교사가 수업 시간에 해당하는 활동지를 제공하면 아이들이 활동지를 파일에 모아서 학습 내용을 누적해 가는 과정을 거쳐 포트폴리오가 완성된다. 하지만 원격수업에서는 차시별 수업에서 활동지가 개별로 제공되거나 구글 설문지의 형식으로 대체되는 경우가 많아 포트폴리오를 완성하는 데 제약이 있었다.

이를 극복하기 위해 구글 프레젠테이션을 활용하여 자신이 해결한 문제를 누적해 나가자, 하나의 대단원을 마쳤을 때 그 단원에 해당하는 포트폴리오가 완성될 수 있었다. 이를 바탕으로 아이들이 등교했을 때, 문제를 해결하는 과정에 대해 좀 더 자세한 피드백을 제공할 수 있었다. 특히 중학교 2학년 2학기 기하 단원의 경우, 다양한 활동을 통해 도형의 성질을 탐구하고 이를 유도하는 내용을 다루고 있다. 이때 관찰이나 실험을 통해 발견한 사실을 적절한 수학적 기호와 표현에 기초하여 수학적으로 정당화하는 과정이 중요한데, 이를 피드백할 때 포트폴리오가 아주 유용한 역할을 담당했다. 피드백을 제공하면서 앞으로도 풀이 과정과 근거를 구체적으로 서술해야 하는 단원에서 포트폴리오를 활용하면 유용하겠다는 생각을 했다.

둘째, 수업—평가—기록의 일체화에 활용할 수 있었다. 포트폴리오에 있는 문제를 모둠별로 협력하여 해결하게 한 뒤, 구글 프레젠테이션의 '작업자 표시기능'을 활용하여 해당 문제를 해결하는 과정을 줌의 화면공유를 통해 아이들에게 보여 주고 참여가 저조한 학생에게는 개별적인 피드백을 제공했다. 이를 관찰하는 과정에서 원격수업이라는 한계에도 불구하고 아이들의 학습 동기, 과제집착력 등 정의적 영역에 대한 평가가 이루어질 수 있었다.

또한 모둠별 활동 결과물을 포트폴리오로 누적하여 수업 참여도에 대한 평가가 가능했는데, 줌 화면이 보여 주지 못하는 학생들의 세부적인 수업 참여 모습을 포트폴리오가 담아내어 평가에 도움을 주었다. 그리고 포트폴리오 그 자체로 수업과 평가에 대한 기록의 역할도 담당했다. 포트폴리오 덕분에 수업—평가—기록의 일체화를 원격수업 중에도 구현할 수 있었던 것이다.

수학 수업의 새로운 알고리즘을 제시하다

내가 학생일 때 여러 수학 선생님께 질문했지만 끝내 명쾌한 답변을 받지 못했던 질문이 하나 있다. 바로 왜 수학을 배우는지, 그리고 수학을 어떻게 공부해야 하는지였다. '진학에 중요한 과목이다', '많이 풀어 보고 오답 노트를 만들어야 한다', '개념에 충실해야 한다'라는 답변은 쌓여 갔지만 왜 진학에 중요한지, 어떤 문제를 어떻게 많이 풀어야 하는지, 개념에 충실해야 한다는 것이 무엇을 의미하는지 등의 근본적인 궁금증은 해소할 수 없었다.

임용시험을 준비하는 과정에서 이러한 궁금증에 대한 해결책을 스스로 찾아보았다. 그리고 아이들에게 구체적인 답변을 줄 수 있는, 또한 그 답변을 수업에 녹여낼 수 있는 수학교사가 되겠다는 다짐을 반복했었다. 한 해 동안 다양한 형태의 수업이 가지는 장단점을 경험한 만큼, 등교수업과 원격수업의 장점을 극대화하여 아이들에게 전하고 싶은 나의 다짐이 잘 반영된 수업을 하고 싶다.

이에 다가오는 학기에는 플립 러닝 방식을 수정한 형태의 수업을 진행해 보려 한다. 우선 원격수업에서는 실시간 쌍방향 수업과 보충 영상의 촬영을 통해 수학 개념을 보다 심층적으로 이해시키는 데 초점을 맞추는 수업을 운영할 것이다. 이때 학업성취도는 구글 프레젠테이션을 활용한 포트폴리오의 형태를 개선하여 개별 및 조별 문제를 별도로 제공하고, 이를 관찰하는 과정과 자기평가 및 동료평가 항목을 신설하여 평가할 계획이다.

이어 원격수업 동안 학습한 내용을 바탕으로 등교수업에서는 스마트폰을 활용하여 '조별 실생활 문제 만들기' 활동, '내 손으로 완성하는 수학 개념 노트 및 수학 유형 노트' 활동 등 학습한 개념을 적용해 보는 활동을 진행할 것이다. 그리고 이러한 등교수업에서의 활동을 원격수업에서 틈틈이 소개하여 학생들의 학습 동기를 촉진하는 시간도 가질 예정이다.

이러한 수업계획은 올해 그래 왔던 것처럼, 더 수정되고 다듬어질 예정이다. 어쩌면 지금까지와는 완전히 다른 새로운 형태의 원격수업이 등장하여 대대적인 변화가 일어날 수도 있다. 그 속에서도 이렇게 반복되는 수업의 개선을 통해 아이들에게 수학이 필요한 이유를, 어떻게 수학을 학습해야 하는지를 안내할 수 있지 않을까 생각한다.

현장에서 아이들에게 논리적인 사고와 근거를 바탕으로 조리 있게 이야기하는 능력, 지속적인 노력이 결실을 맺는 경험, 세상을 바라보는 또 다른 안목을 키워 줄 수 있는 수학교사가 되고 싶다. 그것이 바로 내가 생각한 수학을 배워야 하는 이유이기 때문이다.

- 박현중

원격수업 TIP

주당 차시가 많은 과목의 원격수업을 효율적으로 운영하는 방법은?

① 실시간 쌍방향 수업을 활용해 보세요. 수업 영상 촬영에 대한 부담감을 덜고, 아이들과의 상호작용이 활발한 원격수업을 운영할 수 있습니다.

② 일주일 중 한 시간은 학습 내용을 바탕으로 이를 적용해 보는 게임과 같은 다양한 활동을 시도해 보세요. 학습 내용에 대한 심층적 이해를 돕고 원격수업에 대한 반감을 긍정인 방향으로 전환할 수 있습니다.

③ 완벽한 수업이 운영되어야 한다는 부담감을 내려놓고 수업 변화에 도전해 보세요. 다양한 수업 방식을 통해 수업을 개선해 나가는 과정이 배움중심수업이라는 극한값으로 수렴해 가는 길이라고 생각합니다.

4장

원격수업에서
더욱 소중한 '보살핌'과 '관계'

코로나 사태 이후 학생들의 학습격차가 심각한 문제로 대두되었다. 학생들은 학력 그 이상을 잃었다. 가정에서 스스로 수업에 참여하는 것이 힘겨운 학생도 있고, 불안감과 우울증에 빠진 학생도 있고, 스마트폰과 게임에 중독된 학생도 있다.

코로나 사태는 "학교는 왜 존재하는가?"라는 본질적인 질문을 던졌다. 학교는 단순히 공부하는 곳 이상의 의미를 갖는 것이 분명했다. 학생들은 학교에서 친구들을 만나 우정을 나누고 공동체적 환대를 경험한다.

그렇기 때문에 원격수업에서 본질적인 것은 단순히 온라인을 활용하는 능력이 아니다. '보살핌'과 '관계'를 형성하는 것이 더욱 중요한 과제이다. 몸은 떨어져 있지만 우리는 연결되어 있다는 느낌, 누군가가 끊임없이 나를 돌봐 주고 있다는 믿음이 필요하다.

하늘빛중학교 교사들은 원격수업을 통해서도 우리 학생들이 따뜻한 위로와 공감을 느끼기를 원했다. 온라인에서 발생할 수 있는 폭력적 상황을 극복할 수 있는 역량을 기르고자 했다. 그리고 특별한 어려움을 겪는 학생들이 있다면 눈물겹도록 다양한 방법을 통해 이들을 돕는 상담활동을 진행했다.

코로나 블루 속 원격수업을 통한
위로와 공감

2020년을 코로나19와 함께 시작한 우리는 당황스러운 1년을 보내게 되었다. 그사이 '코로나 블루'라는 용어도 생겼다. 코로나19로 인해 나타나는 우울증을 뜻하는 말로 사회적 고립감, 불안 등이 원인이라고 한다.

코로나 블루와 원격수업

코로나19는 우리 삶에 커다란 변화를 가져다준 동시에 일상적인 삶의 소중함을 일깨워 주었다. 정상적인 학교생활이 가능하던 때에는 잘 지내던 학생들이 집에만 머물게 되면서 스트레스, 우울감, 자살충동 등 위험신호를 보내는 경우가 많아졌고, 학교 상담실에서는 이러한 학생들에게 필요한 조치를 하기 위해 바쁜 1년을 보냈다. 실제로 상담교사들에게 올해 들어 학생들의 상담 건수가 굉장히 증가했다는 이야기를 들었다.

학교는 많은 학생들이 수업을 받는 곳이자 사회적 고립감에서 벗어나 전인적인 학습과 생활을 경험하는 장소이다. 교사로서 우리에게 중요한 것은 코로나19 사태 속에서 성서석 불안성을 겪고 있는 학생들에게 어떻게 도움을 줄 수 있을지 고민하는 것이다. 나 또한 학생들이 마주한 스트레스, 분노, 우울, 중독, 자살충동이라는 문제들에 대해 도움을 주고 싶다는 생각을 했다.

이러한 문제를 원격수업이라는 비대면 형식의 수업으로 어떻게 풀어 나갈

지를 고민하게 되었는데, 그 첫 단계로 원격수업의 특징을 분석해 보았다. 학교현장에서 교사가 주도하여 지도할 때에는 문제없이 따라오던 학생들이 자기주도적 학습능력과 집중력이 더욱 요구되는 원격수업에서는 힘들어하는 모습을 보였다. 코로나19 상황에서 학생들의 우울증에 도움을 줄 수 있는 수업 내용을 원격수업 속에서도 집중력 높게 전달하고 싶었다. 그때 떠오른 것이 영화와 음악을 활용한 수업이다.

영화는 우리 삶에서 배워야 하는 것들을 너무나 멋진 영상과 굉장한 스토리로 표현하는 좋은 매체이다. 또 학생들의 집중도를 높일 수 있는 좋은 도구이다. 그리고 영화는 해석의 방향이 무궁무진하기 때문에 수업 내용에 맞춰 설명하고 예시를 들기에 알맞은 학습자료이다. 그래서 많은 교사들이 영화와 음악을 수업자료로 사용한다. 그런데 영화를 보여 주고 다양한 활동을 하는 수업이 집에서 잘 이루어질 수 있을까? 학부모는 영화를 활용한 수업을 좋은 수업이라고 인정할까? 여러 가지 고민을 안고 수업설계에 들어갔다.

중학교 기술·가정 수업을 하면서 학생들에게 실용적인 지식, 실습과 함께 인성적인 부분을 다루고자 했다. 학생들이 어려워하거나 흥미를 느끼지 못할 수도 있다는 점 때문에 학생들에게 효과적인 수업 방식을 찾게 되었고, 이러한 고민을 영화와 음악, 다양한 활동을 통해 풀어 가고자 노력했다. 평소의 문제의식이 원격수업 진행에도 도움이 되었다.

다음은 내가 영화를 활용한 원격수업을 설계하고 진행한 과정을 2학년과 3학년 수업에서 실제로 진행했던 사례를 중심으로 소개해 보고자 한다.

영화의 선정과 영화 활용 수업의 장단점

먼저 좋은 영화를 선정해야 한다. 어떤 영화를 선택할지 나름대로 조건을 세워 나열해 보았다.

[영화의 선택 기준]

① 스트레스, 우울, 중독, 자살과 관련된 학습 주제를 잘 설명할 수 있는 영화

② 학생들이 매력적이라 생각할 수 있는 주인공이 있는 영화

③ 주인공의 삶이 일상적이고, 공감할 수 있으면서 학생들이 모델링할 수 있는 영화

④ 재미와 감동 포인트가 분명한 영화

영화 전문가는 아니지만 그동안 보았던 영화와 수많은 자료 탐색을 통해 2편의 영화를 선정했다. 4명의 귀신과 생활하는 주인공을 그린 〈헬로우 고스트〉, 무인도에서의 생활을 그린 〈캐스트 어웨이〉. 〈헬로우 고스트〉는 가족을 잃고 외로움과 절망에 빠져 스트레스와 우울을 겪던 주인공이 자살을 시도하지만 귀신들의 영향으로 자살에 실패하고 그 과정에서 삶의 의미와 가족의 중요성을 깨닫는 내용이다. 2학년 교과서의 '건강한 청소년의 생활' 단원의 내용을 다루기에 좋다는 생각이 들었다.

〈캐스트 어웨이〉는 불의의 사고로 무인도에 갇히게 된 주인공이 그곳을 탈출하기 위해 4년 동안 고군분투하는 내용이다. 예측할 수 없는 미래와 끊임없이 찾아오는 절망 속에서도 포기하지 않으면 희망을 발견할 수 있다는 이야기였다. 진로에 대해 고민하고 걱정이 많은 3학년 학생들에게 도움을 줄 수 있지 않을까 하는 생각에 이 영화를 선정했다.

이렇게 2, 3학년 학생들에게 적합한 주제를 고려하여 영화와 음악을 선정하고 수업에 활용하고자 계획했다. 이 수업계획을 좋은 수업으로 탄생시키기 위해 꼭 필요한 단계는 영화를 활용한 수업의 장단점을 알아보는 것이다.

[영화를 활용한 수업의 장점]

① 학생의 집중력, 흥미 상승

② 교과서에서 벗어나 실제 삶의 모습을 눈과 귀로 느끼고, 간접 체험할 수 있다.

③ 전하고자 하는 메시지를 효과적으로 전달할 수 있다.

④ 재미와 감동을 통해 머리에서 마음으로 지식을 전달할 수 있다.

[영화를 활용한 수업의 단점]

① 흥미 위주의 수업으로 전락하여 기억에 남는 내용이 없을 수도 있다.

② 잘못된 메시지를 전달할 수 있다.

③ 부실한 수업 내용으로 인해 학생들에게 부정적 영향을 미친다.

④ 20~30분 이상을 집중하지 못하는 요즘 학생들에게 너무 긴 시간은 부담이 된다.

⑤ 적절한 영화 선정이란 무엇인가?

영화를 활용한 수업의 장점을 잘 살리면서, 단점을 극복하기 위한 방안을 생각했다.

수업 목표에 따른 영화의 재구성

이런 장단점을 보완하기 위해 어떤 방식으로 영화를 활용해야 할까? 이 시점에 교육과정 재구성 연수에 참석하게 되었는데, 고민 해결의 실마리를 찾을 수 있었다. 결국 교사가 전달하고자 하는 수업 내용에 따라 영화를 적절히 재구성하여 학생들에게 안내해야겠다는 생각을 하게 되었다. 영화는 보는 사람에 따라 해석이 다양하고, 다른 상상을 할 수 있는 매력이 있다. 따라서 수업을 준비하는 교사가 자신의 수업 의도에 맞춰 영화를 적절히 재구성한다면, 학생들도 교사의 의도에 맞는 방향으로 영상을 보고 수업 내용을 기억할 수 있을 것이다.

한편으로 영화의 일부분만을 활용하여 학생들에게 감동과 재미를 전달할 수 있을지가 의문이었다. 보통 영화는 마지막 부분을 말하기 위해 2시간 정도를 이어 가는데, 필요한 일부분만 보여 주어서는 영화의 감동과 의미를 전달할 수 없겠다는 생각이 들었다. 결국 영화의 전체 스토리를 요약 전개하면서, 수업 내용과 관련된 부분과 주요 장면을 적절히 편집하여 학생들에게 전달해야 했다. 따라서 영화의 전체적인 내용을 담으면서도 수업 주제를 잘 담아내기 위해서 어떤 장면을 선택해야 할지 고민이 필요했다.

수업 사례 1(2학년):

영화 <헬로우 고스트>를 통해 배우는 마음 챙김

수업 주제 선정과 영화의 재구성

청소년이 겪는 스트레스, 우울, 중독, 분노, 자살충동의 원인에 대해 알아
보고, 다양한 해결 방안을 생각해 보면서 서로의 이야기를 경청하고 함께 해
결하려는 마음을 이야기한 교과서 내용을 학습지로 정리했다. 그리고 이러
한 내용을 잘 설명해 줄 수 있는 영화 장면을 찾아보았다.

영화의 첫 장면은 자살을 시도하기 직전의 주인공의 얼굴을 클로즈업하
면서 시작된다. 이 장면을 통해 우리 주변에 심리적으로 힘든 사람들의 고통
을 학생들이 간접적으로 느껴 보게 하고 싶었다. 그리고 4명의 귀신들이 주
인공 몸속으로 들어가 평소에 중독되어 있던 행위를 하는 모습을 보여 주었
다. 자살을 생각하는 주인공은 음주, 흡연, 폭식, 우는 행위들을 해 보지만
이것으로는 문제를 해결할 수 없었다. 그리고 주인공이 귀신에게 자신이 자
살하려고 하는 이유를 들려주면서 가족의 부재로 인한 스트레스와 우울에
관해 이야기하는 장면을 보여 주었다. 이를 통해 학생들이 다른 사람의 이야
기를 경청해 보는 시간을 갖도록 했다. 그다음에는 가족이 있음에도 불구하
고 그 존재로 인해 분노를 느끼는 인물을 보여 주면서 스트레스, 분노, 우울
은 어떤 상황에서나 누구나 느낄 수 있는 감정임을 짚어 주었다.

① 자살을 고민하는 주인공이 고통스러워하는 모습: 힘들어하는 사람들의 마음에
　 공감하기
② 귀신들과의 에피소드: 흥미 유발, 재미
③ 다양한 중독의 모습: 문제해결의 도구가 되지 않는다는 깨달음
④ 가족이 없어 힘들어하는 주인공의 이야기 경청하기
⑤ 누구나 스트레스, 분노, 우울이라는 문제를 겪을 수 있다는 것을 보여 주는 장면

영화의 전체적인 내용을 간단히 설명하면서, 준비한 영화 장면들을 보여
주고, 스트레스, 분노, 우울, 중독의 원인에 대해 설명하고, 해당 주제에 대

해 생각하는 시간을 가졌다. 그리고 나서 이런 문제가 생겼을 때 다른 사람에게 도움을 요청하는 자세와 상대방의 말에 귀 기울이는 경청의 자세에 대해 생각해 보게 했다. 그리고 설문을 통해 학생들 개개인의 스트레스, 분노, 중독, 우울의 원인을 생각해 보고 글로 써 보게 했다.

첫 번째 수업에 대한 설문 결과, 학생들은 일반 교과 수업보다 집중도 높게 참여하고 있었다. 두 번째 수업은 스트레스, 분노, 우울, 중독, 자살충동의 해결 방안에 대한 내용을 정리해 보았다. 영화에서는 주인공이 귀신들을 떠나보내기 위해 4명의 소원을 들어준다. 꼬마 귀신은 〈로봇 태권브이〉 영화를 보고, 장난감을 사고, 맛있는 짜장면을 먹고 싶다는 소원을 말했다. 할아버지 귀신은 오랜 친구에게 돌려주지 못했던 사진기를 찾아서 돌려주겠다는 소원을 풀었다. 아저씨 귀신은 자신이 타고 다녔던 택시를 찾아 바다로 드라이브를 하고, 바다에서 수영하는 소원을 풀었다. 울보 아줌마 귀신은 별로 특별할 것도 없이 시장에서 장을 보고, 다른 귀신들과 주인공과 함께 식사를 하는 소원을 풀었다. 이 네 개의 장면을 통해 소원을 하나하나 들어주면서 주인공의 모습이 변화하는 것에 집중하여 수업을 준비했다.

① 꼬마 귀신의 소원: 즐거운 활동을 통해 웃게 되는 나의 모습 바라보기
② 할아버지 귀신의 소원: 다른 지역을 방문하는 등 활동적인 생활이 나에게 주는 변화 바라보기
③ 아저씨 귀신의 소원: 가족 또는 친구와 떠난 여행, 세상을 바라보는 시각
④ 울보 아줌마 귀신의 소원: 일상 속 소소한 것들의 소중함을 알아보기
⑤ 마지막 영상: 가족의 소중함

5개의 장면을 통해 변화하는 주인공의 모습을 바라보고, 또 자살을 시도하던 주인공이 추억을 쌓으면서 다시 살아보고자 자살 시도를 그만두고 뛰쳐나오는 모습을 보고자 했다. 마지막으로 이러한 문제들은 혼자 해결하는 것이 아니라 함께 해결하는 것이라는 점, 가족의 소중함에 대해 생각해 보는 시간을 가졌다. 이를 바탕으로 나의 개인적인 고민과 그 해결 방안에 대

해 설문을 작성하도록 했다.

원격수업과 등교수업 연계

영화를 활용한 원격수업을 진행하고 난 후, 대면수업을 할 때는 원격수업에서 다룬 내용을 토대로 나의 스트레스, 분노, 중독, 우울의 원인과 해결 방안을 분석하고, 건강한 청소년 생활을 하기 위한 노력에 대해 논술을 하는 수행평가를 진행했다. 앞서 원격수업에서 영화를 보며 논술 주제와 관련해 충분히 고민하고 생각을 정리해 보았기에 많은 학생들이 어려움 없이 평가를 진행할 수 있었다. 이어서 가족의 소중함을 표현할 수 있는 가족사랑 캠페인 표어·포스터 대회를 진행했다.

코로나19 상황에서 가장 아쉬운 점은 기술·가정 교과의 주요 활동인 실습을 마음껏 할 수 없다는 사실이었다. 그렇지만 모둠학습을 지양하고 개인적인 활동을 할 수 있는 방안을 찾아서 수업과 연계해 평가와 대회를 진행할 수 있어서 다행이라는 생각을 했다.

여기까지 대면수업에서의 평가가 진행되었을 때, 갑자기 원격수업으로 전환해야 했다. 급작스럽게 진행되어서 피드백 문제가 원활하지 않았다. 그래서 원격수업의 환경에 맞는 피드백을 제공할 방법을 찾아보게 되었다.

음악을 활용한 학습 내용 피드백

학생들의 논술문을 평가하면서 학생들이 너무 많이 힘들어하고, 누구에게 도움을 청해야 할지 모르는 상황임을 알 수 있었다. 대면하여 이야기하기 어려운 시기에 학생들의 마음을 이해하고 위로해 주고 싶었다. 학생들의 학습 결과물에 대한 피드백을 어떠한 도구로 해야 할지 고민하게 되었다.

그러다 TV에서 〈비긴어게인 코리아〉라는 프로그램을 보았다. 2020년 힘든 한 해를 위로한다는 주제로 여러 명의 가수들이 다양한 노래를 들려주는 프로그램이었다. 문득 말보다 더 울림이 크고 영향력 있는 음악을 활용하여 학습 내용을 피드백해 주자는 생각이 떠올랐다.

가장 먼저 학생들의 논술문을 보면서 학생들이 어떤 고민과 스트레스, 우울감에 힘들어하는지 파악했다. 학생들은 크게 보아 세 가지 문제, 즉 성적으로 인한 자존감 하락, 불안한 미래, 부모님의 간섭과 오해 때문에 힘들어했다. 그다음부터 정말 많은 노래들을 찾아보았다.

첫 번째로 '자존감'이라는 주제에는 어떤 노래가 좋을까 고민하다 영화 〈위대한 쇼맨〉의 음악이 떠올랐다. 〈위대한 쇼맨〉은 너무나 다른 개성을 지닌 사람들이 차별당하고 인정을 받지 못했지만 쇼를 위해 모이면서 비난과 조롱을 이겨 나가는 내용이다. 많은 사람들의 조롱 속에서도 상대적인 비교와 평가를 하지 않고 나 자신을 있는 그대로 인정하고, 나는 사랑받을 수 있는 존재임을 인식한다는 내용이 담긴 〈디스 이즈 미(THIS IS ME)〉라는 음악을 활용해야겠다고 결심했다.

두 번째로 '불안한 미래'와 관련해서는 유재석과 이적이 부른 〈말하는 대로〉를 선정했다. 불안했던 젊은 날 포기하지 않고 말하는 대로, 생각한 대로 노력하면 나의 꿈을 이룰 수 있으리라는 가사가 학생들에게 도움이 될 것이라 생각했다.

'부모님과의 관계' 때문에 힘들어하는 학생들을 위해서는 양희은의 〈엄마가 딸에게〉라는 노래를 선정했다. 부모와 자식의 문제는 서로 사랑하지 않아서가 아니라 서로 생각하는 것이 달라서 생기는 문제들이므로 서로를 이해해야 한다는 메시지를 전달하고 싶었다.

세 곡의 노래 중간중간에 내가 설명하고 싶은 내용을 섞어 20분 정도의 수업 영상을 만들었다. 음악을 들으면서 떠오르는 생각을 설문을 통해 정리해 보았다. 수업이 종료되고 학생들의 글을 읽어 보니 말로 전달하는 것보다 음악을 통해 학생들에게 더 큰 영향을 줄 수도 있다는 생각이 들었다.

여러 학생들이 위로를 받았고 긍정적인 생각을 하게 되었다고 쓴 글을 읽으면서 내가 오히려 더 큰 감동을 받았다. 내가 지식만을 전달하는 교사가 아니라 누군가에게 위로를 줄 수 있다는 사실이 너무나 멋진 일이라고 생각했다. 단 한 명만이라도 이 수업을 통해 위로를 받고 삶에 대한 의지가 생길 수 있다면 헛된 수업이 아닐 것이라는 확신이 들었던 것 같다. 그렇기 때문에 2021년에는 이러한 수업 방식을 더 효과적으로 사용할 수 있는 방법을 더 고민하게 되었다.

마인드맵을 활용한 교과 학습 내용 정리

영화와 음악을 활용하는 수업을 하다 보니 나만의 수업을 만드는 재미가 컸다. 하지만 이것이 학생들에게 얼마나 영향을 미쳤을지 정확히 알 수 없기에 혼자 만족하며 정리할 수는 없었다. 그저 흥밋거리로 끝날 수 있다는 불안감은 수업을 잘 정리해야 한다는 부담감으로 다가왔다.

그래서 원격수업을 할 때 그동안 배웠던 내용과 교과서 정리 파일을 제시하고, 마인드맵을 작성하여 정리하는 시간을 가졌다. 그런데 이렇게 제시만 하면 제대로 수행하는 학생이 많지 않을 수도 있겠다는 생각이 들었다. 고민 끝에 마인드맵의 틀은 작성하고, 빈칸을 두었다. 마인드맵에 자신이 있는 학생들은 선생님이 제공한 틀을 참고해서 그동안 배웠던 내용을 종이 한 장에 마인드맵으로 정리하고, 그것이 어려운 학생들은 만들어진 틀 위에 내용을 찾아서 요약 정리하는 방식을 제시했다.

처음에는 학습 내용을 정리해야 된다는 불안감에 마인드맵을 그려 가며 진행했는데, 이것이 나중에 학생들의 지필평가 내용 정리에 큰 도움을 주었다. 마인드맵은 마음속에 지도를 그리듯이 줄거리를 이해하여 정리하는 방법이다. 그래서 의미 지도라고도 하며 배운 것 중에서 중요한 단어들을 떠오르는 대로 적으면서 한 가지 주제에 대한 꼬리에 꼬리를 무는 연결된 생각의 고리를 이어 나가며 마치 지도를 그리듯 표시해 나간다. 그리고 그중에서 수제와 관련된 것들은 선택하고, 그렇지 않은 것들은 제외시켜 나갈 수 있어서 학습 정리에 유효했다. 학생들이 기술·가정 수업을 어려워하고, 많은 시간을 투자하기 힘든 상황에서 이렇게 정리한 마인드맵 4장 정도를 갖고 있으니 마지막 정리하는 교사에게도, 시험을 준비하는 학생들에게도 도움이 되었다.

수업 사례 2(3학년):

영화 <캐스트 어웨이>를 통해 마주하는 삶의 고난과 좌절

수업 주제 선정

3학년 학생들의 상황을 고려하여 수업 내용을 선정했다. 3학년은 이제 진로와 미래에 대한 고민, 불안감이 생기고 새로운 도전을 앞둔 시기라고 판단하고 이에 대한 교과서 내용을 정리했다. 3학년 수업에서 다룰 것은 생애주기 발달단계에 대한 내용이었다. 우리의 삶을 분류하고, 각 단계마다 필요한 과업과 노력이 무엇인지를 배운다.

학생마다 개인 삶의 단계를 구분하고, 단계마다 해야 하는 일, 어려움 등을 생각해 볼 수 있는 수업을 준비하고자 했다. 또한 이 활동을 평가와 연계하여 생애주기 발달 그래프 그리기를 계획했다. 여기에 내가 앞으로 해야 할 일만을 적는 것이 아니라, 미래에 있을 다양한 일들을 예측하고 그때의 감정을 그래프로 표현해 보는 것이다. 이를 통해 우리 삶에는 언제든지 어려움이 닥칠 수도 있다는 걸 느끼게 될 것이라 생각했다. 또한 학생들에게 진로에 대해 생각해 보고, 커리어넷 자료를 탐색 정리하는 시간을 주었다. 이를 바탕으로 자신의 전 생애를 계획하고 감정곡선을 그려 보게 했다.

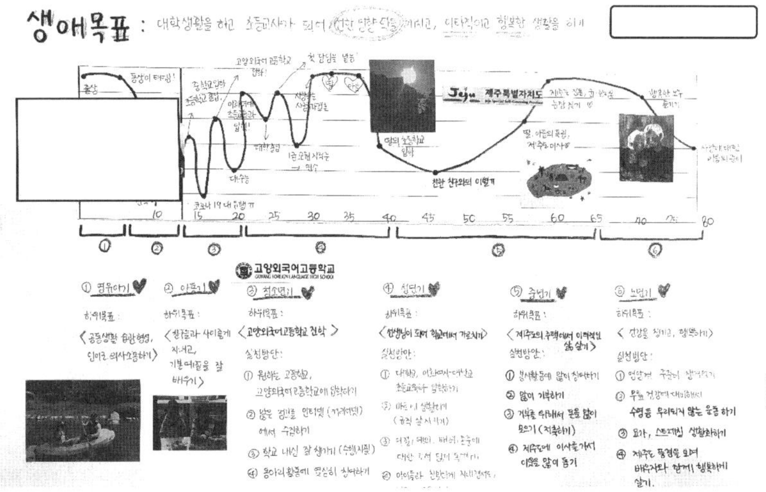

이 활동을 진행하다 보니 학생들의 노력만으로는 충분히 이해되지 않는 부분이 있었다.

① 미래는 예측할 수 있는 것인가?
② 나의 꿈을 이루기 위해 내가 구체적으로 해야 하는 일은 무엇일까?
③ 나에게 닥칠 좌절은 무엇일까?

사실 이 문제는 교사도 완벽한 해답을 가지고 있지 않다. 다양한 경험이 부족한 학생들을 적절히 안내하지 않으면 미래에 대해 마냥 낙관적이거나 회의적인 태도를 가질 수 있다는 생각을 하게 되었다. 그래서 원격수업을 통해 학생들이 삶에서 겪는 좌절과 걱정 그리고 희망에 대해 이야기하고자 했다.

영화의 재구성을 통한 영상 제작과 학습지 활용

영화 〈캐스트 어웨이〉를 활용하여 수업을 준비했다. 예상치 못하게 무인도에 들어가게 되어, 구조될 수 있을지 모르는 채 4년을 보낸 주인공의 이야기가 현재 앞일을 알 수 없는 상태로 불안해하면서 무엇을 해야 할지 모르는 3학년 학생들에게 공감과 위로를 줄 수 있지 않을까 기대했다. 수업 의도에 적절하게 이 영화를 재구성하기 위해 고민하다가 영화를 크게 2개의 수업으로 분류하고 관련 영상을 정리하기로 했다.

① 시행착오를 겪으며 문제를 해결하는 모습: 야자수 마시기, 불 피우기, 배 만들기
② 삶에서 좌절과 희망은 끊임없이 교차한다는 사실: 무인도 탈출이 끝?

주인공은 무인도에서 우리가 상상하지 못할 수많은 시련을 겪게 된다. 우리에게는 일상적인 물을 마시고, 불을 피우고, 음식을 먹는 과정이 그에게는 너무나 힘들고 버겁다. 이런 과정은 쉽게 해결되는 경우가 없다. 끊임없이 실패와 좌절을 겪다 보면 영화를 바라보는 우리는 2개의 선택지만 존재하는 것처럼 느껴진다. '이쯤 했으면 이제 그만하자.' '그래도 다시 해 보자.' 주인공이 어떤 선택을 하는지 지켜보고 있을 때는 이 결정이 쉬워 보일 수 있지만,

실제로 삶에서 다시 해 보겠다는 마음을 갖는 것이 얼마나 힘든지 우리는 잘 알고 있다.

학생들이 영화 속 주인공이 좌절하면서도 다시 도전하는 모습을 보면서 그가 얼마나 힘든지 공감하고, 포기하지 않는 모습에 응원을 보내는 모습을 상상하며 영상을 편집했다. 추후에 수업을 진행하면서 받은 설문을 통해서 실제로 학생들이 그런 장면에 많이 공감했다는 것을 알 수 있었다. 누구에게나 시행착오는 있을 수밖에 없다는 것을 이해하고, 포기와 도전 사이에서 갈등하는 우리의 모습을 주인공의 여정 속에서 발견하고 위로와 공감을 얻은 듯했다.

보통 학생들은 주인공의 고생에 대한 보답으로 영화의 결말은 행복하게 끝나야 한다고 생각한다. 하지만 이 영화는 무인도 탈출이 행복의 시작이 아님을 보여 준다. 무인도 탈출 이후 주인공은 사랑하는 사람을 잃는 등 더 가슴 아픈 일들을 겪게 된다. 학생들은 인간이 죽음이라는 좌절의 최고봉으로 가는 과정 속에서 끊임없이 고난을 겪을 수밖에 없다는 사실을 느꼈던 것일까. 삶은 회의적 또는 낙관적으로 인지하고 끝나는 것이 아니라, 그러한 좌절 속에서도 알게 모르게 희망이 존재한다는 것을 영화를 통해 학생들에게 보여 주고 싶었다. 실패를 해도 포기하지 않는다면 4년이라는 긴 시간이 지나서도 새로운 희망이 생길 수 있음을 이야기해 주고 싶었다. 그래서 마지막에 또 좌절을 겪은 주인공의 독백을 들으면서 삶을 예측할 수는 없지만 우리가 어떤 자세로 삶을 대하는지를 보고 느끼길 원했다.

이러한 의도가 잘 드러나도록 영상을 제작했고, 함께 배부한 학습지에는 영화 속 대사와 장면을 간단히 설명하고, 다른 예시와 학생들의 이해를 돕는 글을 담았다. 그리고 영화 속 명장면을 그림으로 그려 영화의 장면과 숨겨진 의미(교사가 해석하는 수업 내용)를 이해하기 쉽게 했다. 이 과정도 쉽지 않았지만 그것을 읽으며 위로와 감동을 받는 학생이 한 명이라도 있다면 의미 있는 자료라고 생각했다. 2021년에는 이 자료를 더 잘 활용해서 학생들이 영화를 그림으로 표현하고, 나만의 시나리오를 만들어 보는 수업 등을 진행해 보고 싶다.

영화, 생애주기 발달 그래프 그리기 수행평가, 논술을 거쳐 마지막에는 음악을 통해 학습 내용을 정리하고자 했다. god의 〈길〉은 제목 그대로 우리가 가고 있는 길이 맞는 길인지 걱정하는 우리 모두의 삶을 표현한 노래로, 수업을 마무리하기에 알맞을 것 같아 선정했다. 나의 길에 대해 고민하는 과정이 힘들지만 오늘도 걷고 있는 모습이 우리 모두의 모습임을 학생들이 깨닫는다면, 외롭지 않을 것이라는 마음에 수업을 준비했다.

영화와 음악을 활용한 수업을 마치고

1년을 마무리하는 피드백을 통해 영화와 음악을 활용한 수업에 대한 학생들의 생각을 들을 수 있었다. 앞에서 고민한 것처럼 학생들이 수업 내용을 쉽게 이해하고 간접적으로 경험해 볼 수 있는 장점이 있지만, 수업 내용을 정리하는 데 더 노력이 필요하다는 의견들이 있었다. 결과적으로 영화와 음악은 잘 활용하면 학생들에게서 이해, 공감, 위로와 같은 마음의 변화를 이끌어 내는 데 효과적인 도구가 될 수 있다.

언뜻 교과서 이외에도 분석해야 할 도구가 늘어난 기분이 들기도 하지만, 이 수업을 준비하면서 개인적으로도 위로와 공감을 받았고, 학생들에게도 작게나마 도움이 된 것은 분명하다. 그래서 더욱 신나게 수업을 준비할 수 있었다. 다시 학교에서 소통하며 다양한 활동을 할 수 있는 날을 기다리면서 아직 끝나지 않은 원격수업을 준비하며 더 좋은 아이디어와 수업 방법을 고민해 본다.

- 이주안

수업에서 영화를 효과적으로 활용하려면?

① 학생들의 능력, 태도를 고려해 영화 활용 수업의 목적을 정해야 합니다.

② 전체적인 내용을 중심으로 수업 내용에 맞게 영화 장면을 재구성해야 합니다.

③ 영화 해석은 다양하기 때문에 학습할 내용을 분명히 정리하고, 수업 내용에 맞는 장면을
　조합해야 합니다.

④ 영화는 공감, 감동을 주는 데 매력적인 도구이지만 수업을 정리할 수 있는 도구, 생각 정리 시간
　등을 적절히 제공하는 것이 중요합니다.

⑤ 수업을 준비하는 교사와 수업을 듣는 학생이 함께 공감과 위로를 받을 수 있는 방향으로
　진행하면 좋을 것 같습니다.

4장
원격수업에서 더욱 소중한 '보살핌'과 '관계'

온라인에서
학교폭력 예방하기

2020년 9월, 코로나19 상황은 잠잠해질 기미를 보이지 않았고 원격수업은 장기화되었다. 원격수업을 시작할 당시 걱정했던 여러 상황 중에 '사이버 폭력'을 빼놓을 수 없다. '사이버 폭력'을 비롯한 학교폭력 예방은 그 어떤 상황에서도 반드시 지켜져야 할 중요한 일이기에 학기 초부터 철저한 학교폭력예방 교육, 정보통신 윤리 교육이 이루어졌다. 다행히도 우려와는 달리 대부분의 학생들은 원격수업에서 사이버 예절을 잘 지켜 주었다.

스토리가 있는 학교폭력 예방 및 정보통신 윤리 교육

문제는 다른 곳에 있었다. 학생들이 서로를 직접 만나기가 어려운 상황이다 보니 사이버상에서의 교류가 더욱 활발해지고 그 속에서 친구 간, 선후배 간 잘못된 표현들로 인한 오해들이 생기기 시작했다. 이는 자칫 심각한 사이버 폭력 문제로 나아갈 수 있는 상황이었고, 이에 대해 발 빠른 대처가 필요했다.

그리하여 관련 부서 교사들이 신속히 모였다. 학교폭력 업무를 담당하는 부서, 정보통신 업무를 담당하는 부서, 생활지도 업무를 담당하는 부서의 교사들이었다. 함께 모인 교사들은 이번 교육이 의례적으로 하는 계기 교육이 아닌, 실제로 학생들에게 큰 울림을 주면서 인식과 행동을 변화시킬 수 있는 교육이었으면 좋겠다는 생각을 했다.

"그래, 학교폭력 예방 교육, 정보통신 윤리 교육을 중심으로 자연스럽게 인성교육이 이루어지도록 스토리를 만들어 보자!"

　우선 생활지도 담당 교사가 인트로 영상을 만들었다. 다른 학교폭력과 마찬가지로 사이버 폭력 또한 당사자들에게 얼마나 큰 상처가 될 수 있는지 진심을 담아 호소했다. 이어 학교폭력 담당 교사가 사이버 폭력 예방을 중심으로 학교폭력 예방 교육 영상 자료를, 정보통신 담당 교사가 정보통신 윤리 교육 영상 자료를 제작했다. 마지막으로 다시 생활지도 담당 교사가 결국 사이버 폭력 또한 문제의 출발은 '말'이기에, '말'이 그 사람의 품격을 보여 준다는 내용의 영상을 준비하여 연결하면서 창의적 체험활동 중 자율활동 영상 교육 자료가 완성되었다.

　교육은 스토리로 연결된 총 30여 분 분량의 4개 영상(인트로-학교폭력(사이버 폭력) 예방 교육-정보통신 윤리 교육-인성교육)을 학생들이 차례로 시청한 후, 교육 내용에 대한 소감(느낀 점, 깨달은 점, 반성할 점, 앞으로의 다짐 등)을 진지하게 설문지에 작성하도록 설계되어 진행되었다.

　교육이 끝나고, 진솔하게 써 내려간 학생들의 교육활동 소감은 이번 교육 내용을 준비한 교사들에게 감동을 주기에 충분했다. 학생들의 소감 몇 가지를 소개해 본다.

2학년 조○○	요즘 학교에 가지 않고 원격수업을 하면서 SNS를 많이 하게 되는데, 돌아다니다 보면 정말 눈살이 찌푸려지는 내용들이 많다. 그런 내용들을 볼 때마다 내가 당사자가 아님에도 정말 불쾌하게 느껴진다. 서로서로를 헐뜯고 품격 없는 말을 하면서 자신이 강해 보인다고 생각하는 것이 정말 어리석게 느껴졌다. 나는 온라인 예절 등을 잘 지키면서 누군가의 마음을 아프게 하는 말을 하지 않으려고 노력 중이지만, 오늘 수업을 통해 이와 같은 노력을 게을리하지 않으며 타인을 더욱 배려해야겠다고 다시 한 번 느끼게 되었다. 그리고 말을 하기 전에, 채팅을 하기 전에, 한 번 더 생각하는 습관을 꼭 길러야겠다고 다짐했다.
2학년 박○○	요즘 친한 친구들과 SNS상에서 비속어를 사용하는 일이 늘어났다. 그러다 보니 옛날에는 욕설을 들으면 기분이 나쁘고 상처가 되었지만, 지금은 익숙해졌다. 하지만 이 영상들을 보면서 사이버상에서 기분 나쁜 말들을 하는 것이 다른 사람에게는 정말 큰 상처가 된다고 생각하니 그동안 욕설을 사용한 것이 정말 후회되었다. 그리고 직접 말하는 것과 달리 상대방과 사이버상에서 말하는 것은 기록이 남고, 더 큰 처벌도 받을 수 있다고 했다. 그래서 나는 절대로 다른 사람을 깎아내리는 나쁜 말, 욕설 등을 사용하지 않겠다고 생각했다. 앞으로는 사이버상에서 더 조심해서 바른 말 고운 말을 쓰도록 노력해야겠다.

2학년 차○○	사이버 폭력에 대해 정확히 알게 되었고 앞으로 더 신경 써야겠다고 생각했다. 그리고 사이버 공간 영상을 보면서 모르는 익명의 사람들에게 내 개인정보를 알려 주지 않을 것을 한 번 더 다짐했다. 마지막 말과 인격에 관한 영상을 보면서 그동안 따뜻한 말을 자주 하지 못해서 마음이 찝찝했던 경우가 많았는데, 지금이라도 늦지 않았다면 주위 사람들에게 따뜻한 말을 건넬 수 있도록 노력해야겠다고 생각했다. 요즘엔 매일 집에서 컴퓨터나 핸드폰으로 수업을 들어서 기기를 많이 쓰게 되는데, 이번에 영상들을 보면서 '아, 이런 점은 고쳐야겠고 아, 이런 점도 염두에 두어야겠구나.' 생각하면서 많은 것을 배웠다. 다음에도 이런 교육을 또 받고 싶다.
3학년 김○○	사이버 폭력은 절대 해서는 안 된다는 것을 잘 알고 있다. 선생님께서 말씀해 주신 대로 안 되는 건 안 되는 거다. 원래 잘 알고 있었지만, 다시 한 번 그 심각성을 느끼게 해 주어서 오늘 수업 중 가장 좋았다. 하늘빛중학교 친구들은 심성이 고와서 사이버 폭력을 안 할 것 같아 조금은 안심이 된다. 나는 핸드폰을 조금 많이 하는 편인 것 같아 오늘부터라도 시간을 정해서 정해진 시간에만 핸드폰을 하려고 노력해야겠다. 그리고 나는 경비 아저씨, 택배 기사님, 운전 기사분 등 수고하시는 분들께 감사 인사를 잊지 않고 하는 편인데, 앞으로도 '감사합니다'와 '수고하시네요'라는 말을 늘 생활화해야겠다.

교사가 실행하는 모든 교육활동은 분명 의도성을 지니고 있다. 이루고자 하는 교육 목표를 설정하고 수업을 설계하여 실행한 후 학생들이 교육 목표에 도달했는지 평가하는데, 교사가 의도한 대로 학생들이 교육 목표에 도달한 것을 확인했을 때 교사는 무엇보다 큰 보람을 느끼게 된다.

거창하지는 않았지만, 교사들이 함께 힘을 모아 수업을 설계하여 실행한 후, "학생들이 사이버 폭력의 심각성을 인식하고 자신의 온라인 사용 자세를 점검하며 무엇보다 온라인 상황에서든 오프라인 상황에서든 '말'의 중요성을 깨닫고 올바른 말을 사용할 수 있도록 실천 의지를 다질 수 있었으면 좋겠다"라고 설정한 교육 목표에 학생들이 도달했음을 확인한 이번 수업은 이를 준비한 교사들에게 큰 기쁨을 주었을 뿐만 아니라 새로운 고민을 던져 주었다.

"학생들의 의미 있는 성장을 위해 창의적 체험활동 내에 있는 자율활동을 보다 효과적으로 운영할 수 있었으면 좋겠다!"

자율이 없는 자율활동

2015 개정 창의적 체험활동 교육과정 중 자율활동의 활동 목표와 활동 내용을 보면 다음과 같다.

활동	활동 목표	활동 내용(예시)
자치·적응 활동	성숙한 민주시민으로 살아갈 수 있는 역량을 함양하고, 신체적·정신적 변화에 적응하는 능력을 길러 변화하는 환경에 적극적으로 대처한다.	•기본 생활 습관 형성 활동-예절, 준법, 질서 등 •협의 활동-학급 회의, 전교 회의, 모의의회, 토론회, 자치법정 등 •역할 분담 활동-1인 1역 등 •친목 활동-교우 활동, 사제동행 활동 등 •상담 활동-학습, 건강, 성격, 교우 관계 상담 활동, 또래 상담 활동 등
창의 주제 활동	학교, 학년(군), 학급의 특색 및 학생의 발달단계에 맞는 다양하고 창의적인 주제를 선택하여 활동함으로써 창의적 사고 역량을 기른다.	•학교·학년·학급 특색활동-100권 독서하기, 줄넘기, 경어 사용하기, 연극 놀이, 뮤지컬, 텃밭 가꾸기 등 •주제선택 활동-주제 탐구형 소집단 공동 연구, 자유 연구, 프로젝트 학습(역사탐방 프로젝트, 박물관 견학 활동) 등

학생들이 창의적이면서도 성숙한 민주시민으로 성장할 수 있도록 학교, 학년, 학급에서 특색 있고 자율적인 다양한 활동을 펼칠 수 있는 시간이 바로 '자율활동' 시간임을 알 수 있다.

그런데 현재 학교에서 이뤄지고 있는 자율활동 시간의 실제는 어떠한가? 사실 현재 본교를 비롯한 많은 학교들의 자율활동 시간(특히, 자율활동 시간 중 자치·적응 활동 시간)을 보면 교육과정 속에서 의무적으로 실시해야 하는 많은 교육 시간들이 기계적으로 배치, 운영되고 있는 상황이다.

물론 각각의 교육활동이 모두 중요한 의미를 지니고 있지만, 의무 교육 시간이 과도하게 많은 것이 사실이며, 이것이 교육활동의 자율성을 제한하는 측면이 있음을 부정할 수 없다. 하지만 현실적으로 이와 같은 상황을 당장 바꾸기는 어렵다. 그렇다면 상황을 의미 있게 만들어 보면 어떨까.

그리하여 '새 학년 새 학기 시작 전, 담당 교사들이 협력하여 의무 교육 시간을 가치 있는 스토리로 재구성한 후 운영한다면 학생들의 성장에 훨씬 도움이 될 수 있지 않을까'라는 생각을 했다. 당연히 이는 등교수업 및 원격수업에 모두 적용되는 것을 원칙으로 한다.

예를 들어, '인간은 기본적으로 존중받아야 할 권리를 지니고 있기에 다양성을 인정해야 하며 그 어떤 차별도 이루어져서는 안 된다'라는 주제로 '인권교육-다문화교육-장애이해교육-인성교육'을 스토리로 연결 지어 프로그램을 만들어 보는 것은 어떨까? 또는 '정의'라는 주제로 '인권교육-노동인권교육-청렴교육-인성교육'을 연결 짓는 것도 의미 있어 보인다. '생명 존중'을 주제로 '인권교육-생명 존중 교육-자살 예방 교육'을 스토리로 연결 지으면 굉장히 자연스러우면서도 감동적인 프로그램이 만들어질 수 있을 것이다. '우리가 사는 사회에서 그 어떤 폭력도 인정될 수 없다'라는 주제로 '인권교육-학교폭력 예방 교육-가정폭력 예방 교육-아동학대 예방 교육-인성교육'을 연결 지어 보는 것은 특히 오늘날 심각한 사회 문제와 바로 연결될 수 있어 학생들의 마음을 크게 움직일 수 있을 것이다. '성(性)'을 주제로 '보건교육-성교육-성폭력 예방 교육'을 연결한다든지, 통일 문제 또는 정보통신 윤리 문제 등을 학급자치회 회의 주제로 삼아 학급 학생들이 함께 공공의 문제에 대해 집단지성을 모으는 경험을 해 보는 것도 의미가 클 것이다.

특히, 프로그램을 설계할 때 교육활동 내용과 사회 문제를 시의적절하게 연결 지을 수 있도록 하며, 나아가 내용을 '아는 것'에 그치는 것이 아니라 소감문 쓰기·UCC 제작·작품 제작·노래 만들기·그림 그리기 등 각종 표현 활동, 기부하기·봉사하기·벼룩시장 등 각종 나눔 활동, 캠페인 활동, 사회 참여 활동 등 아는 것을 '실천'할 수 있도록 프로그램을 설계하여 실시한다면 그 속에서 학생들은 자율활동의 교육 목표처럼 창의적이면서도 성숙한 민주시민으로 멋지게 사라날 것이다.

마지막으로 다른 모든 교육활동에 적용되는 것처럼, 자율활동에서도 수업에 학생들을 위하고 학생들의 올바른 성장을 염원하는 교사의 '마음'을 담는 것! 그 마음은 분명 학생들에게 전달되어 교육의 효과를 극대화할 것이다. 이를 증명하는 학생의 소감 한 가지를 소개해 본다.

자율활동, 기록으로 꽃을 피우다

학생들의 가치 있는 성장을 위해 이루어지는 학교의 모든 교육활동의 종착지는 바로 학교생활기록부 '기록'이다. 학교생활기록부는 학생들의 학교생활에 대한 역사이자 학교교육활동의 역사가 된다.

사실 부끄럽지만 몇 년 전까지만 해도 학교생활기록부는 학생들 개개인의 성장 과정을 온전히 담지 못했다. 학생들 각각의 개성과 개별 교육활동과는 상관없이 몇 가지 내용을 돌려가며 일괄적으로 입력하는 소위 '복붙'이 난무했다.

최근 몇 년 사이에 학생 개개인의 교육활동과 성장 과정을 세심하게 '관찰'한 후, 이를 학교생활기록부에 고스란히 기록해야 한다는 분위기가 형성되었고, 교육공동체의 제도적·의식적 노력이 거듭되면서 지금은 학교생활기록부 기록이 많이 개별화되었다는 평가를 받는다.

이렇게 학교생활기록부 기록이 개별화되는 과정에서도 개별화가 가장 더디게 이루어지는 부분이 창의적 체험활동, 그중에서도 자율활동 영역이다. 지금까지 자율활동 시간에 이루어지는 교육활동을 보면 대체로 학급 전체 학생을 대상으로 일방적으로 이루어지는 경우가 많았고, 그러다 보니 학생 개개인의 활동을 관찰하기가 쉽지 않아 개별화된 기록을 하기가 어려웠기 때문이다.

더구나 2020년, 코로나19 상황으로 원격수업 기간이 길어지면서 교사들 사이에서는 자율활동을 포함한 모든 교육활동에서 학생 개개인의 활동을 관찰하는 것도, 개별화된 기록을 남기는 것도 어려워졌다고 난색을 표하는 모습을 많이 목격할 수 있었다.

그런데 원격수업에서든 등교수업에서든 학생들은 다양하게 생각하고 행동하고 활동한다. 이제 교사들은 어떤 상황에서든 학생 개개인의 생각과 행동과 활동을 끌어낼 수 있는 수업을 설계하고 실행하고 관찰하고 기록해야 하는 과제를 부여받았다. 물론 원격수업, 심지어 실시간 쌍방향 원격수업에서조차 등교수업 상황에서처럼 학생들을 개별적으로 세심하게 관찰하기가 쉽지 않은 것은 사실이다. 그렇더라도 원격수업 상황이 교사들의 관찰과 기록에 대한 의지를 약화시키는, 또는 눈을 감아 버리게 하는 도피처가 되어서는 안 된다.

2021년에도 코로나19 상황은 이어질 것이고 우리는 여전히 많은 시간을 컴퓨터 화면 속에서 학생들과 만나야 할 것이다. 1년도 채 되지 않는 시간 속에서 처음에는 상상도 하지 못했던 전면 원격수업 상황을 이제는 너무나 자연스럽고 당연한 일로 받아들이게 된, 이 기적 같은 상황을 우리는 함께 이루어 내었다.

이제 우리는 또 고민한다. 원격수업 속에서도 학생들의 가치 있는 성장에 함께할 수 있는 방법을, 그리고 그들의 의미 있는 역사를 올바르게 기록할 수 있는 방법을!

- 박경하

원격수업 TiP

자율활동 기록을 풍성하게 할 수 있는 방법은 무엇일까요?

① 학생 활동 관찰 자료를 성실히 수집하는 것이 첫걸음!

너무나 당연한 내용이지만, 등교수업 및 실시간 쌍방향 원격수업에서 자율활동을 실시할 때 학생들의 활동에 대한 관찰 자료를 성실하게 수집해 놓는 것입니다. 관찰 자료에는 교사가 직접 보고 기록한 내용뿐만 아니라, 활동 후 학생들이 작성한 소감문, 보고서 등이 모두 포함됩니다. 문제는 당연한 이 일을 1년 동안 성실히 실천하는 것이 생각보다 쉽지 않다는 것입니다. 학기 초에, 실천 의지를 강하게 다지고 학생 활동 자료를 확보한 후 그때그때 누가 기록을 해 놓으면 학생들의 학교생활기록부 자율활동 기록은 개별화는 물론이거니와 그 내용이 더욱 풍성해질 것입니다. 물론, 이 내용은 비단 자율활동에 국한되는 것이 아니라 모든 교육활동에 적용될 수 있겠죠.

② 원격수업에서 학생 활동 관찰 자료를 수집하는 방법으로는 무엇이 있을까요?

등교수업 시에는 학생들의 활동을 관찰하고 기록하는 일, 학생들의 소감문 또는 보고서를 수집하는 일이 어렵지 않습니다. 하지만 학교생활기록부에 기록이 가능한 실시간 쌍방향 원격수업에서 학생들의 활동을 관찰하고 결과물을 수집하는 일은 쉽지 않습니다. 그렇다면 다음과 같은 방법을 활용해 보는 것은 어떨까요?

- 주제에 대해 소회의실 기능을 이용하여 토론 실시 및 토론 내용 기록

- 설문지 또는 채팅 기능, 비밀 댓글란을 활용한 학생 활동 작품, 소감문, 보고서 수집

- 학생 동의 후 활동 화면 녹화 등

배움을 지원하는
상담활동과 학습돌봄

학생 상담은 지금까지 주로 대면으로 진행해 왔고 그래야만 학생들이 진심으로 마음을 터놓게 될 것이라고 생각해 왔다. 그러나 코로나19를 겪으며 아이들과의 소통 방법이 대면에서 비대면으로 바뀌었으며 이는 상담에서도 예외가 아니었다. 이로 인해 교사들은 수업에서와 마찬가지로 상담도 온라인 상담과 대면 상담을 결합한 새로운 방법을 만들어 나갔다. 새로운 소통 방법은 단지 코로나19로 인한 임시방편적인 대안이 아니라 원격수업이 일상화된 시대의 학생을 위한 상담 방법으로 유용하게 활용될 수 있을 것이다.

상담의 주도권을 학생에게

코로나19 이전 학급에서의 상담은 보통 담임교사가 학생들을 파악하기 위해 계획을 세우고 날짜를 정해 상담을 해 왔다. 담임교사가 먼저 시간을 정하고 개별 약속을 잡아 통보 후에 상담을 진행한 것이다. 특정 사안이 발생하여 그와 관련한 상담이 진행되는 경우도 많았다. 그러나 등교를 하지 못하고 원격수업을 하는 상황에서 학생이 먼저 상담을 신청하는 경우들이 생겼다. 카톡이나 문자 메시지의 사용 빈도가 늘어나면서 대면으로 하지 않았던 이야기를 온라인에서 더 쉽게 터놓게 된 것이다.

2020년 개학이 연기되면서 온라인 소통 창구를 열어 두고 교사가 필요할 때 언제든 전달할 사항을 공지하고 준비물과 등교 여부를 안내했다. 밴드나

채팅 등이 가능해진 상황이라 빠르게 연락할 수 있었다. 특히 카카오톡 오픈
채팅을 통해서 교사뿐 아니라 학생들끼리도 소통, 질문하며 학급운영과 온
라인 수업을 이어 갔다.

온라인 개학을 하고 원격수업이 진행되면서 초반에 학생들에게 가장 어려
운 점이 무엇인지를 물어보았다. 대부분이 친구들을 사귀지 못한 상태에서
수업이 진행되다 보니 문제가 생겼을 때 물어볼 친구가 없다는 것을 꼽았다.
학교에 등교하지 못하고 집에서 원격수업을 하면서 고립감과 외로움을 느낀
것이다. 내가 잘하고 있는지, 나만 못하고 있는 게 아닌지를 끊임없이 걱정하
며 질문이 이어졌다.

코로나 확산으로 인해 등교수업을 하는 시기가 정해지지 않고 계속해서
변경될 때 온라인 소통은 그 힘이 컸다. 단톡 하나면 36명의 학급에 공지사
항이 전달되었다. 이를 통해 학급의 학생뿐 아니라 학부모님들에게도 연락
과 공지가 가능했다. 크고 작은 고민과 그에 따른 상담은 바로바로 전달되
는 온라인을 통해 코로나 이전의 양상과는 다르게 진행되었다.

학습이 느린 학생에 대한 지원

외부 자원과의 연계

A학생은 학기 초부터 여러 가지 문제가 있었다. 맞벌이 가정으로 부모님
이 가정에 부재했고, 게임을 좋아해서 하루 종일 게임에 빠져 있었으며, 개인
적인 사유로 학교에 적응이 어려워 학교 등교가 미뤄지는 상황을 오히려 다
행이라고 여겼다. 수업에 불참하는 것은 당연하고 과제 제출은 전무했다. 전
화상담을 이어 갔고 학생은 자신의 이야기를 하기 시작했다. 한번 말문이 트
이자 누군가 물어봐 주길 바라는 것처럼 상처받은 과거와 현재의 이야기, 자
신이 좋아하는 것, 할 수 있는 것을 이야기했다.

학생과의 관계가 형성되자 차츰 학교생활도 도와줄 수 있었다. 학교에서
지급되는 크롬북을 활용하여 매일 등교해서 과제를 하고 집에 갔다. 담임교

사와 함께 수업 영상을 보며 수업을 진행하며 매일 그 시간을 이어 갔다. 특히 영어, 수학은 기초가 되어 있지 않아서 중학교 수업이 무의미한 정도였기 때문에 당시 온라인 수업의 진도를 따라 과제를 제출하려면 답안지를 베껴서 내야 하는데, 이 부분이 유의미한 학습과 배움이 되는 것인가 하는 의문이 들었다.

A학생은 하고자 하는 욕구가 분명히 있었지만 자기 혼자서는 하기 어려운 상황이었고 짧은 문장 읽기와 쓰기, 그림으로 표현하기 등의 아주 기초적인 학습과 표현을 어려워했다. 매일 A학생과 개인 수업을 할 수는 없었기에 교육청의 연계 상담 프로그램, 맞춤학습 지도, 학교에서의 기초학력 수업을 함께 진행했다. 그 결과 학기 말에는 다른 교과의 수업에서 한 바닥의 글을 읽는 데도 무리가 없었다는 평가를 받았다. 또 실시간 쌍방향 수업을 가정에서 지켜봐 주면서 2학기 수업에서는 모든 수업에 참여하며 미인정 결석이 발생하지 않았다.

A학생의 경우 원격수업을 하는 도중에 일대일 피드백 과정을 통해 학생의 문제점이 빨리 발견될 수 있었고, 온라인으로 소통하면서 가정과 더욱 긴밀하게 연계될 수 있었다. 코로나 이전이었다면 더 늦게 발견해서 어쩌면 외부 자원과 연계한 개인 맞춤형 학습 지원을 받지 못했을지도 모른다.

자기주도성 함양을 위한 끊임없는 지원

B학생은 별 문제가 없어 보이는 평범한 학생인데 원격수업에 참여하지 않았다. 담임교사는 일명 전화의 달인이 되었다. 하루에도 수십 통씩 전화를 하고, 쉬는 시간의 대부분을 전화기를 붙잡고 있었다. 반복되는 전화에 지쳐 1학년 때 B학생을 가르쳤던 선생님들을 여럿 찾아가 보았다. "선생님, B학생이 원격수업에 참여를 안 해요. 제가 전화하면 잘하겠다고 이야기는 하는데 그때뿐이고…. 다음 날에 또 반복돼요. 무슨 문제가 있을까요?" 그런데 돌아오는 답변은 전부 "그래요? 아무 문제없이 학교생활을 잘하는 학생인데?"였다.

어려움을 직접 들어 보기 위해 학생과 대면 상담을 진행했다. 학교에서 본 B학생은 예상과는 다른 모습이었다. 이야기를 곧잘 하는 B학생에게 원격수업에 잘 참여하지 않는 이유를 물었다. "너무 어려워요. 영상을 보고 이해를 하려고 해도 쉽지 않아요. 처음 한두 번 빠지다 보니 이제는 밀린 영상이 너무 많아서 도저히 못 따라가겠어요." 아, B학생에게도 나름의 이유가 있었다. 그동안 B학생의 학업성취 수준을 고려하지 않고 과제를 하지 않는다고 독촉했던 것이다.

B학생의 어려움을 알고 나서 담임교사는 B학생을 학교로 오게 해서 개인적으로 도움을 주었다. 가끔은 학교에서 영상을 보고 과제를 해결하게 했고, 수업 중 필요한 프린트물을 출력해서 주기도 했으며, 수차례 상담도 진행했다.

개별적인 돌봄의 시간을 보내고 2학기가 되자 B학생은 점차 달라진 모습을 보였다. 콘텐츠 활용 중심 수업과 실시간 쌍방향이 결합된 수업이 진행되자 훨씬 나아지고 등교하는 날이 늘어나면서 B학생의 학습 태도는 눈에 띄게 개선되었다. 아마 B학생은 원격수업이 아니었다면 큰 어려움 없이 학교생활을 했을 것이다. 그러나 원격수업이 지속되면서 생활 습관이 망가졌고, 하루하루가 반복되다 보니 돌이키기 힘들었던 것이다. B학생은 담임교사의 세심한 학습 지원으로 자기주도성을 회복하게 된 사례이다.

C학생은 유독 미제출 과제가 많았다. 학교 전화를 일부러 피하며 안 받는 경우가 많아 연락이 어려웠고 결국은 무단결석 문제도 발생할 수 있는 상황이 되었다. 코로나19로 인해 처음 중학교에 입학하는 학생들과 직접 만나 보지도 못한 채 학생들의 출결과 원격수업을 점검해야 하는 것은 교사에게도 혼란스럽고 어려움이 많았다.

원격수업 초반에는 교사가 제작한 영상을 학습한 후, 영상을 보면 쉽게 답할 수 있는 확인 문제를 풀어 과제를 제출하는 형식이 많았기에 학생들의 학습능력을 파악하는 게 쉽지 않았다. 결국 C학생의 부모님과 상담을 통해 이 학생은 기초학습능력이 부진하다는 것을 알게 되었다.

담임교사는 이 문제를 해결하기 위해 학년 부장님을 비롯한 교과 선생님들과 해결책을 논의했다. 그 후 C학생과 전화 통화로 원격수업의 문제점, 고민을 상담했다. C학생이 수학 과목의 기초가 부족해 이해하기 힘들다고 해서, 과목 선생님과 논의 후에 학습의 양과 난이도를 조절하여 과제를 제출할 수 있도록 조정했고, 학교에 나와 도움을 받도록 했다.

그러나 이 학생의 문제는 쉽게 해결되지 않았다. C학생이 원격수업을 성실히 참여하는 데까지 걸린 시간은 한 학기였다. 등교수업을 통해 선생님들과 관계 형성이 이루어지고, 미제출 과제는 등교수업 시 남아서 과제를 제출하게 되면서 원격수업도 스스로 책임감을 가지고 학습해야 하는 것임을 자연스럽게 받아들인 것 같았다. 또한 원격수업에 제대로 참여하지 않을 시 학기 초와는 달리 엄격하게 출결에 반영됨을 경험하면서 좀 더 성실하게 참여하려고 노력했다.

대부분의 원격수업이 쌍방향 수업으로 이루어지고 나서 C학생은 매우 달라진 학습 태도를 보였는데, 그 바탕에는 교과 선생님들의 칭찬과 관심이 뒷받침되었다. 또한 쌍방향 수업 시 이루어지는 선생님들의 피드백과 줌의 소회의 활동에서의 또래학습을 통해 소통하면서 더 적극적으로 수업에 참여하는 모습을 보였다. 기초학습이 부진한 이 학생에게는 자기주도적 학습 능력이 더 많이 요구됐던 1학기의 한 방향 수업보다는 쌍방향 수업이 학습에 흥미를 불러일으키는 데 더 효과적이었다.

맞춤형 개별 학습

수학 교과는 학생들이 어려워하는 교과 중 하나이다. 1학기에는 콘텐츠 중심의 원격수입이 진행되있다. 학생들이 수입 영상을 통해 학습을 하고 문제를 풀거나 과제를 제출해야만 다음이 진행되는 방식으로 수업을 디자인했다. 그러자 중간에 막히거나 학습 내용이 어려운 학생들은 과제를 제출하지 않는 현상이 생겨났다.

학생들에 대한 파악이 안 된 상황에서 전화상담만으로 학생들의 일부분만 파악한 채 과제를 통해 학생들의 출결을 체크하고, 학습 능력을 파악하는 것은 교사들이 힘들어하는 지점이었다. 모든 교과목의 과제를 매일매일 점검하면서 제출하지 않은 학생에게 재촉하는 식의 통화를 해야 했다. 아직 학생과의 관계 형성도 이루어지지 않은 상태라서 혹 학교나 선생님에 대해 부정적인 인식이 심어지지는 않을까 우려스러웠다.

초반에는 전화로 상담을 해서 어려움을 도와주었는데, 다행히 일부 학생들은 비공개 댓글이나 채팅을 통해 수업 내용의 어려움을 호소했다. 코로나 이전 교실에서라면 36명이나 되는 학생들에게 일일이 질문을 할 수가 없으니 수업 내용을 이해하겠거니 생각하고 수업을 끝냈을 수도 있다. 그런데 원격수업은 학생들의 학습 과정과 결과를 교사가 볼 수 있고 이에 대해 피드백을 해 줄 시간과 여건이 되는 것이다.

기초가 너무나 부족해서 온라인상에서 일일이 피드백하기 어려운 경우도 있어 고민하게 되었다. 그 결과 어려움을 토로하거나 과제 해결이 안 되는 학생 중에 희망하면 학교에 직접 등교하여 학습을 할 수 있다고 공지했다. 그러자 정말 학생들이 학교에 왔다. 빈 교실에서 각자의 수준에 맞는 문제를 주고 풀게 했고, 옆에 있으면서 막히는 부분에 도움을 주니 학생들이 매우 만족해했다.

콘텐츠 중심 수업을 하는 1학기 동안 개별 맞춤형 수업을 소규모로 대면하여 진행하니 학습에 열의가 있는 학생들에게 도움이 많이 되었다. 2학기에는 실시간 쌍방향으로 수업을 하게 되면서 개별 맞춤형 수업 지원을 더 이상 못하게 되었지만 1학기의 경험으로 학생들을 더 자세히 살피게 되었다. 그러나 36명이나 되는 과밀 학급에서 개별 맞춤형 수업이란 실상 어려운 일이다. 개별 맞춤형 수업으로 가려면 한 교실에 20명 이하여야 한다.

코로나 블루를 겪는 학생 지원하기

SNS에서의 갈등

D학생은 자기표현을 잘하고 학업 성적도 우수한 편이라 어른들의 인정을 쉽게 얻었다. 리더십이 있어 친구들의 의견을 잘 들어주면서도 자기 생각대로 다른 친구들을 이끌어 가기도 하는 학생이다. D학생은 선후배와 온라인 상에서 자주 만났다. 등교를 하지 못하면서 학생들의 SNS 사용 빈도는 높아졌고 이런저런 갈등이 발생했다. D학생은 친한 선배들에게 친밀감을 표현하며 장난을 했는데, 그 장난이 버릇없어 보인다고 괴롭힘을 당하기 시작했다. 그로 인해 D학생은 정서적 불안을 겪게 되었다.

학교에서는 관련 학생을 모두 불러 상담을 해서 이러한 일이 재발되지 않도록 했다. 또한 전교생을 대상으로 사이버 예절교육을 진행했다.

코로나 블루를 겪는 학생들

코로나19로 인해 등교 개학이 연기되고 집에 있는 시간이 길어지면서 E학생은 우울과 무기력에 이르렀다. 외출을 하지 못하고 집에서 장시간 생활하면서 학업 스트레스까지 겹쳐 힘들어했다.

담임교사는 언제든 E학생의 얘기를 들어주었고 부모님께 연락하여 E학생의 상태에 대해서 의논했다. 학교에서는 E학생을 언제든 등교해도 좋다고 허락했다. 학생이 자신의 감정을 표현하고 누군가에게 의지하려 한다는 것에 희망을 갖고 학교는 부모님과 함께 E학생을 포용하고 세심히 보살폈다.

담임교사와 상담교사는 지속적으로 학부모와 연락하여 E학생의 심리상태를 잘 지켜보고 혼자 있지 않도록 당부했다. 학생이 전문 상담을 지속적으로 받아야 함과 학교 상담실을 원하지 않을 경우 위센터나 상담복지센터에 의뢰할 수 있음을 안내했다. 가족 상담도 연계해서 받을 수 있도록 했다. E학생의 부모님도 학업 부담감을 내려놓고 시간을 내서 E학생과 대화를 하고 운동을 시작했다.

코로나 사태가 진정되지는 않았지만 등교수업이 이어지고 학급의 친구들과 지내는 시간이 많아지면서 E학생은 점차 나아지기 시작했다. 기운이 없고 말하기도 힘들어하던 E학생은 먼저 인사도 하고 수업 시간에 질문도 하는 등 일상을 조금씩 회복해 갔다. 학교와 가정이 긴밀히 연계하여 협력했고 특히 E학생을 진정으로 염려하고 응원하는 담임교사의 눈물겨운 노력의 결과였다. 담임교사는 연대를 중요하게 여기는 학급운영으로 긴밀한 협력과 존중의 문화를 만들어 냈고, 이러한 교실에서 E학생은 친구들과 더불어 평화롭고 안전하게 생활할 수 있었다. 또한 전 교사들이 한마음으로 E학생을 세심하게 배려했고 예전의 모습으로 돌아옴을 함께 기뻐했다.

친구관계로 인한 상처 치유

등교수업을 하면서 담임교사는 F학생의 표정이 심상치 않음을 보고 상담을 통해 힘든 상황을 알게 되었다. F학생은 과거에 친구관계가 나빠지면서 친구뿐만 아니라 선생님에게도 상처를 많이 받아 학교를 극도로 싫어하게 되었다. F학생은 검정고시나 학업중단숙려제에 대한 것도 혼자서 알아보는 등 구체적으로 학업을 중단할 계획을 세웠다. 그러나 부모님의 강한 반대로 뜻대로 하지 못하는 것이 너무나 괴롭다고 호소했다.

담임교사와 상담교사는 학부모에게 연락하여 대면 상담을 했다. F학생의 어려움에 대한 이야기를 잘 들어줄 것을 당부하고, 어려움을 해결하기 위해 함께 노력함으로써 학생이 혼자가 아니라는 것을 느끼도록 하는 것이 중요함을 설명했다. F학생이 학업중단에 대한 이야기를 지속적으로 하고 구체적인 계획도 제시하고 있으므로 학교 밖 청소년지원센터 등 학업을 중단한 후에 도움받을 수 있는 기관에 대해서도 알려 주었다. F학생에게는 온라인 수업을 할 때도 상담을 하고 싶으면 학교에 나올 수 있도록 배려했다.

학교를 왜 다녀야 하는지 모르겠다던 F학생은 학업중단에 강력히 반대하는 부모의 의사에 따라 어쩔 수 없이 등교하게 되었다. 학업 의지는 없었다. 그러나 등교수업이 이어지고 담임교사의 학급운영 철학에 따라 학생들이 서로 배려하고 존중하는 분위기를 형성한 교실에서 F학생은 친구들을 사귀기 시작했고, 친한 친구가 여러 명으로 늘어나게 되었다. 그러면서 점차 안정적으로 학교에 적응하기 시작했다. F학생은 선생님들도 전 학교와는 다르게 친절하고 친구들도 착해서 이 학교는 다닐 만하다고 했다. 우울했던 표정은 밝아졌고 몇 년 동안 친구와의 친밀한 교류가 없던 F학생은 친구를 집에 데려가기까지 했다.

G학생은 정서행동 특성검사에서 높은 우울감이 보여 상담을 실시한 경우다. G학생은 친한 친구에게 결별을 당하고 무기력과 우울이 생겼다고 호소했다.

담임교사와 상담교사는 G학생의 부모님에게 연락하여 학생의 상황을 설명하고 잘 지켜볼 것을 당부하며, 학교에 오도록 안내했다. G학생의 괴롭고 힘든 상황에 대해 부모가 공감해 주어야 한다는 것, 학생 상황을 주의 깊게 관찰할 것을 당부했다.

1학기에 심각했던 G학생의 우울감은 2학기 등교하는 날이 많아지면서 다행스럽게도 나아졌다. 교사가 대부분의 성장과정에서 겪는 문제라고 말해 줘도, G학생은 충고를 쉽게 받아들이지 않았었다. 몇 번의 상담을 거치고, 등교수업이 시작되면서 새로운 관계를 쌓고 또래 집단이 생기면서 심리적인 문제가 해결된 것이다. 담임교사가 학부모에게 학업 스트레스 줄이도록 계속적인 상담을 했고 이를 학부모가 받아들여 학생을 공감하고 지지해 준 것도 큰 힘이 되었다. 무엇보다도 자신을 이해해 주는 친구를 만나면서 우울감에서 벗어날 수 있게 되었다. 이는 담임교사가 계속 온라인으로도 상담을 지속하고 학급 친구들 간의 관계를 중요시했던 학급운영이 그 기반이 되어 이루어진 일이다.

Wee클래스 심리 지원

코로나 장기화로 인해 학생들에게 여러 가지 문제가 생기자 담임교사는 물론이고 학교 차원의 대책이 필요했다.

상담교사는 우선 전 교사 회의 시간에 생명 존중 및 자살 예방 교육에 대한 연수를 진행했다. 학생 정서·행동특성검사, 자살생각 척도와 우울증 척도 등을 통해 자살 징후가 조기 발견되는 학생들에 대해 담임교사와 정보를 공유했고, 관심군 학생에 대한 Wee센터 2차 연계 검사와 조치도 진행했다. 위기관리위원회도 여러 번 열었으며 자살 위기(고위험군) 학생 위기 개입 방안을 마련했다. 학부모에게 연락 및 원인 제거를 위해 가정과 함께 노력했다. 학교에서는 또래 도우미를 만들어 주고 정서적 지지 기반을 제공했으며, 학생에 대한 관심을 가지고 전 교사가 공동 지원하며 담임교사와 상담교사는 이를 기록으로 남기고 상담일지를 작성했다. 또한 외부 전문기관을 연계하기도 했다.

특별 프로그램도 진행했다. 요리로 하는 자존감 향상 프로그램은 개인 또는 집단이 시작과 마무리를 계획하고, 활동하는 모든 과정 속에서 공동체 의식을 심어 주는 프로그램이다. 그 공동체 속에서 자아를 발견하고 역할과 책임을 다하는 존재로 인식하게 한다. 이로써 학교생활에 적응하도록 도움을 주는 데 목적이 있다.

학업중단 예방을 위한 꿈지락 프로그램도 진행했다. 학업중단 위기 학생들의 긍정적인 에너지를 키우고 자신의 삶과 학업에 대한 의지를 함양하는 것을 목표로 했다. 이 외에 온라인으로 진행하는 나만의 다육화분 만들기, 크리스마스카드 만들기도 있었다.

시의적절하게 이런 행사를 하는 것도 학생들을 지원하는 좋은 방법이었다. 그런데 가장 중요한 것은 일상에서 학생들을 돌보고자 하는 학교의 협력 문화였다. 교사들이 학생의 문제를 발견하면 학년협의회를 거치고 위기관리위원회를 열어 대책을 마련하고 이를 공유하여 대상 학생을 보살폈다.

담임교사는 교과 담당 교사에게 "우리 반 ○○는 지금 이런 상태이니 이렇게 해 주세요"라는 메시지를 전달하여, 수업 시간에 대답이 늦다든지 과제 제출이 미흡한 경우에도 일관된 공동 대처를 할 수 있었다. 문제를 가진 학생이 질문을 하거나 모둠 활동에 참여하면 교사와 친구들이 함께 응원하고 인정해 주었다. 학생들은 공동체 속에서 나의 존재를 인지하고 자존감과 연대감을 느끼며 성장해 나갈 수 있었다.

	활동명	심리 지원	활동 내용
1	"나 이런 사람이야!" 자랑질과채(果菜) 샐러드	프로그램 소개 및 관계 형성	- 참가자 자기소개 - 애칭 짓기(과채) - 목표 정하기 워밍업 - 완성된 요리에 행복한 감정 적기
2	"나는 최고!" 강점 김밥	강점 발견	- 나의 힘의 근원: 내가 잘하는 것 - 나의 강점 - 강점 발휘 사건 나누기 - 목표 정하기 실제 - 완성된 요리에 나의 강점 적기
3	"나는 감정의 조련사~" 떡볶이	감정 다루기	- 나의 감정 표현하기 부정적 생각 ⇨ 긍정적으로 변환 - 완성된 요리에 자기의 긍정적 마음 적기
4	"아이 좋아! I-메시지 스파게티	원활한 의사소통 다루기	- 당당하고 아름답게 나의 뜻 전달하고 상대방의 말에 귀 기울이기 - 잘 말하기/ 잘 듣기 - 완성된 요리에 I 메시지 적기
5	"원하는 건 모두 이룰 수 있어!" 마법의 샌드위치	구체적인 목표세우기	- 스스로 목표 세우고 실행하기 - 전체 마무리 / 소감 발표하기 - 완성된 요리에 목표 적기
6	긍정 개구리 햄버거	감정 다루기	- 나의 감정 표현하기 - 완성된 요리에 자기의 긍정적 마음 적기
7	"또띠아로 표현하는 내 얼굴"	얼굴 감정 표현하기	- 내 얼굴을 표현해 보기 - 완성된 내 얼굴 설명하기
8	"고맙습니다." 생크림 과일 케이크	감사하기	- 감사하기 - 완성된 요리에 감사한 일 적기

온라인으로 진행하는 또래 상담

학생들과 소통하기 위해서 만들어 둔 카카오톡 채팅방에서 학생들은 서로 소통하며 학습을 이어 갔다. 자주 발생하는 인터넷 연결 문제, 수업에서의 오류, 과제 제출에 대해 서로 물어보고 누군가가 답해 주면서 어느 순간 이제 담임교사가 없어도 학생들 스스로 협동 학습을 해 가고 있었다. 담임교사가 특별한 공지사항 외에는 채팅에서 말을 하지 않아도 알아서 진행이되었다. 학습도 중요하지만 학생들은 이제 막 사춘기를 지나고 있었다. 고민도 많고 생각도 많은 이 시기에 학생들도 이 상황에 적응하려고 애쓰면서 힘들어하고 있었다.

학급의 반장이 나서서 온라인 익명 방을 운영한 사례도 있다. 익명으로 고민글을 올리면 다른 학생들이 각자 답변을 달아 주고 상담을 해 주는 플랫폼이었다. 이게 잘될까 생각했지만 아이들은 각양각색의 고민을 올렸다. "좋아하는 친구가 있는데 어떻게 마음을 전하면 좋을까요?" "원래 친하게 지내던 친구가 있는데 어느 순간 멀어진 듯한 느낌이 듭니다. 어떻게 할까요?" "상장을 받고 싶은데 노력한 만큼의 결과가 나지 않으니 좌절감이 생기고 나 자신이 싫어집니다." 이와 같은 이야기를 너무나 솔직하게 올려 주어서 놀랐다.

또 단순히 자신의 고민을 올리는 데 그치지 않고 학생들이 답변을 달아주면 가장 현명한 답변이라고 생각되는 것에 투표를 했다. 등교수업 때는 선물을 주며 그 고민에 대해 이야기해 보는 시간을 가졌다. 학생들이 서로의 고민에 대해 달아 준 해답은 정답도 아니고 가장 적절한 해결책도 아니지만 서로 고민을 공유하며 들어준다는 것, 그리고 다른 학생들도 나와 비슷한 고민을 하고 있음을 아는 것만으로도 분명히 큰 성과가 있었다.

어떤 면에서, 코로나19로 인해 학교와 가정은 이전에 몰랐던 상황을 서로 알게 되었다. 줌으로 매일 보게 되는 가정에서의 모습을 통해 가정 상황을 잘 파악할 수 있게 되고, 가정에서는 학교의 수업 내용을 보고 듣게 되었다. 학생이 등교하지 않는 날이 많아지면서 교사의 역할은 더 커진 것이다. 교사의 역할이 학생의 문제에 대한 직접적인 개입일 수도 있지만 온라인상에서 소통 체제와 문화를 만들어 주는 것이 원격수업 시대에는 매우 중요하다.

온라인 채팅방을 만들면서 초기에는 교사가 공지사항을 말하는 창구로 사용하고자 했지만, 시간이 지나면서 자연스럽게 학생들만의 소통 창구로 바뀌어 간 것은 의도하지 않은 일이었다. 2학기에는 이 공간에서 교사가 거의 개입하지 않았으며 학생들이 과제와 수행평가에 대해 물어보고 대답해 주는 공간으로 활용되었다. 밤 9~10시까지도 연락을 주고받아 불편하다는 부모님의 민원이 있을 정도로 활발하게 운영되었다. 밤 9시 이후에는 서로 채팅을 금지하는 규칙을 정하자, 학급 임원 학생들이 자청해서 밤 9시 이후에는 자신의 개인 휴대폰으로 연락해서 물어보라는 봉사를 해 주기도 했다.

24시간 학생들의 소통 창구가 있어서 심리적 고립감을 덜고 누군가가 나와 함께한다는 것, 그것을 함께 느낀다는 것은 학생들의 정서적 안정에 매우 중요하다. 코로나 이후 온라인 공간은 더욱 비중이 커졌으며, 중요하고 소중한 공간으로 활용되었다. 정보를 넘어서서 정서적 유대감을 공유하는 기능을 하게 된 것이다. 학생들은 온라인에서도 서로 협력하고 성장해 나갔다.

담임교사가 운영하는 '온라인 고민 상담소'

채팅방에서 또래 상담이 활발하게 진행되고는 있었지만 교사와 소통하고 싶은 학생들도 있었다. 교사로서도 안전과 방역, 원격수업의 체계를 익히고 출결 관리에 집중하던 1학기가 지나자 전반적인 학생 상담이 필요하다는 생각을 하게 되었다. 2학기가 시작되면서 쌍방향 수업이 진행되고, 학생들이 가끔이나마 등교를 하게 되면서 서로에 대해 더 잘 파악할 수 있는 여건이 되었다. 코로나 이전에는 학생들에게 담임과의 산책시간, 티타임, 그룹상담 등 다양한 상담을 진행했다면 올해는 대면 상담이 어려워지면서 제한이 많았다. 고민 끝에 우리 학교 학습 플랫폼인 구글 클래스룸의 기능을 활용해 보기로 했다. 그 과정을 교사들끼리 운영하는 학급운영 밴드에서 공유하니 함께하는 교사들이 생겼고 이미 다른 방식으로 진행하는 교사들도 있었다.

클래스룸에서의 '온라인 고민 상담소' 질문은 아래와 같다.

담임교사의 인사와 편지, 감정적인 부분을 담아서 솔직하게 편지를 적었고 우리가 함께 마음을 나누되 아래의 내용은 비밀 사항이라는 것, 누구에게도 공유하지 않을 것임을 약속하며 시작한다.

1. 이름 학번
2. 자리배치에 대한 나의 생각
3. 온라인 수업에서 겪는 어려움
4. 학급에서 가장 가까운(그렇다고 생각되는) 친구는 누구인가?
5. 내가 가장 친해지고 싶은 친구/ 이유는?
6. 내가 불편한 친구/ 이유는?
7. 내가 가장 좋아하는 일, 관심사는?
8. 현재 나의 고민은?
9. 하고 싶은 이야기

놀라운 점은 온라인으로 설문을 진행하자 오히려 속마음을 더 잘 적어 주었으며 개인적인 이야기들이 쏟아졌다. 사소했던 친구와의 다툼이나 서먹해진 일들을 상세하게 기록해 주었다. 다른 친구들의 눈치 볼 것 없이 자신만의 공간에서 글을 적어 내면 되었기 때문인지 다양한 상담 내용이 발견되었다. 수업 시간에 게임을 하는 친구, 이성 교제 이야기와 이로 인해 부모님과의 갈등이 생긴 일, 친구와 불편하게 지내게 된 이유, 자기주장만 하는 친구가 불편하다든지 하는 이야기도 있었다. 학폭으로 진행될 수도 있었던 사안이 발견되어 양쪽 부모님들과 전화로 상담하고 학생들을 지도하면서 마무리한 일도 있었다.

온라인 상담이라도 피드백과 대면 상담은 여전히 중요했다. 간단한 문제는 들어주는 것만으로도 해결이 되지만, 그렇지 않은 고민은 전화로 추가 상담을 하거나 학교에서 직접 만나서 대면 상담을 진행했다. 학생들은 교사의 이러한 보살핌에 학교가 안전하다고 느끼고 편안한 마음으로 학습에 집중할 수 있게 되었다. 심리적인 안정감은 연대와 협력으로 이어지고 곧 배움으로 연결될 수 있다. 학기 초에 쌍방향으로 얼굴을 보고 담임교사의 철학이 학급 문화로 녹아든 학급의 학생일수록 배움에의 의욕이 높고 성장을 함께 경험한다. 교사도 함께 힘이 난다.

연대와 돌봄의 장소, 학교

2020년 한 해를 돌아보며 교사들은 "학생들이 어려움을 겪고 있는데도 내가 모르고 있는 것 아닌가 싶어 불안했다"고, "학생을 대면해서 만날 기회가 적어지니 한 명 한 명의 학생들을 깊이 있게 만나기가 어려웠다"고 했다. 학생들을 직접 만나는 날이 적었으니, 예년 같으면 학년 초에 어렵지 않게 발견했을 문제들도 좀처럼 찾아낼 수 없었다는 것이다.

코로나19로 인해 원격으로 수업이 진행되면서 가정에서 혼자 수업하기 힘겨운 학생들의 학습 결손과 기초학력에 대한 우려가 가장 컸다. 더욱 심각한 것은 학교라는 공간에서 자연스럽게 이루어졌던 관계가 단절되면서 불안과 우울, 무기력에 빠지는 학생들이 생겨났다는 것이다. 이제까지 학교에서 자연스럽게 이루어졌던 관계, 정서, 생활, 건강 등 종합적인 차원에서 학생을 보살피고 성장시키는 학교 기능의 약화는 현재를 살고 있는 학생들에게 심각한 타격을 줄 수 있는 부분이다. 아침에 일찍 일어나 등교해서 수업 시간에 맞춰 규칙적인 시간을 보내던 일상이 무너지면서 자기주도성이 부족한 학생들에게 발생하는 문제는 가정 내의 갈등 요인이 되기도 했다. 뿐만 아니라 또래 친구를 만나 상호작용하고 관계를 맺는 것, 영양의 균형을 깃춘 점심을 먹는 것, 부모가 아닌 어른을 보고 배우는 것 등 그동안 학교를 통해 가능했던 학생들의 성장에 문제가 생겼다.

이러한 상황은 그동안 학교가 어떤 역할을 해 왔는지를 명징하게 보여 준다. 그리고 역으로 원격수업이 일상화되면 이러한 학교의 교육적 기능이 확장되어야 함을 말해 준다. 학교의 역할을 단지 학습에만 한정할 것이 아니라 코로나19를 계기로 삼아 교육복지 체계를 좀 더 갖추어 나가야 한다.

지난해 2학기부터 도움이 필요한 학생들에게 자발적으로 대면 지도를 해 주는 '학습결연119'가 운영되고 있다. 하지만 학생들이 겪는 다양한 어려움을 파악하고, 학교 안팎의 자원들을 연결해 주는 역할까지는 아직 미흡한 상황이다. 실시간 쌍방향 수업을 활성화하고 인공지능(AI) 학습을 도입하며 필요한 학생들에게 소그룹 맞춤형 대면 지도를 강화하는 등의 교육부 방안은 실제로 도움이 필요한 학생들을 시스템과 연결해 주는 데까지 나아가야 한다.

사회적 시스템을 갖추는 데는 시간이 필요할 것이다. 그동안 학교에서는 비대면 상황에서라도 학생들과의 유대감을 형성하고 친밀감을 지속시켜 나가는 방안을 마련해 실천해 가야 할 것이다. '강한 연대의 작은 집단'을 만들어 내어 정서적으로 안전한 학교를 만들어야 한다. 교사의 꾸준한 관심, 부모의 믿음과 지원은 학생을 제대로 성장하게 하는 중심축이다.

– 이윤서

원격수업 TiP

- -

원격수업 시대 상담활동과 학습돌봄을 어떻게 할까요?

① 학습돌봄과 심리·정서적 도움이 필요한 학생과는 무엇보다도 어려움을 솔직하게 터놓고 도움을 요청할 수 있는 관계 형성이 중요합니다.

② 친밀하고 신뢰할 수 있는 관계를 만들기 위해 온라인, 오프라인의 다양한 소통 창구가 필요합니다(예: 학급 밴드, 학급 채팅방, 온라인 상담소, 학습 플랫폼을 이용한 비공개 상담 등).

③ 학습이 지연되는 학생들은 장애 지점을 정확히 파악해서 맞춤형 지원을 하는 것이 중요합니다.

④ 학생들끼리 서로 도와줄 수 있도록 하고 민감한 사안은 교사가 개입하여 대면 상담으로 이어 갑니다.

⑤ 사안의 특성이나 학생의 상황에 따라 학교 밖 인력이나 시설과 연계하여 학습돌봄이나 상담을 진행할 수 있습니다(예: 학습클리닉센터, Wee센터, 청소년모바일상담센터 다들어줄개 등).

5장

원격수업,
교사의 도전과 성장

교사는 수업을 통해 성장한다. 교사는 수업에서 행복을 느끼기도 하고 좌절감에 빠지기도 한다. 학생 한 명 한 명의 반응에 늘 주목하게 되고, 새로운 수업을 시도하다 실패하기도 하고, 그 속에서 교사 자신을 반성하며 자기를 발견하기도 한다. 그래서 교사에게 '반성적 성찰'이 중요하다.

원격수업은 누구도 경험하지 못했던 새로운 시도였다. 처음 접하는 환경 속에서 누구나 실패의 경험을 했다. 하지만 그 속에서 새로운 가능성을 발견하고, 수업을 통해 성장하는 경험도 했다.

원격수업 경험담을 들어 보면, 누구나 '혼자서는 할 수 없었다'고 이야기한다. 온라인 환경에 익숙한 저경력 교사가 새로운 방법을 발견하고, 고경력 교사가 자신의 연륜을 덧붙이기도 한다. 실패를 딛고 새로운 실험에 나서는 용기, 자신의 경험을 기꺼이 동료와 나누려는 열린 마음이 원격수업 환경에서도 배움의 공동체를 형성한다.

생애 첫 수업을 원격수업으로 시작했던 신규 교사, 사서교사의 이야기가 우리에게 주는 교훈도 그러할 것이다.

신규 교사의
원격수업 성장기

임용고사에 최종 합격을 하고 하늘빛중학교에 첫걸음을 딛기까지 그리 오랜 시간이 필요하지 않았다. 공무원 채용 신체검사와 서류 제출이 끝나기 무섭게 발령이 났고, 이 과정은 너무나 순식간에 이루어져서 합격을 실감하기 어려웠다. 기대했던 신규임용예정교사 집합연수는 코로나19로 인해 원격연수로 대체되었고, 기대 반 걱정 반으로 하루하루를 보냈다.

부푼 마음으로 학교에 가자 많은 일이 기다리고 있었다. 선생님들께서는 학교 일에 대해 차근차근 알려 주셨지만, 그 와중에도 덜컥 겁이 나기 시작했다. 현장 경험이 없었기 때문에 수업시수 결정, 동아리 계획서 작성 등 당장 눈앞에 놓인 일들이 너무 무서웠다. 주어진 분량의 공부를 해내는 일에 익숙했던 나는 학교에서 스스로 결정해야 하는 일에 맞닥뜨리자 이제야 합격이 실감 났다. 합격하면 마냥 기쁠 것만 같았는데 어느 순간부터는 걱정과 두려움이 물밀듯 밀려들기 시작했다. 그리고 '이렇게 부족한 내가 학생들과 일 년을 잘 보낼 수 있을까?'라는 고민에 잠을 설치는 밤이 이어졌다.

그래서인지 등교가 일주일 후로 미뤄졌을 때는 마냥 좋을 수밖에 없었다. '이건 나에게 주어진 기회야. 일주일 동안 준비를 더 할 수 있겠구나. 수업 준비와 학급운영에 더 신경 써 보자'라는 생각에 들떴다. 학생들과 함께 할 활동들을 점검하고 학습자료를 정리하는 등 일주일을 효율적으로 활용하려 노력했다.

약속된 일주일이 지나도 등교는 시작되지 않았고 나를 포함한 선생님들의 고민도 점점 커져만 갔다. 그리고 사상 초유의 원격수업과 등교수업이 병행된 일 년의 서막이 열렸다. 이 장에서는 신규 교사로서 올 한 해 현장에 적응하며 느꼈던 것들을 가감 없이 적어 보려고 한다. 일 년 동안 학급운영, 창의적 체험활동 등 많은 일을 경험했지만, 그중 가장 정성을 쏟았던 수업에 초점을 맞추었다.

1학기와 2학기의 수업 변천사

1학기: 첫 도전, 학습 내용 전달에 치우치다

처음 원격수업을 준비할 때 했던 고민은 '어떻게 하면 학습 내용을 효과적으로 전달할 수 있을까?'였다. 아무래도 지필평가와 수행평가를 염두에 둘 수밖에 없었고, 이때까지의 나는 교사의 여러 역할 중 '지식의 정확한 전달'에 가장 큰 비중을 두었기 때문이다.

그래서 '어떻게 하면 학생들이 영상을 통해서 배워야 할 내용을 제대로 배울 수 있을까?'에 초점을 맞추어 수업 준비를 시작했다. 그리고 주위 선생님들께 묻고 또 물었다. "영상에 제 얼굴이 나오면 더 좋겠죠?", "판서를 활용하는 게 좋을까요?" 등등 꼬리를 물고 이어지는 질문에 귀찮으셨을 텐데도 성심성의껏 답해 주셨다.

며칠 고민을 하다가 내린 결론은 '내 얼굴이 등장하는 영상을 만들자!'였다. 이미 잘 만들어진 강의를 활용하는 방법도 있었지만, 영상에서나마 학생들과 소통하고 싶었기 때문이다. 교사가 영상에 등장하면 학생들이 더 집중해서 영상을 시청하지 않을까 하는 기대감도 영상 제작을 부추겼다.

첫 영상을 위해 정말 많은 시간을 들였다. 교육과정의 성취기준, 교수·학습 및 평가의 방향, 여러 출판사의 도덕 교과서와 지도서를 읽고 또 읽었다. 그리고 내용 이해에 도움이 될 만한 자료들을 모두 모아 프레젠테이션을 만들었다. 그러다 보니 프레젠테이션 제작에만 긴 시간이 소요되었다. 처음에는 속도가 붙지 않아 일주일 내내 프레젠테이션을 만들기도 했고, 주중에 수업 준비를 끝마치지 못해서 일요일에도 출근하여 수업을 녹화했다. 심지어 영상 녹화도 한 번에 성공하는 일이 드물었기 때문에 한 차시의 수업을 반복해서 찍고, 찍고 또 찍어야만 했다.

영상 제작을 마쳐서 뿌듯한 마음도 잠시, 주위 선생님들의 수업을 둘러보니 다들 피드백을 적절히 활용하고 계셨다. 열정 가득한 신규 교사인 나는 선생님들께서 활용하는 수업 방식을 하나씩 시도해 보았다. 매시간 수업을 잘 들었는지 확인해 보는 퀴즈를 내거나, 교과서에 있는 활동지를 완성해서 사진으로 찍어 올리게 하는 등 과제를 제시한 후 피드백을 해 주었다. 학생들이 올린 과제에 하나하나 개별적으로 피드백을 해 주고, 그다음 수업에서 이전 수업의 피드백을 바탕으로 전체적인 피드백을 해 주었다. 부끄럽게도 이 과정이 어느 정도 익숙해지자, '나 정도면 꽤 괜찮은 수업을 하고 있지 않나?'라고 자만하기도 했다. 그러나 이것은 큰 자만이었다.

처음에는 교사가 영상 속에 등장하니 학생들이 수업에 집중하는 듯했다. 그러나 시간이 지날수록 학생들의 수업에 대한 흥미가 떨어져 감을 느낄 수

있었다. 떨어져 가는 영상 조회 수가 마음을 쿡쿡 찔렀고, 과제를 대충 해서 내는 학생들도 점점 늘어났다. 이러한 통계적 수치에 결국 '내 수업이 그렇게 재미가 없나? 과제도 어렵지 않은데 무엇이 문제일까?'라는 생각이 머릿속을 맴돌았다. 무엇보다 도덕 과목의 특성상 다양한 활동을 통해 함께 배우고 성장할 수 있는데, 지금의 내 수업에는 그러한 기회가 턱없이 부족하다는 생각이 끊임없이 들었다.

매시간 학습 내용과 관련한 과제를 제시하고 있고 이를 바탕으로 구체적인 피드백을 주고 있었지만, 과연 '학생 간의 상호작용이 사라진 지금의 상황이 바람직한가?'라는 고민이 이어졌다. 분명히 교사를 꿈꾸며 공부할 때에는 교사와 학생 간의 상호작용 역시 중요하지만, 학생 간의 상호작용도 중요하다고 배운 것 같은데 그러한 것을 하나도 해내지 못하는 나 자신이 너무도 부족하게만 느껴졌다. 이러한 고민의 끝에는 '과연 내 역할이 학생들에게 정확한 지식을 전달하는 일에 국한된 것일까?'라는 교사의 역할에 대한 근본적인 고민이 기다리고 있었다.

고민이 이어지던 중, 학교에서는 실시간 쌍방향 수업에 대한 논의가 이루어졌다. 1학기 말부터 차근차근 준비해서 2학기 시작부터는 실시간 쌍방향 수업을 제공하자는 것이었다. 처음에는 크고 작은 의문이 생겨났다. '실시간 쌍방향 수업을 통해 수업 시간 내에 의미 있는 배움을 학생들에게 제공할 수 있을까?'가 가장 큰 의문이었다. 또 '매시간 학생들이 아닌 컴퓨터 화면을 앞에 두고 수업하는 게 가능할까?'라는 생각 역시 따라왔다. 솔직히 말하면, 지금의 수업 방식에 어느 정도 적응한 상황이었기 때문에 이를 다시 바꿔야 한다는 것이 큰 부담으로 다가온 것도 사실이었다. 반신반의하며 망설이던 찰나에, 어쩌면 실시간 쌍방향 수업이 내 고민에 대한 답을 내려 줄지도 모른다는 생각을 하며 한 번 시도해 보기로 마음먹었다.

2학기: 실시간 쌍방향 수업을 도입하다

첫 번째 실시간 쌍방향 수업 시간은 평생 잊을 수 없을 것 같다. 화면 속의 학생들이 나를 집중해서 바라보던 순간이란! 학생들이 잘할 수 있을까 수업 직전까지도 고민했던 것은 기우였다. 물론 화면을 켜지 않는 학생과 설전을 펼치기도 했지만, 화면 너머로 보이는 학생들의 모습은 실시간 쌍방향 수업을 진행하게 하는 원동력이 되어 주었다. 혼자 컴퓨터를 바라보는 지루한 수업이 되지는 않을까 고민을 많이 했는데, 막상 화면 속에서 교사와 끊임없이 상호작용하는 학생들을 보면서 '원격수업이 나아가야 하는 방향은 이러해야 하는구나'를 깨달을 수 있었다.

2학기에 들어서는 크게 두 가지 방법을 혼합해 수업을 진행했다. 첫째, 줌(ZOOM)에서 학습 내용을 녹화한 동영상을 시청하게 한 후, 관련 활동을 진행하는 방식이다. 이것은 인터넷의 문제나 기타 여러 문제로 실시간 쌍방향 수업에 참여하지 못하더라도 학습 내용을 확인할 수 있다는 장점이 있다. 그래서 학생들이 실시간 쌍방향 수업에 적응하는 초반에 이 방법을 주로 사용했다. 둘째, 줌을 활용하여 45분 내내 실시간으로 수업하는 방식이다. 이것은 원격수업 후반에 주로 사용했다. 초반에는 수업 시간을 제대로 맞추지 못하거나, 새로운 수업 방식에 익숙하지 않은 학생들로 인해 10분, 15분씩 시간을 잡아먹게 되어 선뜻 도전하기 어려웠기 때문이다. 원격수업에 점차 익숙해지자 두 번째 방식을 학생들이 어려워하지 않고 잘 따라와 주었다.

이후의 소주제에서는 직접 시도해 보았던 실시간 쌍방향 수업의 구체적인 사례를 나누려고 한다. 내가 생각하는 성공 사례와 실패 사례를 보고 함께 다양한 이야기를 나눌 수 있기를 희망한다.

원격수업의 성공 사례와 실패 사례에서 수업의 길을 찾다

성공 사례: 서민정의 보이는 라디오, 원격수업 환경을 활용하다

도덕 1 교과서의 중단원 중 '성 윤리' 단원을 들어가기에 앞서 고민이 많았다. 분명 많은 학생이 관심을 가지는 주제인데, 어떻게 하면 이 주제를 일상과 연관 지어 흥미롭게 풀어갈 수 있을까를 생각하고 또 생각했다. 실시간 쌍방향 수업 시간에 '가족 간 갈등 상황 역할극 하기', '우정(진정한 우정)으로 2행시(5행시) 짓기', '다양한 주제로 찬반 토론하기' 등의 많은 활동을 했으나, 항상 부족한 점이 눈에 보였다. 교과서에 실리지 않은 색다른 활동이 없을까를 고민하다가 동료 교사의 도움으로 새로운 활동을 기획해 보았다. 이 활동을 통해 처음으로 '원격수업 환경을 잘 활용하면 효과적으로 수업할 수 있구나. 등교수업과 원격수업을 적절히 병행하면 재미있겠다!'고 느꼈다.

먼저 활동을 간단히 소개하면 다음과 같다. 우선 학생들이 익명으로 사랑과 관련된 자신의 경험이나 고민을 신청곡과 함께 사연 신청서에 적어 낸다. 학생들이 신청서를 제출하면 그중에서 몇 가지 사연을 골라 내가 라디오 DJ처럼 읽어 주고, 이후 학급 친구들과 함께 사연에 대해 이야기를 나누는 것이다.

학생들의 반응은 가히 폭발적이었다! '다른 활동에 비해서 열심히 참여하는 학생들이 많겠지?'라고 생각은 했지만, 이렇게 진솔하게 자신들의 이야기를 적어 줄 것이라고는 전혀 예상하지 못했다. 등교수업이나 원격수업 시 다른 활동에 흥미를 보이지 않던 학생들도 한 글자 한 글자 꾹꾹 눌러 담은 사연 신청서를 보내온 것에 감동할 수밖에 없었다. 또한 마냥 어리게만 보이던 학생들이 나름대로 여러 고민을 하고 있다는 생각에 학생들과도 더 가까워진 기분이 들었다.

방 안에서 라디오를 듣는 것 같은 느낌을 주기 위해 사연을 실감 나게 읽어 주었고, 줌 화면공유를 활용해 신청곡도 틀어 주었다. 방의 조명을 어둡게 하고 실제 라디오를 듣는 것처럼 귀를 기울이라는 팁도 전수해 주었다. "여러분 안녕하세요? 오늘의 첫 번째 사연입니다. 경기도 김포시에 거주하는 한 중학생의 사연인데요"로 시작하는 내 멘트에 집중하던 아이들의 표정이 잊히지 않는다.

여기서 끝나지 않고, 사연을 다 읽어 준 후에 서로 이야기를 나누는 시간이 중요했다. "사연의 주인공이 현재 학급에서 관심이 있는 친구가 있다고 하는데, 어떻게 다가가야 할까요?"라는 질문에 너도나도 앞다투어 조언을 해 주었다. 다들 자신의 고민인 것처럼 조언을 해 주는 모습이 인상적이었다. "제 경험상 좋아하면 티를 내야 해요. 안 그러면 몰라요." "그냥 자연스럽게 밥 한번 먹자고 해요. 아니면 같이 카페에 가자고 하거나." 이런 자신만의 비법(?)을 전수해 주었다. 이렇게 이야기가 무르익어 갈 무렵에는, 학생들의 조언을 바탕으로 '이성 친구와 바람직한 관계를 형성하는 방법'에 대한 학습 내용으로 자연스럽게 넘어와 설명을 해 주었고, 시계를 보면 금세 45분이 지나가 있었다.

이 이후에 원격수업에서 조금은 자신감을 얻게 되었다. 어떤 점이 이 수업을 성공적으로 이끌 수 있었는지 고민을 해 보았다. 등교수업에서 같은 활동을 실시한 반에서는 다른 친구들의 눈치를 보느라 쭈뼛쭈뼛하던 학생들이 많았다. 그리고 나의 솔직한 이야기를 라디오에 투고한다는 느낌보다는 선생님이 내준 과제를 수행한다는 느낌으로 사연을 적는 학생들도 많았다.

반면에, 원격수업에서 성공적으로 실시할 수 있었던 것은 원격수업 환경을 적절하게 활용했기 때문이라는 생각이 들었다. 수업을 마친 후 학생들은 "다른 친구들 눈치를 안 보고 사연을 보낼 수 있어서 좋았어요.", "제 사연이 나왔는데 옆에 누가 없어서 덜 부끄러웠어요.", "진짜 라디오를 듣는 기분이었어요"와 같은 이야기를 해 주었다. 이번 수업을 통해서 원격수업 환경을 적절히 이용한다면 또 다른 수업의 장을 열 수 있겠다는 기대감이 펼쳐졌다.

실패 사례: 세계 시민 제시어 게임, 원격수업 환경에 부딪히다

'서민정의 보이는 라디오' 이후 부쩍 자신감이 생긴 나는 다양한 활동들에 과감하게 도전해 보았다. 그중 기억에 남는 수업이 하나 있는데, 바로 도덕 1 교과서의 중단원 '세계 시민 윤리'를 공부하며 진행했던 '세계 시민 제시어 게임'이다. 원격수업 환경에 맞게 규칙을 바꾸는 등 노력을 했지만, 아쉽게도 이 수업은 원격수업에서는 크게 빛을 발하지 못했다. 아쉬움이 남는 수업임에도 불구하고, 이를 통해 느낀 점이 있었기에 적어 보려 한다.

정상적으로 등교했다면 다음과 같이 수업이 진행될 예정이었다. 우선 학급 학생 중 대표 학생 한 명이 문제를 맞히는 역할을 한다. 나머지 학생들은 교사가 제시하는 세계 시민 윤리와 관련한 제시어를 설명한다. 그리고 대표 학생이 준비된 모든 제시어를 맞히는 시간을 측정하여, 반 대항전으로 수업을 진행하려 했다. 학습 내용도 게임을 통해 복습할 수 있고, 학급 친구들끼리 협동하여 과제를 해내는 멋진 모습을 그리며 수업을 준비했다.

그러나 갑작스러운 수도권의 코로나19 확산으로 계획은 모두 무산되고, 원격수업으로 게임을 진행해야만 했다. 열심히 인쇄해서 준비한 제시어 카드들은 무용지물이 되어 버렸다. 무엇보다 게임의 방식 자체가 바뀌었다. 학생들이 제시어를 설명하고 맞히는 것이 아니라 내가 제시어를 설명하면 가장 빠르게 답을 맞히는 학생이 이기는 방식으로 바뀌고 만 것이다. 처음에는 허탈했지만 그래도 다시 원격수업에 맞게 게임을 정비하고 수업을 진행해 보았다.

처음에는 모두가 적극적으로 게임에 참여하는 모습에 '오, 생각보다 진행이 잘되는데?'라고 생각했다. 그러나 여러 반에서 게임을 할수록 불만이 터져 나왔다. "저는 타자가 느려서 답을 다 알아도 맞히기가 너무 어려워요. 그래서 너무 속상해요.", "핸드폰으로 타자 치는 게 너무 어려워요. 자꾸 오타가 나서 답을 틀려요"라고 이야기하는 학생들이 늘어났다. 결국 '서민정의 보이는 라디오'에서는 원격수업 환경이 효자 역할을 톡톡히 해 주었다면, 이번 수업에서는 원격수업 환경의 격차가 학생들에게 활동 참여 기회를 제한하여 아쉬움을 남기고 말았다.

이 수업 이후 내 수업을 객관적으로 돌아볼 수 있었다. '잘하고 있다고 생각했는데 아직 부족한 부분이 많구나'라는 생각에 부끄럽기도 했다. 그렇지만 원격수업에서도 게임을 진행해 본 것에 우선은 만족하기로 했다. 그동안 원격수업에서 게임을 진행하는 것은 무리라고 생각하고 차일피일 미뤄 왔는데, 이번 기회를 통해 방식을 달리하면 원격수업에서도 충분히 잘 활용할 수 있음을 깨달았기 때문이다. 그리고 원격수업 환경을 적절히 활용하는 것의 중요성을 다시 한 번 느낄 수 있었다.

원격수업 시 학생들이 어려움을 겪고 있지는 않은지, 혹은 원격수업 환경으로 인해 교육의 격차가 생기지는 않는지 등을 수업을 진행하는 과정에서 끊임없이 확인해야 함을 깨달았다. 그동안 '지식의 정확한 전달'에 치우쳐서 수업에서 소외되는 학생들을 제대로 돌보지 못했다는 생각에 스스로를 질책하기도 했다. 단 한 명의 학생도 포기하지 않겠다는 다짐으로 교단에 선 신규 교사이기에 그동안의 내 모습이 더욱 부끄러울 수밖에 없었다.

단 한 명의 학생도 소외되지 않는 수업을 꿈꾸다

지난 일 년을 돌아보니 여러 가지 방식의 수업에 도전해 보았다는 생각이 들었다. 콘텐츠 활용 중심 수업, 실시간 쌍방향 수업, 등교수업까지! 다양한 방식으로 수업하면서 느낀 점은 우선 모든 방식에 장단점이 있다는 것이다. 또한 당장 코로나19가 해결되지 않는다면 우리는 세 가지 방식 모두를 교육에 적절히 활용할 수 있어야 하므로 각각의 방식에서 빛을 발하는 수업을 구상할 수 있어야 한다는 것이다. 어쩌면 코로나19 이후에도 각각의 장점을 적절히 활용하여 수업을 진행해 볼 수 있을지도 모른다는 생각도 들었다.

처음에는 반신반의하며 시작했던 실시간 쌍방향 수업도 직접 해 보니 뚜렷한 장점이 있었다. 앞서 '서민정의 보이는 라디오'에서 이야기한 장점 외에도 채팅을 활용하여 교사와 학생이 활발하게 상호작용할 수 있다는 장점이 있다. 또 평소 발표를 어려워하는 학생들도 원격수업에서 이루어지는 마인드맵 그리기 활동에는 적극적으로 참여하는 모습을 보며, 어떤 형태의 수업 환경이 주어지든 그것을 적절하게 활용하는 것의 중요성을 깨달았다.

결국, 이 모든 과정을 통해서 등교수업이든 원격수업이든 수업의 형태에 상관없이 '모든 학생이 수업의 과정에서 소외되지 않는다면 꽤 괜찮은 수업이 아닐까?'라는 나만의 결론에 도달했다. 그리고 이제야 선생님들께서 매번 강조하셨던 교육철학의 중요성을 스스로 느낄 수 있었다.

아직 많이 부족한 내가 무사히 일 년을 마무리할 수 있었던 것은 하늘빛중학교 선생님들과 학생들의 도움이 절대적이었다고 생각한다. 이 자리를 빌려 물심양면으로 도움을 주신 선생님들께 감사의 말을 전한다. 매주 변화하는 수업 방식에 지쳐서 대충 수업을 하려던 마음을 다잡아 준 것은 사랑하는 학생들의 응원이었다. 평생 잊지 못할 한 해를 만들어 준 나의 첫 제자들에게 고맙다는 말로 이 글을 마무리하고 싶다.

- 서민정

원격수업 TiP

원격수업을 처음 해 보는 신규 교사라면?

① 실시간 쌍방향 수업을 진행한다면 채팅창을 적절히 활용해 보세요. 학생들과 유대감을 쌓는 데 도움이 됩니다.

② 등교수업과 마찬가지로 원격수업 환경 정비도 필수적입니다. 학생들의 수업 환경을 점검해 주세요.

③ 주저하지 마시고 다양한 도전을 해 보세요. 실패 속에서도 많은 것을 배울 수 있습니다.

사서교사의
첫 블렌디드 러닝

1년 전 가을바람이 스쳐 지나가듯 교장 선생님의 수업 제안에, 확정된 사안이 아니었음에도 그때부터 나 홀로 수업을 준비하며 무척 설렜다. 수업시수가 보장되어 있지도 않고 가르칠 교과서도 없는 사서교사에게 수업은 기회이면서도 한편으로는 부담 그 자체이다. 그렇게 사서교사의 첫 수업, 그것도 블렌디드 러닝 수업이 시작되었다.

수업 주제는 처음부터 '미디어 리터러시'로 정했다. 도서관을 찾는 학생들과 대화하면서 미디어를 통한 정보 생활이 두드러진 청소년들에게 올바른 미디어 읽기가 필요하겠다는 생각이 들어서였다. 미디어 리터러시를 크게 미디어 접근, 미디어 비판적 읽기, 미디어 창작과 소통, 미디어 윤리로 나누어 수업 내용을 선정하고 조직해 보았다.

미디어 리터러시 수업 차시별 내용 구성

미디어 리터러시 이해	미디어 리터러시
유튜브 리터러시	미디어 접근 미디이 비판적 읽기
유튜브와 인공지능	
뉴스 리터러시	
광고 리터러시	
미디어 창작 기획	미디어 창작 및 소통
미디어 창작 활동	
미디어 윤리	미디어 윤리

주안점으로 둔 사항은 청소년의 미디어 생활과 밀접한 것을 수업 내용으로 구성하되, 그것을 왜 바로 읽어야 하는지 스스로 깨닫고 비판적 읽기를 위한 실천적 노력을 독려하는 것이었다. 다양한 아이디어를 얻기 위해 미디어 리터러시 관련 도서들 외에도 수업자료, 최신 뉴스 정보를 참고하여 수업 내용의 구성과 차시별 적용 가능한 활동을 구체화하고 보완해 나갔다.

미디어 리터러시 수업을 위한 모든 준비가 끝났다고 여겨질 때쯤, 예기치 않은 상황으로 온라인 개학을 맞이하게 되었고, 준비했던 수업도 2학기로 미루어졌다.

도전, 메이커!

온라인 개학이 시작되면서부터 교사들은 저마다 자신의 수업 콘텐츠를 직접 제작하는 데 많은 시간을 쏟아야 했다. 수업 영상을 기존의 콘텐츠가 아닌 자체 제작 콘텐츠로 사용해야 했기 때문에 어떤 교과라도 영상 제작에 예외는 없었다. 그나마 모두가 기본적인 영상 제작과 쌍방향 수업을 할 수 있는 수준에 이를 수 있었던 것은, 전문적학습공동체에 흔쾌히 응하고 협력적 의지로 지식 공유를 마다하지 않던 멋진 교사들 덕분이었다.

처음 국어과 독서 수업에 사용할 '도서관 이용 안내' 영상을 만들면서 11분짜리 영상을 만드는 데 몇 곱절의 시간을 들였다. 맨땅에 헤딩하듯 만든 첫 영상 제작의 시행착오를 겪은 후, 여느 교사들이 그랬듯 가장 수월하게 수업 영상을 제작할 방법을 찾기 시작했다. 효과적인 방법은 저마다 다르겠지만, 이미 미디어 리터러시 수업자료를 PPT로 만들어 둔 터라 화면 녹화 기능을 활용하는 것은 꽤 괜찮은 방법이었다. 묵혀 두었던 아이패드를 꺼내어 화면 녹화부터 영상 편집과 자막 편집까지 해 보니 고난도의 기술 없이 수월하게 영상 제작을 할 수 있었다. 하지만 영상을 편집하다 보니 조금씩 욕심이 생겼다. 이미 화려하고 역동적인 영상에 익숙한 아이들이기 때문에 정적인 영상은 집중력이 떨어지지 않을까 하는 걱정이 들었다. 그래서 PPT의 정지

된 화면에서 부연 설명이 길어질 때의 단조로움과 전달력을 보완하기 위해 설명자막과 이미지를 삽입하면서 편집을 거듭하게 되었고, 그로 인해 영상 제작에 예상보다 많은 시간을 할애하게 되었다.

아직, 배우는 중입니다

본격적으로 실시간 쌍방향 수업이 시작된 2학기, 처음에는 자체 제작 콘텐츠 활용과 피드백을 위한 실시간 쌍방향 수업을 병행했다. 하지만 수업이 끝나면 다음 영상을 만드느라 바빴고, 이렇게 몇 주를 진행하다 점차 100% 실시간 쌍방향 수업으로 전환하게 되었다. 쉽고 간단하게 영상을 만들 수 있었음에도 편집에 신경 쓴 까닭은 영상 자체에서 상호작용할 수 있는 기제가 없어 지속적인 학습 흥미를 끌어낼 요소를 마련하기 위함이었는데, 영상 제작에 들이는 시간과 노력 대비 학습의 효용성이 떨어진다는 생각을 떨치기 어려웠다. 그런 면에서 실시간 쌍방향 수업은 교사가 학생들의 능동적인 수업 참여를 이끌기 위해 적극적으로 개입할 여지가 많고, 수업 안에서 이뤄지는 상호작용을 통해 유연하게 학습 수준과 방향을 적용할 수 있어 효과적인 학습을 기대할 수 있었다. 여전히 화면 속에 곧잘 숨어 버리는 아이들을 계속 끄집어내고 소통을 유도하고 피드백하는 과정에 어려움이 있음에도 실시간 쌍방향 수업을 선호하는 이유이다.

그럼에도 분명한 사실은 수업 콘텐츠를 직접 제작해 봄으로써 영상 제작이라는 귀중한 경험을 얻었고 이것을 새로운 수업 활동으로 적용할 가능성을 엿보았다는 것이며, 이러한 교사의 배움과 성장이 학생들에게 더 넓은 경험과 배움의 기회로 작용할 것이라는 점이다. 개인적으로는 그 무엇보다도 수업 영상에 달렸던 '세계 제일!'이라는 댓글을 잊지 못할 것 같다. 학생과 마찬가지로 교사 역시 긍정적인 피드백에 큰 힘을 얻는 법이기에, 새로운 도전에 대한 응원처럼 들렸던 그 한마디는 한동안 열정을 태우는 근원지가 되어 영상 제작에 열과 성을 다하게 했다.

블렌디드 러닝으로 가는 길

미디어 리터러시 수업 자체는 시의적절한 수업이라 생각했다. 계속되는 사회적 거리두기로 미디어 이용 시간이 급증했고, 미디어 리터러시 역량이 더욱 중요해졌기 때문이다. 그런데 등교수업과 원격수업 일정을 예측하기 어려웠고, 그때마다 수업 환경에 적합한 수업을 설계해야 했다. 또한 계획했던 모둠 활동을 어떤 형태로 구현해 낼 것인지도 중요한 과제였다. 결과적으로는 계획된 대부분의 활동이 협업보다는 활발한 의견 교환에 있었기에 모둠 활동을 개별 활동으로 전환했다. 그리고 수업 환경에 상관없이 적용 가능한 수업의 설계와 능동적 수업 참여를 위한 소통에 초점을 맞추었다.

먼저 유튜브 리터러시 수업을 사례로 들자면, 이 수업에는 네 가지의 활동이 계획되어 있었다. 첫 번째는 모둠별로 유튜브의 장단점을 PMI 기법(강점, 약점, 흥미로운 점 찾기)으로 이야기 나눈 후, 모둠별로 정리한 내용을 발표하는 것이었다. 등교수업 때는 포스트잇에 개인별로 의견을 적어 화이트보드에 붙이면서 발표하는 형태로, 원격수업에서는 패들렛을 이용하여 게시물 작성하고 서로의 게시물을 함께 살펴보는 방식을 취했다.

두 번째는 모둠별로 영상 심의 기준을 세워서 함께 유튜브 영상을 감상한후, 직접 심의하는 활동이었다. 등교수업 때는 함께 영상을 시청하고 개별 활동지를 작성하여 발표함으로써 심의 기준과 결과를 비교했고, 원격수업에서는 각자 링크된 영상을 감상한 후 구글 스프레드시트 공유문서에 활동지를 작성하여 서로의 심의 기준을 비교하고 이야기하는 형태로 진행했다. 두 가지 활동 모두 등교수업의 활동을 원격수업에 그대로 적용할 수 있는 도구를 통해 활동의 본질이 저해되지 않도록 했다.

세 번째는 인공지능 빙고였다. 인공지능 빙고는 한국교육학술정보원의 「모두를 위한 인공지능 윤리」에 수록된 활동 중 하나로, 빙고 칸에는 알고리즘이 적용된 미디어에 대한 데이터셋과 예측을 맞추는 퀴즈가 적혀 있다. 여기에 재미를 더하기 위해 학생들의 이름을 통에 담고 추첨하여, 선택된 학생에게 퀴즈를 맞힐 기회를 주었다. 이 활동의 경우, 복불복 추첨과 빙고 게임을 결합해 등교수업, 원격수업과 상관없이 모두 끝까지 집중하고 적극적으로 참여하는 모습을 보였다.

　마지막은 올바른 유튜브 이용 습관을 다짐하는 활동이었다. 등교수업 때는 학생들이 각자의 다짐을 준비된 종이 위에 작성하고 폴라로이드 사진으로 남겼다면, 원격수업에서는 줌으로 각자의 다짐을 쓴 종이를 화면에 공개하면서 마무리했다. 준비한 수업 재료를 사용하지 못했다는 아쉬움이 남았지만, 수업을 구현할 수 있는 적합한 도구와 플랫폼을 활용하여 원격수업에서도 계획된 활동들을 수월하게 진행할 수 있었다.

　미디어 창작 수업의 경우, 앞서 진행한 수업 내용 중 관심 있는 주제를 정해 미디어 리터러시를 알리는 카드뉴스를 제작하는 활동이었다. 처음 계획은 모둠별로 주제를 정하고 지면 위에 직접 카드뉴스를 표현하는 것이었지만, 공교롭게도 원격수업을 하면서 디지털 도구를 이용해 제작하는 방식을 택하게 되었다. 만약 원격수업이 아니었다면 이런 방법을 적용하지 못했을 텐데, 직관적이고 쉬운 조작으로 간편하게 카드뉴스를 제작할 수 있었고 짧은 시간에도 완성도 높은 결과물을 얻을 수 있어 탁월한 선택이었다고 생각한다.

　이렇게 완성된 카드뉴스를 감상하는 활동도 수업 환경에 맞게 적용했는데, 등교수업 때는 학생들의 카드뉴스를 모두 출력하여 도서관에 전시하고 각각의 카드뉴스를 발표하면서 동료평가를 진행했다. 반면에 원격수업에서는 패들렛에 주제별로 카드뉴스를 게시하고 댓글을 작성하도록 했는데, 이때는 계획된 수업을 재구성하여 미디어 윤리를 먼저 배운 후에 댓글 예절을 실천하면서 작품을 감상하도록 했다. 처음 이 수업을 계획할 때는 미디어 윤리에 대한 학습활동을 구체화하기 어려웠는데, 수업 환경에 맞게 재구성하는 과정에서 온라인이라는 장점을 살릴 수 있다는 점이 좋았고, 바로 이런 점이 블렌디드 러닝의 매력이라 느꼈다.

진정한 수업으로의 초대, 소통

원격수업에서 모든 학생에게 좋은 결과물을 얻기는 쉽지 않다. 특히 지필평가가 없는 수업일수록 능동적인 참여를 기대하기 어려운 듯하다. 그래서 학생들의 참여를 독려하고 좋은 결과물을 얻기 위해서는 스토리보드 기획 단계부터 카드뉴스 완성 단계에 이르기까지 적극적인 피드백과 소통이 필요했다. 스토리보드 작성을 단계별로 함께 진행했어도 제출한 과제를 보면 잘한 학생과 그렇지 않은 학생의 격차가 매우 컸다. 과제를 확인하며 개연성 있는 흐름과 내용 구성을 기준으로 개별 피드백을 전달하면서 잘한 학생에게는 기대감과 칭찬을, 보완이 필요한 학생에게는 수정 방향이나 개선점을 구체적으로 안내했다.

피드백에 대한 학생들의 반응은 제각기 다르다. 단번에 수정 요청 사항을 반영하여 과제를 다시 제출하는 학생들도 있지만, 과제에 대한 피드백을 확인하지 않는 학생들도 있어 개별적인 연락이 필요할 때가 많다. 때때로 문자로 '네'라고 대답하고는 끝까지 제출하지 않아, 여러 차례 연락을 반복할 때도 있다.

그래서 작성한 스토리보드를 바탕으로 카드뉴스를 제작하는 다음 수업에서는 제작한 결과물에 대한 피드백 절차를 수업에 포함했다. 사전에 카드뉴스 완성본을 1차 제출 후 교사의 피드백 과정을 거쳐 최종제출이 가능함을 알렸고, 학생들의 창작 시간 내내 줌(ZOOM)을 열어 두어 언제든지 중간 점검과 질의응답이 가능하게 했다. 그렇지만 주어진 시간을 최대로 활용하여 완성도 있는 결과물을 제출하는 학생이 있는 반면에, 마감 시간이 임박해서는 '어떻게 하는 것인지 모르겠다'며 포기하려는 학생도 있었다. 그때는 "지난주 제출한 스토리보드의 선생님 피드백을 다시 확인해 볼래? 너의 미디어 이용 경험을 중심으로 앞으로 어떻게 이용 습관을 바꿔 나가야 할지 우리가 배운 내용을 생각하면서 써 보면 좋을 것 같아"라고 이야기하며, 잘하지 못하더라도 해내고자 노력하는 태도 자체가 배움의 과정이기에 최선의 과제에 도전할 수 있도록 독려해 본다. 기특하게도 이 학생은 스토리보드의 피드백 내용을 잘 적용하여 자신만의 카드뉴스를 제작했다. 그리고 비슷한 고민을 하는 친구에게 자신이 제작한 방법을 손수 알려 주는 적극적인 모습까지 보였다.

그렇게 학생들이 제출한 카드뉴스를 하나의 파일로 엮고, 모두 출력하여 도서관에 전시했다. 바로 다음 등교수업 때 서로의 미디어 창작물을 감상하는 시간을 가졌다. 함께 배운 미디어 리터러시이지만 저마다 중요하게 와닿는 부분이 달랐을 것이고 그것을 표현하는 방식도 서로 다름을 배운다. 또한 쉽지 않은 창작 활동이었지만 카드뉴스를 제작하기 위해 배운 내용을 정리하고 자료를 조사하고 복습하는 과정을 통해 미디어 리터러시의 필요성을 스스로 깨우쳤을 것이다. 미디어 리터러시를 알게 하는 것, 이 또한 이 수업 안에서의 끊임없는 소통의 결과라고 생각한다.

수업을 마친 후에도 전시된 카드뉴스는 도서관을 찾는 학생들에게 미디어 리터러시를 알리는 작품이자 메신저 역할을 한다. 친구를 데려와 자신의 작품을 자랑스럽게 보여 주는 아이들도 있고, 수업에 참여하지 않았던 학생들에게도 미디어 창작물을 통한 배움과 나눔이 전해진다.

새로운 수업설계를 기대하며

느닷없이 맞닥뜨리게 된 원격수업은 그것이 처음이라 모두에게 낯선 도전이었고 미래교육을 맞는 첫걸음이기도 했다. 모두에게 힘들었던 한 해였지만 우리는 그 어느 때보다 성장했고 가능성을 맛보았다 해도 과언이 아닐 것이다.

블렌디드 러닝을 경험하면서 느낀 것은 두 가지이다. 우선, 블렌디드 러닝에 적합한 배움중심수업을 구현할 새로운 수업설계가 필요하다는 것이다. 처음부터 블렌디드 러닝을 고려한 것이 아니다 보니 각각의 수업 환경에 맞게 계획된 수업 활동을 진행하는 것에만 급급했던 것이 사실이다. 물론 그 과정에서 좋은 방법들을 터득하기도 했고 다양한 시도를 해 볼 수 있었지만, 블렌디드 러닝의 장점을 보다 극대화할 수 있는 수업설계를 목적으로 한다면 더욱 효과적인 수업을 기대할 수 있을 것이다.

그리고 블렌디드 러닝에는 교사의 적극적인 소통 능력과 수업 현장에서의 상호작용을 위한 노력이 절대적으로 필요하다는 것이다. 원격수업을 실시간 쌍방향 수업으로 진행한다 해도 화면 속 학생들의 학습 환경이 저마다 다르고, 수업 중 질문에 적극적으로 대답하는 학생을 찾아보기 힘들다. 어떤 날은 화면에서 사라져 가는 학생들의 이름을 부르며 수업 참여를 유도하느라 수업이 더디게 진행될 때가 많고, 돌아가며 발표하는 시간에도 잘 경청하고 있는 것인지 수업에 집중하고 있는지 확인하기가 어렵다. 이러한 수업 분위기는 원격수업에서 등교수업으로 그대로 이어지기 쉽다. 그래서 블렌디드 러닝에서는 배움의 연결성뿐만 아니라 관계의 연결성까지도 고민해야 한다고 생각한다.

- 윤은정

원격수업 TIP

블렌디드 러닝에서 교사-학생 간 상호작용은 어떻게 하면 좋을까요?

① 학생들의 이름을 수업 시간에 꼭 불러주기

② 참여를 높이는 수업 활동 설계와 도구 활용하기

  - 질문하는 수업: 수업에 흥미를 더하는 질문을 제작하여 참여를 유도합니다. 하지만 특정 학생을 지명하지 않는 이상, 음소거 해제를 하여 적극적으로 답하는 학생은 적을 것입니다. 여러 학생의 자유로운 의견을 구하고 싶다면, 채팅창을 활용해 주세요.

  - 협업과 모둠 활동 수업: 패들렛, 구글 공유문서, 소회의실 기능만 활용해도 충분히 협업을 이끄는 수업을 설계할 수 있습니다.

  - 수업 중간 퀴즈 활용: 카훗, 퀴즈형 빙고, OX 퀴즈, 구글 설문지로 수업 흥미를 높이는 퀴즈 형태의 콘텐츠를 제작하여 수업의 몰입도를 높일 수 있습니다.

③ 매 수업 빠짐없이 피드백하기

  피드백은 모든 교사가 늘 하는 일입니다. 수업 중에는 학생들의 수업 참여 태도에 대해, 질의응답에 대한 피드백, 참여하는 활동이나 발표에 대한 피드백을 수시로 하고 있을 것입니다. 이 외에도 원격수업에서 효과적으로 학생들의 수업 참여도와 성실도를 확인하는 방법은 간단한 과제 수행에 있다고 봅니다. 원격수업에서 수업 활동에 대한 과제 제출을 항상 포함했는데, 수업이 끝난 후 과제에 대한 개별 피드백을 제공함으로써 학생 개개인을 이해하는 데 도움이 됩니다. 학생 개개인의 흥미도와 학습에 대한 개인차도 알 수 있고, 수업이 진행되면서 나타나는 성장 과정도 엿볼 수 있어, 이를 바탕으로 적극적인 맞춤형 소통이 가능하다는 점이 좋습니다.

6 장

원격수업으로
자유학기 운영하기

원격수업으로도 자유학기 활동이 가능할까? 교과 진도의 부담도, 시험의 압박도 없는 자유학기 활동이 제대로 이루어지려면, 그만큼 학생의 자기주도성이 발휘되어야 하는데, 원격수업에서 그것이 가능할까? 하늘빛중학교 교사들은 이러한 질문을 안고 자유학기 활동을 시작했다.

진로탐색 활동은 학생들이 자기를 발견하고 미래의 꿈을 성찰하도록 할 때 의미가 있다. 주제선택 활동은 학생들이 스스로 주제를 선택하고, 그 주제가 자신의 삶과 어떠한 연관이 있는지를 탐구하도록 할 때 의미가 있다. 그렇기 때문에 원격수업에서의 자유학기 활동은 더더욱 세심한 수업설계와 활발한 상호작용이 필요했다.

자신의 꿈을 발견하고 그 꿈을 다른 학생들과 함께 나누는 '따·꿈' 활동, 오래전에 쓰인 고전을 읽고 오늘날의 문제를 탐구하는 '고고학' 활동, 나의 식습관을 돌아보고 건강한 식단을 만들어 가는 '삼시세끼 비법노트' 활동에서 우리는 원격수업으로 자유학기 활동을 운영하는 새로운 가능성을 발견할 수 있었다.

'따·꿈',
공유하는 꿈을 통한 성장

자신의 꿈과 목표가 분명한 중학교 1학년이 과연 몇 명이나 있을까? 중학교 1학년 자유학년제의 시간만으로 과연 꿈을 찾을 수 있을까? 그렇다고 자유학년제의 1년은 의미가 없는 것인가? 환경이 어렵다 하더라도 학생들에게 유의미한 학습 경험을 할 수 있도록 노력하는 것이 교사의 역할이 아닐까? 그렇다면 내가 지금 이 학생들에게 제공할 수 있는 유의미한 학습 경험은 무엇일까?

진로 결정에 도움이 되는 수업, '따·꿈'이란?

이러한 고민으로 시작한 진로탐색 프로그램 '따·꿈(따뜻한 이성으로 꿈을 향해)'을 통해 자신이 희망하는 꿈을 급우들과 공유하면서 명료화하고, 다른 친구의 꿈을 들으면서 본인의 꿈에 대해 성찰하는 경험을 할 수 있도록 돕고 싶었다. 진로를 찾지 못하는 학생들은 자신이 어떤 것을 선택할 수 있는지 구체적으로 알지 못한다. 다양한 선택지에 대해 아는 것은 내게 적합한 것이 무엇인지 찾는 기회가 된다. 꿈을 공유하는 것, 공유를 통해 넓어진 세상을 배우는 수업이 되기를 희망했다.

2학기에 처음 만나는 학급이기에 첫 시간에는 수업의 목표와 앞으로 우리가 수업에서 어떤 활동을 할 것인지를 안내했다. 여기서 가장 강조한 것은 왜 우리의 수업이 '따·꿈'인지에 대해 설명하고, 공감을 얻는 일이었다. 학생 스스로 학습 목표를 이해하고 공감해야 적극적인 참여로 이어지기 때문이다. '따·꿈'은 '따뜻한 이성으로 꿈을 향해'의 줄임말이다. 학교는 학생들이 살아가는 데 필요한 지식을 습득하는 곳이다. 하지만 학생들이 지식만을 얻기 위한 곳은 아니다. 학생들은 학교에서 앞으로 살아가야 할 사회생활을 배우고, 미리 경험한다. 공동체를 경험하는 것이다. 그래서 더욱 학교에서 배우는 지식은 나만을 위한 지식이 되어서는 안 된다. 나의 지식이 더 나은 공동체를 만들 수 있어야 한다는 의미에서 '이성'이 아닌 '따뜻한 이성'이라고 했다. 이러한 '따뜻한 이성'을 갖춘 지식인이 미래의 '꿈을 찾고 그 꿈을 이루기 위해 노력하는 것'이 학교라고 생각한다. 이러한 목표 실현을 위해 학생들이 꼭 갖추었으면 하는 자세를 세 가지 제시했다.

하고 싶다.
해야 한다.
할 수 있다!

가장 우선시해야 하는 것은 '하고 싶다'는 자신의 진로를 찾는 것이다. '하고 싶다'는 나의 진로 방향을 설정해야 '해야 한다'는 나의 실천 과제가 분명해진다. '하고 싶다'는 목표 설정이 이루어지면, 선생님과 부모님이 잔소리처럼 하시는 '~해라'라는 말을 듣기 전에 스스로 '~해야 한다'는 자율 과제를 설정하게 된다. 이는 주체적인 학생의 학습 동기가 된다. 공부는 타인이 강요하는 것이 아니라 스스로의 필요에 의해 추구하는 것이 된다.

실제로 졸업한 학생이 찾아와서 온라인 쇼핑몰을 운영하고 있다고 이야기하면서, 쇼핑몰을 시작하면서 공부를 더 많이 하게 되었다고 했다. 학교 다닐 때에는 독서와 거리가 있었던 학생으로 기억하는데, 지금은 손에 『코코 샤넬』 책이 들려 있었다. 필요에 의해 독서량이 늘었다면서 최근에 읽은 책 제목들을 나열했다. 그리고 쇼핑몰 운영을 위해서 영어 공부를 하고 있으며, 수익을 계산하기 위해 수학적 지식도 필요하다는 것을 알게 되었다고 한다. 엑셀을 배우고, 패션의 배경지식을 알기 위해 세계사에도 관심이 많아졌다고 한다. 바쁜 일정일 텐데도 시간을 쪼개어서 공부하고 있다는 그 아이의 눈빛에는 생기가 돌았다.

학생들에게 가끔 이 학생의 사례를 소개한다. 내 진로 설정이 우선되어야 하는 이유, 진로의 방향이 설정되면 타의에 의해 강요되는 공부를 하지 않아도 되며, 필요에 의한 좀 더 효율적인 학습도 가능하다는 것을 설명한다. 그렇지만 효율성이 무조건 중요한 것은 아니며 진로를 탐색하면서 다양한 것을 배우는 것도 풍성한 삶을 가져올 것이므로, 핵심은 타인의 강요가 아닌 주체적인 삶이 되어야 한다는 것임을 강조한다.

그다음이 문제다. 하고 싶은 일이 있고, 그에 따라 해야 하는 일이 많을 때 우리가 부딪히는 난관은 '내가 해내기에는 어려울 것 같다'는 현실적인 장벽이다. 내가 희망하는 구체적인 진로가 있어서 가고 싶은 고등학교와 대학교의 희망 학과까지 결정했으나, 현실에서 내가 마주하는 성적이라는 벽에 부딪힌 학생들이 많다. 그럴 때 외쳐야 하는 것이 '할 수 있다!'라는 주문이다. 해내기 어려울수록 더욱더 필요한 주문이다. '할 수 있다!' 아직 포기하기에는 이르다. 현실의 장벽을 못 이겨 포기할 때 그만두더라도 '최선을 다했기에 후회 없다'는 마음이 생길 수 있도록 '미련 없는 최선'을 다하는 자세가 필요하다.

이렇게 '따·꿈'이 무엇이고, 이 수업이 어떠한 목표를 가지고 이루어지는지 안내하여 학생들과 공동의 목표의식을 가지고 수업을 시작했다. 이 첫 수업을 통해 학생들이 왜 나의 진로를 찾아야 하는지 그 이유를 알게 되어 앞으로의 수업에 적극적으로 참여해 주기를 희망했다.

나는 어떤 사람인가?

진로탐색에서 가장 우선해야 할 내용은 '나에 대해 알기'이므로 나에 대해서 탐색하는 시간을 원격수업으로 실시했다. '생활 속의 행복 찾기'를 통해 어떠한 일이 나에게 어느 정도의 행복을 주는가를 과제로 제시했고, 나에 대해서 생각하도록 했다.

다음으로 '내가 보는 나'와 '다른 사람이 보는 나' 및 '나의 판단과 다른 사람의 판단 비교하기'를 통해서 좀 더 객관적인 나에 대해서 생각해 보았다. 그다음, '나의 강점 발견하기'를 통해 긍정적인 자아 개념을 형성할 수 있도록 도왔다. '내가 잘하는 것'을 과제로 제시하고, 다음 시간에는 미리 커리어넷에 회원 가입을 해야 한다는 것을 안내했다.

커리어넷에서 '직업 흥미 검사, 직업 적성 검사'를 실시하는 것은 원격수업이라서 더욱 효율적이었다. 등교수업에서 실시할 때에는 컴퓨터실로 이동해야 하거나 휴대폰으로 하면서 어려움이 많았다. 가정에서 원격수업으로 진행하니 오히려 수월한 점이 많았다. 먼저 지난 시간의 안내로 학생들은 미리 회원 가입을 한 상태였으며, 아직 회원 가입을 못 한 학생들에게 구글 행아웃미트에서 만나 화면공유로 커리어넷 홈페이지를 보여 주면서 검사 방법을 안내하는 것이 효과적이었다. 학생들에게 어떠한 검사를 해야 하는지도 역시 화면공유를 통해 안내했고, 학생들은 각자 검사를 실시하고, 검사 결과를 과제로 제출했다.

다음 시간에는 구글 미트에서 만나서 자신의 검사 결과를 발표했다. 1학기에 담임선생님과 온라인 쌍방향 활동을 많이 한 학급이어서인지 발표에 적극적이고, 경청하는 자세를 보여 주었다. 과제 제출이 어려운 학생들은 화면으로 자신의 결과지를 보여 주기도 했고, 다른 친구의 발표를 들으면서 자신이 잘못 조사한 것을 발견하고 바로 다시 검사를 실시한 학생도 있었다.

발표를 통해 다양한 고등학교 방문하기

이러한 나에 대한 탐구 결과를 바탕으로 나의 진로에 적합한 진학 희망 고등학교를 탐색하고, 그 결과를 공유했다. 탐색 과정에서 자신의 진학을 명료화하고, 다른 친구들의 발표를 들으며 여러 고등학교를 소개받으면서 마치 그 학교에 방문한 것과 같은 효과가 있기를 바랐다.

등교수업: 모둠 편성 및 계획서 작성

선배들이 실제로 발표했던 진학 희망 고등학교 발표 예시 동영상을 보여주면서 어떠한 발표를 할 것인지 안내했다. 그리고 각자의 희망에 따라 모둠 또는 개인 발표가 가능하므로, 희망하는 대로 모둠을 편성하고 발표 계획서를 작성하도록 했다. 이 계획서에는 모둠원의 역할과 조사해야 하는 내용 등을 명시할 것을 안내했다. 또한 다음 시간은 원격수업이므로 각자 조사해야 할 내용을 명확하게 분배하고, 그 내용을 각자 잘 숙지할 것을 당부했다.

원격수업: 희망 고등학교 자료 조사

이미 자신의 역할을 알고 있기에 다음 시간에 원격수업에서 만나 진학 희망 고등학교의 자료를 조사하는 것은 수월했다. 모둠의 경우, 희망하는 모둠이 토론할 수 있는 방을 개설해 주었고, 개인의 경우 자료를 조사하여 그 결과를 과제로 제출했다. 이때 진학 희망 고등학교 자료 조사 과제물에 반드시 포함되어야 하는 내용을 안내하여 학생들이 체계적으로 자료를 조사할 수 있도록 도왔으며, 다음 시간에 등교하여 발표할 것을 준비하도록 안내할 수 있었다. 원격수업에서 자료 조사하는 것은 등교수업보다 효율적이기 때문에 원격수업과 등교수업의 장점을 활용하면 더욱 효과적인 수업 운영이 된다는 것을 알게 되었다.

진로탐색 내가 희망하는 고등학교에 대해 알아보기

1. 희망하는 고등학교:

2. 희망하는 고등학교의 위치 및 교통편

   자신의 집에서 그 학교에 가는 방법을 자세하게 기록하기

3. 희망하는 고등학교 교훈, 학교 특색 사업 등

   다른 학교와 차별되는 특이점 찾아보기

4. 희망하는 고등학교의 동아리 중에서 내가 하고 싶은 동아리

   홈페이지에 소개된 동아리나 활동 중에서 자신이 하고 싶은 것을 기록하고,
   만약에 없을 경우, 자신이 만들고 싶은 동아리나 활동을 가급적 구체적으로 기록하기

5. 희망하는 고등학교의 장점과 단점

장점 세 가지 이상	단점 세 가지 이상

6. 내가 그 학교에 가기 위해 해야 하는 일

   그 학교 입학 조건 및 내가 입학을 위해 해야 할 일을 세 가지 이상 기록하기

◎ 위치 및 교통편

위의 과제는 도덕 수업에서 진로 단원의 수행평가로 실시한 적이 있다. 그 수행평가 과제의 필수 사항은 반드시 그 학교에 직접 가서 자신이 그 학교에 갔음을 증명하는 사진이 첨부되어야 했다. 고등학교에 입학하면 3년의 생활을 해야 한다. 그런데 가 보지도 않고 학교를 결정하는 것은 위험한 선택이며, 결과를 후회할 가능성이 높기 때문에 반드시 직접 가 보도록 했다. 교통편을 알아 두는 것도 3년의 등하교에서 중요한 사항이라고 강조했다. 그러나 올해는 코로나19라는 특수한 상황으로 직접 가 보라고 할 수 없었다. 단지, 집에서 학교까지의 교통편을 구체적으로 조사하여 기록하도록 했다는 점에서 아쉬움이 많이 남는다.

◎ 희망하는 고등학교에서 내가 하고 싶은 동아리 활동

고등학교의 특색을 아는 것도 중요하지만, 그 학교에서 내가 무엇을 할지도 중요하다고 생각했다. 예전에는 학교에 직접 가서 그 고등학교 선생님 또는 선배들과의 인터뷰를 통해 자료 조사를 하도록 권했지만, 올해는 홈페이지에서 자료 조사를 해야 했다. 인터뷰를 할 수는 없었지만, 고등학교에 있는 동아리들을 조사하고, 그중에서 자신이 가입하여 활동하고 싶은 동아리가 무엇인지와 그 이유를 발표하게 했다. 만약 기존 동아리 중에 하고 싶은 동아리가 없다면, 어떤 동아리를 만들어서 어떤 활동을 하고 싶은지 발표하도록 안내했다.

◎ 희망하는 고등학교의 장단점

장점과 단점을 찾아보는 것은 객관화해 보는 과정이다. 대체로 학생들은 주변 사람들이 좋은 학교라고 이야기하는 학교에 진학을 희망한다. 그 학교를 왜 희망하는지에 대해 고민하지 않은 상황에서 자신이 입학할 수 있는지, 나의 진로에 적합한 학교인지에 대한 고려 없이, 주변 사람들이 그 학교가 좋다고 하니까 진학을 희망하는 경우가 대부분이다. 그래서 이 조사를 통해 희망하는 고등학교의 장점과 단점을 찾아보고, 그럼에도 불구하고 내가 희망하는 이유를 찾아보았으면 했다. 막연한 희망이 아니라 구체적 희망이 되기를 바랐다.

◎ 내가 그 학교에 가기 위해 해야 할 일

희망하는 고등학교를 조사하는 데 그치는 것이 아니라, 희망하는 고등학교가 결정되었다면, 지금 내가 실천해야 하는 과제가 무엇인지 생각해 보았으면 했다. 학교에 대한 자료 조사를 토대로 지금 자신에게 부족한 점을 보완하고, 더 열심히 공부해야 하는 학습 동기가 부여되기를 바랐다. 우리 학교가 위치한 김포는 비평준화 지역으로 내신 성적에 따라 고등학교 입학이 결정된다. 그렇기 때문에 희망하는 고등학교에 입학하기 위해서 최소한으로 필요한 내신 성적이 몇 점인지 아는 것은 매우 중요하다. 이에 대한 정보를 아는 것은 학습 동기로 이어지고, 이는 학습 계획을 스스로 세워서 학습하는 자발적 동기가 될 것이기 때문이다.

등교수업: 희망 고등학교 조사 결과 공유

모든 준비가 되었고, 이제 꿈을 공유하는 발표 시간이다. 학생들은 자신이 진학하고 싶은 고등학교와 그 이유, 그 학교에 대한 소개, 자신이 그 학교에 가면 어떤 생활을 하고 싶은지, 그 학교에 입학하기 위해서는 어떠한 노력이 필요한지에 대해 발표했다.

처음에 과제를 안내할 때, 과제 발표 형식은 다양하게 할 수 있다고 안내했다. 뉴스 형식, 홈쇼핑에서 고등학교를 판매하면서 소개하는 형식, 역할극, 노래를 개사하여 동영상으로 제시하기, 보이는 라디오 형식 등 선배들의 발표를 예로 제시하기도 했다.

아직은 1학년 학생들이고 등교수업이 많지 않아서 준비 시간이 부족해 예시처럼 다양한 형식으로 발표하지는 않았지만, 정말 훌륭하게도 학생들은 자신의 구체적인 진로에 맞게 다양한 학교를 조사해서 발표했다. 미용 관련 진로를 희망하기 때문에 선택한 특성화고등학교를 소개하면서 그 학교의 특별전형에 맞춰 자신이 준비해야 하는 것을 구체적으로 발표한 학생, 체육 관련 진로를 희망하기 때문에 관련 진로가 가능한 인천의 고등학교를 소개하면서 그 학교의 특징인 무감독양심시험에 대해 조사한 학생, 외국어고와 과학고 등의 특목고를 조사한 학생, 김포의 인근 고등학교에 대해 조사하면서 그 학교의 동아리 활동과 어떤 동아리에서 활동하고 싶은지에 대해 발표한 학생, 자료 조사를 구체적으로 해 보았더니 이 학교는 자신에게 적합하지 않다는 것을 알게 되었다는 학생 등 다양한 발표가 이어졌다. 조사한 자료를 PPT로 제작하여 효과적으로 전달하기도 했다. 개별 조사를 희망했던 학생은 개별 발표를 했고, 모둠 조사를 희망했던 학생들은 모둠원 전원이 나와 역할을 나누어서 발표했다.

발표하는 학생들은 마치 그 고등학교에 입학하여 생활하는 자신을 상상하는 것 같았다. 발표를 듣는 학생들은 '저런 학교가 있었구나'라는 표정으로 마치 그 학교를 직접 방문한 것 같아 보였다. 인근에 위치한 고등학교에 대해서도 자세한 정보를 얻을 수 있었고, 자신이 전혀 몰랐던 새로운 고등학교에 대한 정보를 얻은 학생들은 매우 유익한 시간이 되었다고 피드백해 주었다. 단순히 진학을 희망하는 고등학교에 대한 자료 조사에 그치는 것이 아니라, 그 결과를 공유하는 것, 그 과정을 통해 학생들은 더 많은 경험을 할 수 있었다.

꿈 신문: 명사가 아닌 동사로 제시되는 꿈

학생들에게 꿈을 물으면 보통은 꿈이 없다고 하거나 다양한 관심 분야 중에서 어느 것을 해야 하는지 고민 중이라고 한다. 어쩌다 꿈이 있다고 하는 학생도 그저 희망하는 미래의 직업을 이야기하는 것이 전부이다. 꿈은 명사가 아니라 동사로 말해야 한다는 이야기처럼 꿈은 단순히 희망하는 직업이 되어서는 안 된다. '어떤 직업인'이 아니라 '어떤 직업인으로 무엇을 하겠다'로 제시되어야 한다.

이러한 필요성에서 나온 과제가 '꿈 신문' 제작하기다. 꿈 신문은 미래의 내가 어떠한 사람이 되어 있을지를 상상하여, 미래의 내가 이룬 성과에 대한 기사를 작성하는 것이다. 이 과제를 통해 단순히 어떤 직업을 가진 사람이 아닌, 어떠한 결과를 이루어 낸 직업인을 희망하는지를 생각하는 기회가 되었으면 했다. 이 과제는 자신의 진로를 좀 더 명료화하는 기회가 된다.

꿈의 공유를 통해 성장하는 경험 제공

진로 수업은 학생이 주체가 되어 능동적으로 참여해야 한다. 자신이 주인 공이 되어 미래를 설계할 수 있어야 한다. 그런데 아무런 정보도 없이 혼자서 미래를 설계할 수는 없다. 이때 가장 유익한 도움은 같은 고민을 하고 있는 친구들에게서 얻을 수 있다. 나의 고민을 내어놓으면서 같은 고민을 하고 있다는 위로를 얻을 수 있고, 함께 해결책을 만들어 갈 수도 있다. 진학을 희망하는 고등학교를 함께 조사하면서 객관적인 자료 조사를 할 수 있었으며, 그 결과를 공유하면서 막연했던 진학이 명료해질 수 있었다. 내가 궁금한 점을 친구도 궁금해해서 조사했고, 같은 학교를 조사할지라도 다른 내용의 발표를 통해 더 많은 정보를 제공받을 수 있었다. 또한 전혀 몰랐던 새로운 학교에 대해 소개받기도 했다. 꿈을 공유함으로써 서로의 꿈이 성장할 수 있는 기회가 생겼다.

- 정아진

원격수업 TiP

원격수업과 실시간 쌍방향 수업에서 효과적인 피드백의 방법은?

① 등교수업과 원격수업에서 할 내용을 사전에 구분하여 준비해 주세요(가급적 자료 조사는 원격수업, 결과 공유는 등교수업에서 실시하면 더욱 효과적인 결과를 도출할 수 있습니다).

② 과제 또는 활동을 할 때는 그것을 왜 해야 하는지에 대해 설명하면 선생님이 의도한 결과를 도출하는 데 도움이 됩니다.

③ 과제를 제시할 때는 구체적인 예시를 포함하여 제시해 주세요.

④ 단순히 직업을 고르는 것이 아니라, 어떠한 일을 하는 사람이 될지에 대해 꿈꿀 수 있도록 안내해 주세요.

⑤ 혼자 꿈꾸는 것이 아니라, 반드시 서로의 꿈을 공유하여 성장할 수 있는 소통의 기회를 마련해 주세요.

'고고학', 고전의 불시착:
원격수업에서 고전 읽기

고전 읽기 수업을 원격수업으로 할 수 있을까? 고전이라는 소재가 원격수업이라는 환경에 불시착한 상황에서 학생들이 유의미한 학습 경험을 할 수 있는 수업이 가능할까? 이러한 걱정들이 앞서기에 부정적인 결론만 예상되는 수업이었다.

'고고학'이란?

'고고학'은 자유학년제 주제선택 프로그램으로, '고'전을 읽고 '고'민한 내용을 실천하는 '학'생이 되기 위한 방안을 탐색하는 수업으로 계획했다. 처음의 계획은 학생들과 도서실에서 만나 우리가 직면한 문제들 중에서 해결하고 싶은 문제가 무엇인지 이야기를 나누고, 그 문제를 해결하는 데 도움이 될 만한 고전을 선택하는 활동으로 시작하고자 했다. 학생들 스스로 책을 선정해야 학습 동기가 부여되며, 고전이라는 것이 우리의 일상생활과 동떨어진 것이 아님을 알 수 있기 때문이다.

고전을 신택한 뒤에는 그 고진을 함께 읽고, 문제해결을 위한 도움을 고전에서 찾아 함께 나누는 시간을 가졌으면 했다. 학생들은 언제나 교사가 예상하지 못한 구석구석에서 기발한 아이디어를 찾아내고, 그러한 반짝이는 아이디어를 서로 나누면서 성장하기 때문이다. 고전을 통해 나의 삶을 변화시킬 수 있는 실천 방안을 스스로 제시하는 것은 실천 의지를 함양하게 하며, 실천으로 나아가는 초석이 된다. 단순히 지식을 배우는 것에서 그치는 것이 아닌, 삶이 변화되는 수업이 되었으면 했다.

고고학 수업 개요

1. **고고학 수업의 목표 안내와 고전 소개(『유토피아』 준비할 것을 안내)**
   - 고전의 선택 과정을 학생들과 함께 하면 더욱 유익하다.

2. **『유토피아』의 저자 및 사회적 배경에 대해 소개하기**
   - 당시 영국의 사회상 및 유토피아의 역설적인 의미에 대해 소개
   - 동영상 자료를 준비하면 학생들의 집중력과 이해를 높일 수 있다.

3. **『유토피아』 읽기**
   - 가급적 학생이 책을 읽을 수 있도록 하고, 불가능한 경우 책의 주요 부분을 읽어 주는 동영상 제시

4. **유토피아 이외의 이상사회 제시하면서 자신의 이상사회 생각하기**
   - 존 레논의 <이매진(Imagine)>을 제시하면서 토머스 모어의 유토피아만이 유일한 이상사회가 아니며, 다양한 이상사회가 있음을 안내
   - 그렇다면 내가 꿈꾸는 이상사회는 어떤 사회인지 생각해 보도록 한다.

5. **『유토피아』 책을 읽고, 유토피아에 대해 새롭게 알게 된 사실, 유토피아의 장점과 단점을 세 가지씩 기록하기**

6. **'내가 꿈꾸는 유토피아' 소개하기**
   - 나의 유토피아를 소개할 때에는 특성을 나타낼 수 있는 이름을 제시하고, 지도를 그린 다음, 그 유토피아의 모습을 구체적으로 서술해야 한다(정치, 경제, 교육, 사회, 문화 등 분야별로 제시할 것을 권장).

7. **'내가 꿈꾸는 유토피아'를 실현하기 위해 지금 내가 실천해야 할 일 세 가지 제시**
   - 가급적 구체적으로 제시할 것을 강조하며 예시를 들어 안내한다.

고전의 불시착, 원격수업 환경을 만나다

처음 생각했던 '고고학' 프로그램에 대한 계획은 3월에 무너지고 말았다. 당장 학생들은 등교할 수 없었고, 학생들의 이동 최소화와 방역의 이유로 주제선택 프로그램은 '선택'이 아니라 '배정'되었다. 그리고 프로그램 선택권을

보장해 주기 위한 방편으로 운영 주기를 짧게 하여 1~4기로 나누어서 수업을 실시하게 되었다. 짧아진 운영 주기로 예상보다 적은 수업시수, 고전을 읽는 수업을 선택한 것이 아니라 배정된 학생 구성 등의 변수로 인해 수업의 기초 설계부터 다시 해야만 했다.

지금과 같이 쌍방향 원격수업이 어느 정도 자리를 잡아서 온라인 교실에서도 학생들이 자유롭게 말하는 분위기였다면, 학생들과 함께 고전 선택하기에 도전했을 것이다. 그러나 1학기에는 원격수업에 대한 준비도 부족했고, 학생들이 원격수업에 참여하는 것 자체가 어려운 과제였으므로, 고전을 선택하는 활동을 과감히 포기해 버렸다. 또한 우리 삶에서 해결하고 싶은 문제를 함께 의논하여 결정하는 과정도 포기해야만 했다.

그러나 '삶 속에서의 문제해결'까지 포기한다면 프로그램의 정체성이 무너지는 것이므로 포기할 수 없었다. 이러한 상황에서 대안으로 찾은 책이 『유토피아』였다. 유토피아라는 이상사회를 토대로 우리 삶의 문제를 들여다보고, 해결책도 찾을 수 있을 것이라고 판단했기 때문이다.

어렵게 고전을 결정한 다음에 또 다른 문제에 부딪혔다. 어떻게 학생들이 책을 읽게 할 것인가? 학생들에게 책을 빌려줄 수 있는 방법은 무엇일까? 답이 떠오르지 않았다. 꼭, 학생들이 직접 책을 읽었으면 했다. 그래서 학생들이 학교에 와서 도서실의 책을 가져가게 하고 싶었으나 그때는 학교에 오는 것 자체가 굉장히 위험하고, 책을 빌려주는 행위도 위험한 것이었다. 학생들에게 전자도서관의 책을 빌리는 것을 안내하고 싶었으나, 초등학교를 막 졸업하고 입학한 1학년 학생들에게 온라인이나 전화로 전자도서관 대출을 안내하는 것은 쉬운 과제가 아니었다.

그래서 책을 읽어 주는 수업 동영상을 촬영하게 되었다. 책에 수록된 그림과 텍스트 등을 배경 화면으로 하여, 책의 주요 부분을 읽으면서 수업 동영상을 촬영했다. 그 시기에는 수업 동영상 촬영이 교사에게는 굉장한 도전이었는데, 아무도 없는 공간에서 마이크에 대고 책을 읽는 상황은 마치 높은 빌딩 옥상에 혼자 서 있는 기분이었다. 심지어 책을 읽는 내 목소리를 학생들뿐만 아니라 그 링크를 알고 있는 불특정 다수가 들을 수 있다는 상상을 하면, 빌딩 옥상에 벌거벗겨져 있는 기분이었다. 게다가 동영상 촬영 후에 동영상을 재생해서 들으면, 목소리도 이상하고 수정해야 할 부분이 많았다. 다시 촬영하여 확인하면 여전히 이상하거나 전보다 더 이상해서, 수정에 수정을 거듭했다. 그렇게 하나의 동영상 촬영에 며칠이 필요했다. 촬영하면서도 삽입된 그림은 저작권 문제가 없을까? 책을 읽는 것은 저작권에 문제가 있는 것이 아닐까? 이러한 고민이 생기고, 이에 대한 명쾌한 답을 알려 주는 곳도 없었다. 하나의 동영상 촬영에도 고민이 끝없이 이어졌다.

여러 번의 수정을 거쳐 동영상을 촬영했지만, 동영상을 업로드하면서도 계속 불안하기만 했다. 학생들의 반응이 걱정되었다. 원격수업 초기의 학습 동영상은 대체로 10~15분 내외로 제작할 것을 권장했다. 그런데『유토피아』 책을 읽어 주는 수업 동영상은 무려 53분이나 되어서, 학생들이 어떠한 반응을 보일지가 염려스러웠다. 다행히 이러한 걱정이 무색하게도 학생들의 반응은 호의적이었다.

"유토피아는 내가 평소에 생각하지 못했던 것을 알게 해 주었다. 이 동영상을 보는 50분 동안 솔직히 처음에는 많이 지루할 것이라고 생각했으나 막상 볼 때는 지루하다는 것을 1도 못 느끼고 푹 빠져서, 많은 생각을 하며 본 것 같다."

이러한 피드백은 그동안의 마음고생을 충분히 보상하고도 남았다. 고전을 원격수업으로 할 수 없으리라는 우려는 기우였다. 오히려 원격수업이었기에 이러한 학생들의 반응을 파악할 수 있었다. 원격수업에서는 피드백을 글로 제시하기 때문에 더 구체적인 피드백을 받을 수 있었다.

원격수업이기에 가능한 수업 성장

이처럼 원격수업의 최대 장점은 학생들뿐만 아니라 교사 역시 수업 피드백을 받을 수 있으며, 그 피드백이 즉각적이고 구체적이라는 점이다. 매시간 클래스룸에 작성되는 비밀 댓글은 학생이 어느 지점에서 어려움을 겪는지와 어떤 점에서 보충이 필요한지를 파악할 수 있게 해 주며, 이는 수업의 변화로 이어졌다. 예를 들어 『유토피아』를 읽고 공산주의와 연결 지어 생각하는 학생의 글을 읽고, 이렇게 연결 지어 생각할 수 있는 사고력에 대한 칭찬과 더불어 잘못 이해한 부분을 찾아서 유토피아와 공산주의의 유사점과 차이점을 알려 주게 되었다. 단순히 개별 학생에 대한 안내에 그치지 않고, 다음 동영상을 제작할 때 이러한 내용을 참고 또는 안내 사항으로 제작하게 되었다. 학생들이 어느 부분에서 어려워하는지를 알게 되고서 다음 수업 내용이 풍성해졌다.

또한 지난 시간에 학생들이 제출한 과제들 중에서 공유할 만한 사례를 모아서 수업 동영상 초반에 넣으면, 그 수업 후에 자신의 답안이 수업에 소개된 것에 대한 기쁨의 댓글을 확인할 수 있었다. 학생이 열심히 작성해서 제출한 과제가 수업 동영상에 소개되면, 자신의 과제가 소개된 학생들은 자부심을 갖게 되며, 그 외의 학생들에게는 좋은 예시를 학습할 기회가 된다는 점에서 매우 유익했다. 학생 과제 공유는 예전에 등교수업의 교실에서도 이루어졌다. 하지만 교실에서는 그 과제물을 학생들이 돌려서 같이 보거나, TV 화면에 게시하는 형태로 실시되었다. 과제물을 돌려서 보는 데에는 많은 시간이 소요되었고, TV 화면 게시 과정은 쉽다고도 말할 수 있으나 아이폰의 경우는 미러링 기계가 별도로 필요하여 불편함이 많았다. 원격수업에서는 이러한 화면공유가 교실 환경보다는 편리하며, 효과적이었다.

원격수업과 등교수업의 장점을 살린다면 더 효과적인 수업을 설계할 수 있었다. 주제선택 프로그램 1~2기는 온전히 원격수업으로, 3~4기는 등교수업과 병행하게 되었다. 1~2기의 수업을 통해 수업 특징을 알게 된 덕분에 3~4기는 원격수업과 등교수업에서 할 수업을 구분하여 진행했다. 원격수업에서는 『유토피아』에 대한 배경지식 습득과 책 읽기를 진행하고, 등교수업에서는 '나의 유토피아 책 만들기'를 진행하였더니 더욱 효과적인 수업 전개가 가능했다.

고전을 통한 유의미한 학습 경험: 나의 유토피아 책 만들기

이 수업의 핵심은 "내가 추구하는 유토피아는 어떤 모습이며, 그 유토피아를 만들기 위해 지금 나는 무엇을 할 수 있는가"를 생각하는 것이다. 『유토피아』를 읽고, 내가 추구하는 유토피아는 어떤 모습인지를 구상하여, 그러한 이상사회가 현실이 되기 위해 지금 내가 해야 할 일을 찾아서 실천하는 것이 이 수업의 목표였다. 이러한 목표에 도달하기 위해 '나의 유토피아 책 만들기'를 실시했다. 책은 다음과 같이 구성했다.

1. 표지(교사가 제작 및 부착하여 배부)
2. 『유토피아』 책을 읽고 새롭게 알게 된 사실 세 가지
3. 유토피아의 좋은 점, 나쁜 점 각 세 가지
4. 『유토피아』를 읽고 느낀 점
5. 나의 유토피아 지도: 특징을 살려 그 나라의 지도 그리기
6. 나의 유토피아를 소개합니다!: 특징이 나타나는 나라의 이름 및 정치·경제·교육 등 각 분야의 삶의 모습에 대해 기록하기
7. 나의 유토피아를 만들기 위해 지금 내가 실천할 수 있는 일 세 가지

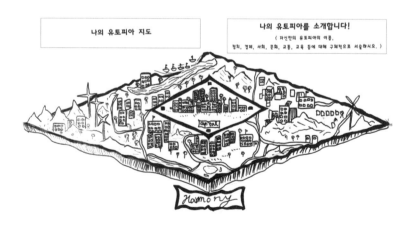

코로나로 인해 외출도 등교도 하지 못하는 상황이어서 그런지 학생들의 유토피아에는 유독 방역과 질병 관리에 대한 내용이 많았다. 또한 학생들에게 가장 밀접한 분야인 교육에 대한 제시가 구체적인 경우가 많았다. 학생들의 유토피아 형태는 매우 다양했다. 부국강병을 최우선으로 하는 이상사회, 계절에 따라 다른 모습을 하는 이상사회, 동물과 환경을 중시하는 이상사회, 여러 개의 기능을 갖춘 도시들을 연결한 이상사회 등 다양한 형태의 이상사회가 제시되었다.

이러한 자신만의 유토피아를 현실에서 실현하려면, 지금 중학생인 자신이 실천할 수 있는 일은 무엇인지 찾아서 제시하는 것이 마지막 과제였다. 이 마지막 과제가 고전을 우리의 삶과 연계하는 연결고리가 되는 활동이었다. 고전을 옛날이야기가 아닌, 현재의 내 삶을 변화시킬 수 있는 이야기로 끌어올 수 있는 활동이며, 앞으로 내 삶의 변화를 위한 실천을 다짐하는 기회가 되었으면 했다.

분야별로 구체적인 실천 방안을 제시하는 학생이 눈에 띄었다.

○ **정치: 회의와 토론을 통해 결정되는 행정제도**
  → 회의 및 토론에 대한 규칙을 만들어서 적용하도록 한다.

○ **경제: 실업도 과로도 없는 효율적 노동관리**
  → 학업 관련해서 효율적으로 공부할 수 있도록 계획적인 생활을 하도록 한다. 공부뿐만 아니라, 봉사활동 등 모든 것들을 계획서를 작성하고 실천할 수 있도록 노력한다.

○ **사회: 질병에서 자유로울 수 있는 의료제도**
  → 코로나19에 대응하는 것처럼 어떤 질병이 발생했을 때 대응할 수 있는 대응 매뉴얼을 만들어 지키도록 한다.

대부분의 학생들은 나음과 같이 짧게 기록했으나, 무엇이 중요한지를 이해하고 있는 것 같았다.

"쓰레기를 아무 데나 버리지 않고 재활용을 하며 지구를 지킨다."

"나는 내 유토피아를 위해 사람들을 도우며 열심히 봉사해야 한다."

"항상 책임진 일을 완료한다. 상대에게 피해를 주지 않는 것을 중점으로 노력한다."

"약자를 도와준다. 약자뿐만이 아니라 현재 나에게 여유가 있다면 도움이 필요한 이들을
도와준다."

'중학생인 내'가 '지금' 실천할 수 있는 실천 방안을 제시하는 것은 유토피아를 먼 미래로 생각하지 않고, 현재의 나의 삶을 변화시키는 원동력으로 삼을 수 있을 것이다.

온라인 피드백을 통한 소통과 성장

고전을 원격수업으로 가르친다는 것에 막막함을 느끼며 시작한 수업이었지만, 온라인 클래스에서 주고받은 댓글 피드백은 수업을 성장하게 했다. 또한 고전을 통한 유의미한 학습 경험이 원격수업에서도 가능함을 알게 해 주었다. 온라인 클래스에 학생들이 과제를 제출하면 비밀 댓글로 학생이 제시한 과제에 대한 피드백을 남겼다. 아래의 댓글을 통해 학생들이 교사의 피드백과 수업을 통해 성장하고 있음을 알게 되었다.

"유토피아에 대해 자세히 알게 되어 좋았고 항상 피드백을 댓글로 달아 주셔서 너무
감사했습니다."

"유토피아에 대해 알 수 있어 좋았다. 노래를 들을 때 노래의 가사에서 유토피아가
언급되었을 때, 유토피아가 먼지 몰랐었는데 무슨 뜻인지, 어떻게 하면 현실화할 수
있는지에 대해 알 수 있어 좋았다."

"고고학 시간 동안 『유토피아』를 통해 내가 원하는 사회의 모습과 올바르고 정직한
사회와 나라의 모습을 배울 수 있었다. 이를 통해 나의 유토피아를 생각해 보고 '실현이
불가능한데 실천 방안이 있을까?'라는 생각을 바꾸어 나의 작은 실천을 통해 유토피아를
실현하는 방법을 알 수 있게 된 계기가 되었다."

다음과 같은 피드백은 짧은 문장을 통해 원격으로 하는 고전 수업에 도전하는 내게 용기를 주었으며, 이 수업이 앞으로 나아가야 할 방향도 제시해 주었다.

"재미있었고 다음에 또 하면 좋겠다!"

"이 수업을 통해서 우리나라의 소중함과 감사함을 느꼈다."

"유토피아를 배우면서 상상력이 높아진 것 같습니다. 감사합니다."

"보통 현실에 대해서만 생각하고 생활하는데, 미래에 대해서 조금이나마 생각할 수 있는 시간이었습니다. 수고하셨습니다."

고전을 통해 미래에 대해 생각할 수 있는 시간! 이것이 앞으로 이 수업이 나아가야 할 방향이 아닐까? 학생들은 이미 내가 설계한 수업 목표 이상의 성장을 보여 주고 있었다. 원격수업이라는 환경은 고전 수업의 장애물이 아니라 소통과 성장의 통로 역할을 하고 있었다.

이제는 쌍방향 원격수업이 어느 정도 자리를 잡았으므로, 어떤 고전을 읽을 것인지에 대해서부터 학생들과 함께 의논하여 수업을 시작한다면 학생들이 더욱 주체적으로 참여하는 수업이 될 것이다. 또한 원격수업과 등교수업을 병행하는 환경이라면, 원격수업과 등교수업의 장점을 살린 수업설계로 효과적인 수업을 할 수 있으리라 기대한다.

- 정아진

원격수업에서 고전 수업을 어떻게 할까요?

① 함께 읽을 고전을 결정하는 과정에 학생들이 참여하게 해 주세요.

② 고전을 통해 학생들의 삶이 변화될 수 있는 유의미한 학습 경험을 과제로 제시해 주세요.

　(과제를 제시할 때에는 반드시 예시를 포함하여 학생들이 과제가 무엇인지 몰라서 못 하는 일을 예방해 주세요.)

③ 학생들이 제출한 과제 중에서 다른 학생들에게 소개할 만한 과제는 다음 수업 동영상에 포함해 주세요.

④ 원격수업의 댓글 피드백을 통해 수업을 보완해 주세요.

삶과 어우러진
'삼시세끼 비법노트'

초·중·고에 다니는 아들 셋이서 학교급식 이야기하는 것을 보았다. 급식이 맛이 있나 없나가 학교생활에 중요한 부분을 차지하는 것처럼 보였다. 하늘빛중학교 학생들도 "오늘 급식 맛있었어요"라거나 "오늘은 조금 그랬어요"라고 말하는 경우가 있다. 맛있는 음식은 삶에 즐거움을 준다.

학생들은 외모에도 관심이 많다. 미디어의 영향이 큰 시기이고 워낙 날씬하고 예쁜 연예인들만 보다 보니 당연하게 느끼는 것일지도 모르겠다. 작년에 급식실에서 만난 친구는 다이어트한다고 하루 한 끼만 먹는데 그것도 조금만 먹는다고 했다. 그래서 건강하게 먹으면서도 체중 조절도 하고 건강하게 성장할 수 있다고 말해 주었다.

급식실에서 아이들과 급식에 담긴 것들에 대해 이야기할 때가 종종 있다. 전통식 문화와 자연을 지키기 위한 친환경농산물과 무항생제 동물복지축산물, 성장에 필요한 영양소 등에 대해 말하면 놀라워하거나 집에서 해 주는 음식과 비교해서 말한다. 그리고 현재의 식습관을 통해 미래의 건강까지 고려해서 식단을 작성한다고 하면 놀라워한다. 아이들이 음식을 선택할 때, 맛뿐만 아니라 다양한 기준을 갖게 하면 어떨까 싶었다. 전 세계의 비만율이 증가하며 만성질환과 성인병의 위험성도 높아지고 있고, 환경이 파괴되어 온난화가 급속도로 진행되고 있다. 음식을 맛있게 즐기면서 음식의 윤리를 생각하고 건강을 챙기기 위한 다양한 지식을 담아 보고 싶었다. 나의 주제선택 수업 '삼시세끼 비법노트'는 현재 우리의 삶과 어우러진 수업이 되기를 바랐다.

주제선택 수업 '나의 삼시세끼 비법노트'

프로그램 개요	건강과 성장을 책임져 줄 나의 삼시세끼. '삼시세끼를 어떻게 먹을까?'에 대한 고민에 답을 줄 비법노트를 만들어 가는 과정을 통하여 본인의 개선점을 인지하여 올바른 식습관을 형성할 수 있도록 한다. 관련 식재료를 가지고 다양한 방법으로 활용하고 협력적으로 해결하는 과정을 통하여 창의성, 협동심, 배려심을 배울 수 있다.

차시	주제	활동 내용
1	삼시세끼 비법노트	• 나의 삼시세끼 정의하기 • 자신의 식생활 평가+나누기
2	인생의 골든타임을 잡아라!	• 인생의 골든타임(=청소년기) 시기에 식생활의 중요성 알아보기 • 골든타임 지침서 만들기+나누기
3	'탄단지무비'의 비밀!	• '탄단지무비'에 대해 알아보기 • 신체 구성과 섭취 비율 차이 알아보기 • '탄단지무비' 샌드위치 만들기
4	나는 얼마나 먹어야 하나요?	• 키에 맞는 표준체중을 찾고 비만도 구하기 • 식사 구성안 개념 알아보기 • 나를 위한 완벽한 식사 제안
5	음식에도 윤리가 있나요?	• 음식 윤리에 대해 알아보기 • 농식품인증마크 종류 알아보기 • 미각 체험 활동하기
6	알고 먹자 영양성분 표시	• 영양성분 표시에 대해 알아보기 • 정크푸드 알아보기 • 생활 속 영양성분 표시 활용법
7	식품첨가물, 카페인이 뭐예요?	• 카페인의 위해성 알아보기 • 섭취 권고량과 섭취하는 식품과 비교하기 • 식품첨가물의 기능 알아보기
8	야! 라면, 너도 요리 될 수 있어!	• 영양소를 갖춘 라면 레시피 개발 • 홍보 POP 제작 • 개발 메뉴 품평 및 시식회

버겁지만 설레는 첫 수업

교장 선생님께서 자유학년제의 주제선택 수업을 해 보지 않겠냐고 제안을 했다. 늦은 나이에 학교 조직에 들어와 급식 업무에 적응해 나가는 것만으로도 버거운데 '과연 잘할 수 있을까?'라는 생각이 들었다(난 2019년 신규 교사이다). 한편으로는 아이들의 삶 속에 들어가 생각하던 수업을 펼칠 수 있다는 생각에 설렜다. 하지만 설레는 마음만으로 해 보겠다고 한 것이 얼마나 무모했는지 시간이 지날수록 절감했다. 겨울방학 동안 수업 준비를 하면서도 '정말 잘할 수 있을까?' 고민했는데, 개학 후 원격수업이 시작되자 마음은 더욱 복잡해졌다.

2020년 상반기는 코로나19 상황에 따라 정신없고 힘겨운 나날의 연속이었다. 수업에 대한 중압감은 계속되었다. 하반기에 원격수업의 방향이 실시간 쌍방향이 되면서 선생님들은 분주하게 준비하기 시작했다. 등교수업도 못 해 보고 실시간 쌍방향 수업을 준비하게 되니 정말 포기하고 싶었지만, 수업에 대한 호기심도 남아 있었고, 원래 꿈꿔 왔던 수업을 통해 아이들 삶 속에 들어가 보고 싶은 마음도 컸기에 무모한 도전이 시작되었다.

학교에서는 급식 업무로 바쁘게 보내고 주말과 저녁에는 수업 준비를 하면서 한 학기를 보냈다. 중학교 아이들이 수업 시간에 열정적으로 호응하는 모습을 볼 수 있는 것도 아니고 수업에 대해 어떻게 느끼는지를 매번 물어볼 수도 없었다. 그렇지만 비법노트를 작성하는 모습을 보며 내가 할 수 있는 것에 최선을 다하고 아이들과 소통하기 위해 노력했다. 수업은 여전히 힘들고 버겁다. 그래도 아이들이 초롱초롱한 눈으로 더 많은 궁금증을 토해 내고, 짧은 답변에도 감탄할 때면 마음에는 정말 감동이 파동을 일으키곤 한다. 그래서 교사는 수업이 힘들지만 수업에서 보람을 느끼는 것 같다.

아이들의 눈높이에 맞추다

중학교 2학년 아들에게 '올바른 식생활 가이드북'이라는 주제선택 활동이 어떤지 물어보았다. 아들이 웃으면서 이런 이름이라면 아이들이 부담만 느끼고 인기 없는 수업이 될 것이라 했다. 아이들의 눈높이에 맞는 이름이 필요하다고 해서 '올바른 식생활'은 '삼시세끼'로, '가이드북'은 '비법노트'로 바뀌었다. 삶이 녹아 있고, 아이들의 눈높이에 맞는 수업을 아이들과 함께 만들어 가고 싶었다.

학생들에게 익숙한 오픈 채팅을 활용하여 수시로 물으면서 서로의 생각과 고민을 공유하고, 이를 통해 수업에 대한 관심과 참여를 높일 수 있었다. 모둠의 구성은 어떻게 할까? 실습은 개별로 아니면 모둠별로 할까? 코로나19 상황에서 안전한 수업은? 아이들의 생각을 담으면 수업은 달라진다. 수업을 받는 학생들의 성향에 따라 수업은 조금씩 차이가 나타났다. 개성이 강하고 다양한 아이디어를 통해 창의적으로 표현하는 것을 좋아하는 1기는 모둠이 아닌 개인으로 실습하는 것을 원했고, 2기 학생들은 수줍음이 많아 혼자보다는 모둠 활동을 통해 서로의 생각을 모은 아이디어로 실습에 활용하고 싶어 했다. 아이들의 성향과 생각을 담은 수업이 만들어졌다.

공지   일정   **투표**

완료된 투표

Q. 개인별 라면요리는 팀별로 동일하게
22명 참여 · 미참여
2020년 12월 14일 (월) 오후 1:46 마감

Q. 라면요리수업은 어떻게 진행할까요?
16명 참여 · 미참여
2020년 12월 12일 (토) 오후 1:08 마감

Q. (실습수업)탄단지무비 샌드위치은 어떻게 할
19명 참여 · 미참여
2020년 12월 4일 (금) 오후 4:18 마감

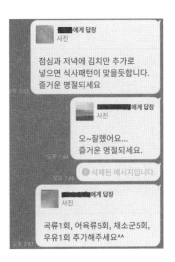

원격과 등교를 넘나드는 수업

　2020년 하반기는 녹록하지 않았다. 코로나19 상황에 따라 1/3등교에서 2/3등교로, 또다시 1/3등교로, 그러다가 갑자기 원격으로 마무리되었다. 이에 따라 수업도 변화되었다. 등교수업에 비해 원격수업은 매시간 작성하는 비법노트의 진행 상황을 알 수 없어 문제가 되었다. 수업 시간에 배운 내용을 정리해 보도록 나름 독려를 했고 참여도도 높아 열심히 작성하고 있다고 생각했는데, 일부 학생들의 비법노트를 보니 이는 착각이었다. 그래서 오픈채팅을 통해 매일 수업에서 작성한 비법노트를 확인하고 바로 피드백을 진행했다. 수업 참여도와 이해 정도를 파악하고 수업의 깊이를 조절할 수 있었다. 삼시세끼 비법노트는 기획 당시 실습이 포함된 다양한 활동이 있는 수업을 담고 있었다. 하지만 원격수업이 많아지면서 활동은 일부 제한되었고 등교수업을 활용하여 실습을 진행했다.

　자유학년 수업 1기는 3번의 등교수업 때 (탄단지무비)샌드위치 만들기, 미각체험(직접 갈아 만든 토마토 주스 VS 시판 토마토 주스), 라면의 부족하거나 과잉인 영양소를 채우는 요리(야! 라면, 너도 요리 될 수 있어)를 운영했다. 영양소(탄수화물, 단백질, 지방, 무기질, 비타민)가 골고루 들어간 샌드위치 만들기는 정말 좋아했다. 비록 학교에서는 맛을 보지 못하고 집으로 가져갔지만 매우 뿌듯해했다. 갈아 만든 토마토주스와 시판되는 토마토주스를 비교하고 각자의 생각을 나누는 시간에는, 같은 주스를 마시고도 다르게 느끼고 다양하게 표현된 내용을 공유해 보았다. 코로나19 상황이라서 토마토 주스 만들기는 시연으로 대체되었다. 대부분은 직접 갈아 만든 토마토 주스를 선호했으나 강한 단맛을 좋아하는 일부 아이들은 시판 토마토 주스를 좋아했다. 건강과의 연관성에서는 직접 갈아 만든 주스를 모두 선호한다고 했다. 라면요리 실습은 개인별로 운영하기로 정했다. 그런데 학교의 전기 공급이 원활하지 않아 한정된 가열기구로는 개별로 운영하기에 많은 어려움이 있었다. 겨우 요리만 하고 끝내고 마무리는 할 수 없는 상황이 되어서, 2기에는 수업의 변경이 불가피해 보였다.

　자유학년 2기의 경우 처음 시작은 2/3등교였다. 그래서 원래의 기획에 가깝게 활동을 좀 더 할 수 있을 것이라 기대했다. 그런데 단 한 번의 실습 후 모든 수업이 원격으로 바뀌었다. 그나마 있던 두 번의 실습도 진행하지 못하게 되었다. 하지만 원격수업은 나름의 장점이 있었다. 각자의 환경이 달라 수업에 활용되는 재료의 다양성을 볼 수 있었다. 미각 체험은 집에서 손쉽게 구할 수 있는 채소류를 가지고 미각, 청각, 촉각, 시각, 후각으로 표현하고 각자의 생각을 나누었다. 브로콜리, 버섯, 파, 배추, 양배추, 무, 당근, 오이 등 다양한 채소들의 맛 표현을 볼 수 있었다. 특히 체험하고 싶은 채소로 파를 선택했다는 것이 신기했고, 향은 '시원하고 개운한 느낌'으로 맛은 '잘 씹히고 시원 깔끔하다'라고 표현해서 정말 놀라웠다. 라면의 부족하거나 과잉된 영양소를 보완하여 완성하는 라면요리는 시간과 공간의 제한 없이 자신의 스케줄에 맞춰 언제든지 진행할 수 있어 마음의 여유가 있었다. 또 함께 고민하고 함께 정한 메뉴가 다양한 형태로 조리된 것을 볼 수 있어 흥미로워했다. 다만 원격수업의 경우 라면요리 실습은 참여하지 않으면 독려하기 어려웠다.

삶 속에 들어간 수업

교육은 현재 속에서 미래를 준비하는 것이다. 그래서 삼시세끼 비법노트 수업은 삶 속에 들어가기를 바랐다. 좋아하는 음식과 싫어하는 음식을 통해 현재의 식습관을 알아보고, 삼시세끼가 주었으면 하는 미래의 모습도 생각해 보도록 했다. 아이들은 건강하게 오래 살고 싶다고 말했다. 미래의 건강한 모습을 위해 비법을 노트에 차곡차곡 쌓아 가는 수업이 되기를 바라며 구성했다.

성장과 건강에 중요한 시기인 청소년기를 잘 보내기 위한 지침서와 맞춤형 식단도 만들어 보았다. 음식의 구매와 조리 그리고 소비까지에 필요한 윤리도 함께 생각했고, 즐겨 먹는 라면, 콜라, 치킨 등과 관련된 영양성분과 식품첨가물, 카페인에 대해서도 알아보았다. 삶과 관련된 지식을 통해 스스로가 미래를 건강하게 지킬 수 있었으면 하는 바람으로 수업에 삶을 담았다. 너무 많은 것을 담은 것은 아닐까 하는 생각이 들기도 했다. 학생들이 힘들어 보이거나 어려워하기도 했기 때문이다. 그러다가도 우리가 쉽게 접하는 식품이나 생활에 대한 지식을 알게 되었을 때는 감탄을 하고 똘망똘망한 눈초리로 질문하면서 놀라워했다. 삶을 반영한 수업에서는 호기심이 올라가나 보다.

나를 성장하고 배우게 하는 아이들

수업에서는 자신이 준비한 것의 80%만 해도 매우 잘한 수업이라고 한다. 원하는 만큼 수업을 완성하기란 쉽지 않다는 말이다. 신규 교사인 나에게 수업은 그랬다. 모든 수업이 완성도 있게 진행되기란 쉽지 않다. 너무 힘들면 수업에 대한 열정도 줄이고 싶고 다음에는 힘든 것들도 생략하고 싶어진다. 1기의 라면요리 실습을 할 때, 교장 선생님과 교감 선생님을 초대해 자신들이 만든 요리를 보여 드리고 싶다면서 초대해 달라고 했다. 하지만 개별로 이루어지는 실습은 원활하게 진행되기 힘들었고, 우왕좌왕하며 점점 엉망이 되어 가는 것 같아 속상했다. 2기에는 하지 말아야겠다는 생각도 했다. 상황에 따라 부족함을 채워 다음 수업에 보완할 생각은 하지 못하고, 교장 선생님과 교감 선생님이 어떻게 보셨을까 하는 생각, 완벽하게 수업을 이끌어 가지 못했다는 마음이 컸던 것이다.

시간이 지나 그런 생각들을 내려놓자 아이들이 눈에 들어왔다. 먼저 요리를 마친 친구들은 다음 친구들을 위해 설거지하고 정리를 해 주었다. 종이 울리고도 가지 못하고 혼자 남아서 정리할 나를 걱정해 주던 친구들이 생각났다. 힘들더라도 다음에 이 수업을 꼭 진행했으면 좋겠다는 조언도 해 주었다. 수업은 교사가 혼자 하는 것이 아니라 함께 만들어 가는 것임을 아이들이 가르쳐 주었는데, 부족한 나는 시간이 지나서야 알게 되었다. 아이들이 원하는 수업은 완벽하게 진행되지 않더라도 함께 배우고 성장하는 즐거운 수업이 아닐까. 학교에는 배우고 또 성장하게 만드는 아이들이 있고 그 안에서 교사로서 행복하다.

– 김지현

수업을 준비하는 영양 선생님께

① 우선 도전해 보세요.

힘들지 않다고 말할 수는 없습니다. 급식 업무만으로도 버거운 현실에서 주제선택 활동처럼 차시가 긴 수업을 하기란 쉽지 않겠지만 그래도 도전해 보세요. 아이들과 소통으로 행복해지고 어제보다 성장한 나를 발견하게 됩니다.

② 다른 선생님들께 도움을 요청하고 소통해 보세요.

혼자서 가면 버겁고 먼 길도 함께 가면 목적지까지 무사히 도착할 수 있습니다. 온라인 클래스룸과 줌이 뭔지도 모르는 저는 하늘빛 선생님들의 도움으로 무사히 수업을 마칠 수 있었습니다. 함께 고민하고 소통하고 도움을 요청해 보세요.

③ 아이들의 삶과 연결된 수업을 해 보세요.

아이들의 삶이 교육을 통해 변화되는 것을 지켜보는 것은 매우 감동적입니다. 아이들은 자신의 삶에 대해 많이 고민하고 진지합니다. 그 삶 속에서 함께 고민해 주세요.

④ 많은 것을 가르쳐 주기보다 많이 생각하는 수업을 해 주세요.

많이 배우면 지식만 쌓이지만 생각하는 수업은 더 많은 지식을 담을 수 있는 그릇과 함께 성장도 일어납니다.

7장

원격수업 시대,
학교는 사라지지 않는다

학교는 '수업하는 곳' 그 이상이다. 학교는 학생들이 뛰어놀며 우정을 나누고, 책을 읽으며 꿈을 키우고, 맛있는 밥을 먹으며 심신이 자라나는 곳이다.

그런데 코로나 사태는 이러한 학교의 기능을 일순간에 정지시켜 버렸다. 학생들은 집 안에 홀로 남아 스마트폰에 중독되어 갔고, 심지어 밥을 챙겨 먹지 못하는 경우도 있다.

학교가 사라진 듯한 상황에서도 학교는 살아 움직여야 했다. 온라인을 통해서도 도서관의 기능은 움직여야 하고, 등교 시기에는 도서관을 찾도록 해야 했다. 등교 시기라는 소중한 시간에, 학교는 학생들에게 더 안전하고 질 좋은 급식을 제공해야 했다. 단순한 방역을 넘어 급식 자체가 교육적 기능을 해야 했다.

코로나 사태를 거치며 하늘빛중학교의 도서관, 급식실, 보건실, 상담실 등은 더욱 각각의 가치를 발휘했다. 이것이 가능했던 이유는 하늘빛중학교 교사들 모두의 협력과 집단지성의 힘이었다.

[도서관]
도서관이 사라졌다?
도서관이 살아 있다!

조금은 절망적으로 맞이하게 되었던 4월. 도서관은 책이나 정보를 매개로 하지만 결국에는 이곳을 드나드는 사람들이 소통하는 문화의 장(場)이자 플랫폼이라고 생각해 왔기에 맞이할 학생이 없는 도서관의 적막함이 그리 달갑지 않았던 것이 사실이다.

그 무렵 마치 예상이라도 한 듯 변화의 기류 속에서도 흔들림 없이 나아갈 수 있었던 것은 학생들을 생각하는 교사들의 한마음이었을 것이다. 그것은 누군가에게는 합리적인 선택, 빠른 의사결정과 추진력으로, 다른 누군가에게는 새로운 수업 환경에 맞는 기술을 익혀야만 하는 당위성으로, 또 다른 누군가에는 시간으로 빚어진 자신의 지식과 노하우를 기꺼이 내어 줄 수 있는 나눔으로 작용했던 듯하다. 그 덕분에 동료 교사들과 함께 단시간에 온라인 플랫폼과 수업을 위한 도구들, 영상 제작 기법 등을 배울 수 있었고, 우리는 이 시대가 요구하는 '업글 인간'으로 성장해 가고 있었다.

학생들의 1/3등교가 확정되던 날, 안전한 생활지도를 위해 교내의 특별실을 교실로 사용하게 됨에 따라 넓은 열람실을 보유한 도서관은 '2반' 교실이 되었다. 안진한 학교생활이 중요한 터라 긱 반의 학생들은 지징된 동신으로만 이동하도록 했고, 사실상 도서관은 이용할 수 없게 되었다. 눈앞이 캄캄해진 상황에서 도서관의 자료 구입은 계획한 일정에 맞춰 진행되어야 했다. 구슬이 서 말이라도 꿰어야 보배이건만 새 책이 들어온들 읽을 사람이 없으면 그게 다 무슨 소용일까 싶어 생각해 낸 것이 '온라인 도서관'이었다.

일찌감치 원격수업 플랫폼으로 선정된 구글 클래스룸은 제2의 교실 역할을 톡톡히 해내고 있었다. 그래서 구글 클래스룸에 도서 대출, 도서관 행사, 독서 자료 제공을 기본 서비스로 지속적인 독서 동기 유발과 독서 활동 지원에 초점을 맞춘 온라인 도서관을 개설하기에 이르렀다. 온라인 도서관을 열면서 바랐던 것은 온·오프라인을 잇는 유연한 도서관 서비스 그리고 다시 활발하게 소통하는 도서관이었다. 다행스럽게도 중학교 학교생활에 대한 기대가 컸을 신입생들의 적극적인 참여와 평소 도서관을 즐겨 찾던 재학생들 덕분에 온라인 도서관은 소소하게 활기를 띠기 시작했다.

온·오프라인을 잇는 도서관으로

온라인 도서관으로 전교생을 초대했지만, 각 학급의 클래스에 소속되어 있는 학생들을 도서관으로 오게끔 하는 것은 쉬운 일이 아니었다. 도서관에 관심 있는 학생들은 새 게시물의 알림을 확인하고 온라인 도서관에 찾아와 댓글도 남기고 활동에도 참여하지만, 보통의 학생들에게는 클래스를 변경하는 일조차 수고스럽고 귀찮은 과정이기 때문이다. 그래서 온라인 도서관에 업데이트하는 주요 소식들은 각 학급 클래스의 공지사항에 별도로 안내하는 과정이 필요했다. 다행히도 고마운 두 분 선생님의 도움으로 일 년 동안 온라인 도서관의 다양한 소식을 전체 학급에 알릴 수 있었다.

온라인 도서관을 통해 도서 대출이 시작되는 날, 첫날임에도 열 명 남짓한 학생들이 도서 대출을 신청했다. 대출 권수와 기한을 늘려 주고 도서 대출 신청은 간편하게 데일리 게시물에 댓글만 달도록 했는데, 기다렸다는 듯이 도서 대출을 신청한 아이들이 고맙기만 하다. 등교 시간에 맞춰 책꾸러미를 실은 북트럭이 중앙 현관에 자리했다. '도서관에 오지 못해도 책은 빌릴 수 있다'는 사실을 더 많은 학생에게 알릴 생각에 그리고 고마운 책꾸러미 신청자들을 만날 생각에 설레는 아침이다.

한 학기 동안 책꾸러미를 주고받으며 얼굴도 모르는 단골손님의 이름이 친숙해지고 마스크로 가려진 얼굴들도 점차 낯이 익으며, 이름을 불러줄 수 있는 아이들이 하나둘씩 늘어 갔다. 그리고 이 잠깐의 아침 덕분에 도서 관을 다시 열던 가을날에는 반갑게 아이들의 이름을 부르며 맞이할 수 있었다.

돌이켜 보면 재미있는 것이 있다. 도서관을 자주 찾던 학생들이 모두 온라 인 도서관을 이용하지는 않았기 때문이다. 그렇다면 도서관을 찾지 않던 어 떤 학생에게는 온라인 도서관이 도서관을 가깝게 느끼는 계기가 되지 않았 을까 가만히 생각해 본다.

문턱을 낮춘 도서관으로의 초대

매달 도서관 행사를 기획하고 진행하는 것을 좋아하는 1인이다. 책 읽기 를 싫어하는 학생들까지도 도서관으로 초대할 수 있기 때문이다. 물론 '독서 교육'이라는 본질에 접근하지 못하고 겉돌기만 하는 일회성에 그치는 행사 에 헛헛함을 느꼈던 적도 많다. 그래서 독서 캠페인이나 독서 프로그램을 진 행하여 도서관 행사와 독서교육의 균형을 찾아가기 위해 노력한다. 하지만 좋은 독서 프로그램이라도 자율적인 참여를 기반으로 하다 보니, 독서를 즐 기는 소수의 학생을 제외하고는 대다수 학생의 자발적이고 지속적인 참여를 유지하는 데 어려움이 따르기 일쑤다. 그런 면에서 독서 동기를 자극하고 즐 거운 경험을 더한 도서관으로의 편안한 초대는 무척 의미 있다. 한 번도 가 본 적 없는 도서관으로 기억될 것인지, 즐거운 문화 공간으로 기억될 것인지 는 운영하는 사서교사의 몫일 것이다. 그렇다고 즐거움에 치우쳐 진정한 독 시가들에게 외면당해서는 안 되겠지만 말이다.

온라인 도서관을 활성화하고 독서 활동을 장려하기 위해 5월부터 매달 도서관 행사를 진행했다. 온종일 원격수업에 지쳐 있을 학생들에게 놀이터 같은 즐거운 도서관 하나쯤은 괜찮지 않을까 싶어 학생들의 흥미에 중점을 두고 기획했다.

주로 패들렛과 구글 설문지를 활용했는데, '책 속의 한 문장 쓰기'나 '순우리말 짧은 글 짓기', 방탈출 게임 형태로 만든 '도서관을 구해줘 퀴즈'와 '한글 퀴즈'가 학생들의 높은 참여를 이끌었다. 퀴즈를 낼 때는 짧은 글이라도 읽어야 풀 수 있는 문제를 넣어, 꼭 책이 아니더라도 '읽는 것'에 기꺼이 동참할 기회를 주고자 했다. 오프라인 행사처럼 생생한 학생들의 참여 광경을 목격할 수 있는 것은 아니지만, 댓글이나 설문을 통해 글로 마주하는 목소리는 커다란 힐링이 되었다. 매달 진행하는 도서관 행사에 대한 고마움을 표현하는 후기를 보면서, 이 학생 역시 꾸준히 도서관 행사에 참여하고 있음에 오히려 감사한 마음이 들었다.

모든 행사가 높은 참여율을 기록한 것은 아니었다. '이럴 땐 이런 책'이나 '전자책 읽기'와 같은 자신의 독서 경험을 나누거나 글쓰기가 필요한 행사는 적극적인 참여를 요구하기 때문에 상대적으로 참여율이 낮았다. 그래도 학생들이 작성한 소중한 글들을 온라인 게시에 그치지 않고 도서관에도 전시하여 더 많은 학생과 공유함으로써 의미를 더하고자 했다.

'블라인드 도서 대출'은 또 다른 의미에서 성공적이었다. 도서관에 갈 수 없고, 서가에서 직접 책을 고를 수 없는 상황을 이용하여 책 봉투 100세트를 북트럭에 싣고 학생들이 있는 교실로 찾아갔다. 책 봉투에 적힌 해시태그만 참고하여 도서 대출을 해야 했는데, 제목을 알 수 없는 책을 빌린다는 스릴감과 호기심에 많은 학생이 참여했고, 온라인 도서관을 이용할 만큼 적극적이지 않았던 학생들에게 도서관 문턱을 낮추고 독서 기회를 제공할 수 있었다. 친구들과 함께 책 봉투를 열어 보며 어떤 책이냐며 즐거워하던 모습을 떠올릴 때면, 책을 가까이할 더 많은 기회를 만들어야겠다는 의지를 다지게 된다.

서툴렀던 온라인 독서 활동

온라인 환경에서 독서 활동을 어떻게 지원해야 할지 많은 고민을 남긴 한 해였다. 학기 초 독서 자료의 한 형태로 북 큐레이션을 계획했었기에, 온라인 도서관에 교과 연계 도서 목록, 권장도서 목록과 함께 상황에 따른 흥미로운 추천 목록을 북 큐레이션 형태로 게시하고자 했다.

온라인 도서관 행사

이런 독서 자료들이 직접적인 도서 대출로 이어지지는 않는 듯했다. 오히려 온라인 도서관 행사나 도서부 활동을 통한 학생들의 참여로 만들어진 추천 도서 목록이 큰 관심을 끌었다. 친구들과 도서관에 와서 '이럴 땐 이런 책'이나 '하늘빛 학생의 70선'과 같은 학생 참여 활동에 의한 추천 도서 게시물을 살피며 책 이야기를 나누는 모습을 보면서, 친구가 추천하는 책이야말로 공감대가 높고 영향력이 크다는 것을 다시금 느꼈다. 그리고 학생참여형 독서 자료를 온라인 환경에 맞게 제작하여 배포하면 더욱 효과적일 것이라는 생각이 들었다.

독서 자료가 있더라도 읽을 책과의 접근성이 문제였다. 그래서 종이책이 아닌 E-Book이나 오디오북과 같은 다른 형태의 책을 안내하는 것이 필요했다. 학기 초만 하더라도 외부에서 제공되는 전자책 이용 방법 안내로 만족해야 했지만, 2학기에는 학교도서관 예산으로 소량의 전자책을 구매하면서 우리 학교 전자도서관을 안내할 수 있게 되었다. 전자책 이용을 활성화하기 위해 도서관 행사와 엮기도 하고, 도서부 학생들과 북튜버 영상을 비롯하여 오디오북, 전자책을 함께 이용하고 직접 오디오북 형태의 북트레일러를 만드는 활동도 해 보았다. 이 활동은 후반 작업을 직접 하느라 무척 애먹었는데, 평상시 모습과 다른 차분하고 낭랑한 도서부 아이들의 목소리를 밤새 편집하면서 몹시 흐뭇했다. 방송반을 통해 점심 방송에 낯익은 아이들의 목소리가 흘러나올 때는 대견스러움과 나 자신의 기술적 역량 부족에서 오는 아쉬움이 교차했다. 여전히 전자책 이용의 활성화는 과제로 남아 있다. 아니 정확하게 말하자면, '읽기에 대한 욕구를 어떻게 발현할 것인가'라는 근본적인 질문에 답하기 위한 절대적인 노력이 필요한 시점이란 생각이 든다.

학기 초 작가와의 만남을 진행하기 어렵다 여겨 빨리 포기해 버린 것은 서툰 결정이었다. 온라인 미디어 플랫폼을 활용한 라이브 생중계를 미처 떠올리지 못한 것이 불찰이었다. 다행히도 사람책 프로그램은 우여곡절 끝에 계획대로 무사히 진행할 수 있었다. 등교주간이 다른 두 개의 동아리가 함께하게 되면서, 실시간 쌍방향 수업과 대면수업을 동시에 진행했는데 반응이 무척 좋았다. 비대면 작가와의 만남이 큰 호응을 얻을 것이라고는 생각하지 못했는데, 웹툰 작가님 특유의 입담과 진솔한 이야기에 채팅창도 열기로 달아올랐고 학생들의 몰입도가 굉장했다. 예상과 달랐던 결과와 마주하며 느낀 것은 온라인의 모든 활동이 성공적일 수는 없지만, 다양하게 고민하고 시도해 볼 필요가 있다는 것이다. 시도하지 않고 물러서게 되면 기회조차 없기 때문이다.

온·오프라인을 넘나들며 도서관을 운영하면서 다양한 독서 프로그램을 온라인 특성에 맞게 진행하지 못해 아쉽기도 했고, 때로는 텅 빈 도서관을 보며 공허함이 들기도 했다. 그렇지만 다시 낯선 상황에 직면하게 될 때 도서관이 어떤 모습으로 어떻게 자리해야 할지에 대한 고민은 이제 끝난 듯하다. 여전히 단기간에 해결할 수 없는 문제들이 산재해 있지만, 벌써 준비해야 할 프로젝트와 계획들로 두근댄다. 모든 것이 완벽할 수는 없었던 처음이 있었기에 그보다는 더 나을 다음만이 기다릴 것이라 믿으며, 내일을 향한 힘찬 발걸음을 내디뎌 본다.

- 윤은정

원격수업 TIP

원격수업 상황에서도 효과적으로 도서관을 운영하려면?

① 학생들과의 소통 채널 만들기

온라인 도서관 형태가 아니더라도 소셜 미디어를 활용하여 도서관의 소식을 전하고 독서 활동을 지원할 수 있는 소통 창구를 만들어 봅시다. 학생과 소통할 수 있는 플랫폼이 마련된다면 다양한 활동을 전개하기 수월합니다.

② 온라인 환경에 맞는 독서 활동 설계하기

오프라인에서 운영하던 독서동아리와 독서 프로그램을 과감하게 운영해 봅시다. 독서 활동에 적합한 온라인 플랫폼과 도구들을 활용하면, 독서 토론부터 작가와의 만남까지도 가능합니다. 그리고 줌(ZOOM)이나 오픈 채팅방, 밴드 등을 활용한 정기 모임으로 커뮤니케이션을 활성화하면 효과적인 독서 활동 운영에 도움이 됩니다.

③ 고민이 된다면 적극적으로 정보 활용하기

혼자서만 고민하면 쉽지 않을 때가 많습니다. 동료 사서교사들과 <학교도서관저널>의 기사가 큰 도움이 되었습니다. 비대면 도서관 운영에 대한 다양한 정보들을 탐색하고 우리 학교 실정에 맞게 적용하여 실행에 옮길 수 있는 마음만 있다면 이미 절반은 성공한 것입니다.

[급식]
협력으로 만들어 가는
안전한 학교급식

학교에서 2월은 교육이라는 농사를 잘 짓기 위해 함께 고민하고 열심히 계획을 세우는 달이다. 2020년 2월은 어느 해와 마찬가지로 열심히 신학기를 준비하며 지내다가 갑자기 들어 보지도 못한 감염병 소식에 나라가 들썩이기 시작했다. 새로운 학교에 들어와 익숙하지 않은 환경에 적응해야 하는 신입생, 학년과 반, 담임이 바뀌어 낯설지만 설레는 학교생활을 꿈꾸는 2, 3학년, 아이들과 함께할 행복한 시간을 기다리던 선생님들에게 2월은 코로나19에 대한 불안감으로 인해 긴박하게 흘러갔다. 처음에 함께 모여 개학을 준비할 때만 해도 3월에 학교 문을 열지 못한다는 것은 상상해 본 적도 없다. 신종플루, 메르스 등 여타 감염병처럼 시간이 지나면 어느 정도 수그러들고 다시 일상으로 돌아갈 수 있으리라 생각했다. 학교는 계속해서 교육과정 워크숍을 진행하며 개학을 준비했다. 그러다 폭발적으로 증가하는 감염자 수를 보면서 점점 위기감이 느껴졌고, 김포에도 확진자가 발생했을 때는 코로나19에 대한 공포감이 시작되었다. 이러한 상황에서 만약 학교가 문을 연다면 우리는 어떻게 아이들의 안전을 지킬 수 있을까 하는 고민이 시작되었다. 하늘빛중학교 급식시간에 아이들의 안전을 지키기 위해 고군분투하는 과정과 그 속에 담긴 교육을 이야기해 보려 한다.

교육공동체가 함께 고민하는 학교

　조직이 가진 힘을 알아보려고 하면 힘든 시기를 어떻게 보내는지를 보면된다. 견고한 조직일수록 힘든 시기에 서로를 의지하고 배려하며 고난을 잘 헤쳐 나가 이겨 낸다.

　코로나19 상황 속에 학교를 열었을 때 가장 걱정되는 부분 중에 급식이 있었다. 아이들의 안전을 지키면서 정상적인 교육과정을 진행할 수 있을까에 대해 1차 회의가 진행되었다. 학교장, 교감, 교무부장, 행정실장, 영양교사가 함께 모여 아이들이 안전할 수 있는 급식에 대해 고민했다. 여기에서 급식을 진행하면서 교육과정을 진행하거나 일정 시기 동안만 급식을 하지 않는 것이 좋겠다는 의견이 나왔다. 이를 토대로 2차 회의는 급식소위원회의 학부모에게 현 상황을 설명하고 아이들에게 개학 이후 안전을 위한 방안을 함께 이야기했다. 급식소위원들도 의견이 여러 가지로 나뉘었다. 단축 수업을 진행하고 빨리 하교를 원하는 학부모님이 계신가 하면 학사일정을 그대로 운영하면서 급식을 실시했으면 좋겠다는 의견도 나왔다. 이러한 의견을 토대로 등교 개학 전 교육공동체의 의견을 수렴하는 기회를 가졌다.

단위: 응답 수(%)

개학 예정일 급식 제공 방법	1학년 학부모	2학년 학부모	3학년 학부모	학생	교직원	전체
1. 급식 미실시 (단축 수업)	35명 (38.5%)	39명 (28.3%)	37명 (30.6%)	55명 (71.4%)	7명 (87.5%)	173명 (39.8%)
2. 급식 미실시 (개인 도시락 지참)	2명 (2.2%)	-	4명 (3.3%)	-	-	6명 (1.4%)
3. 급식 실시 (간편식, 반별로 제공)	49명 (53.8%)	90명 (65.2%)	64명 (52.9%)	18명 (23.4%)	1명 (12.5%)	222명 (51.0%)
4. 급식 실시 (기존 식단 제공)	5명 (5.5%)	9명 (6.5%)	16명 (13.2%)	4명 (5.2%)	-	34명 (7.8%)

　설문 결과를 통해 학생과 교직원은 안전에 우선을 두고, 학부모들은 학생들의 안전과 정상적인 교육과정 운영을 원한다는 것을 알 수 있었다. 개학

을 준비하는 학교에서는 교육공동체의 생각을 알아보고 이를 통해 학교가 대비해야 할 상황들에 대해 다양한 방안을 모색하기 위해 다시 머리를 맞대고 고민하기 시작했다. 아이들의 안전과 성장을 담을 수 있도록 학교생활을 어떻게 운영해야 할지에 대해, 교육공동체의 의견을 토대로 급식을 단계적으로 운영하자는 방안을 도출했다. 이를 토대로 학생들의 안전을 확보하고 그 속에 아이들이 교육과 성장을 담도록 했다.

안전한 학교생활 적응기(1단계)

신학기는 학교에 아이들이 없는 상태에서 시작되었다. 아이들은 온라인이라는 가상공간에서 선생님과 친구들을 만나 공부하게 되었다. 드디어 다가온 등교 개학 시점에 학교는 설렘과 두려움으로 발을 딛게 될 아이들을 기다리면서도 걱정이 앞섰다. 코로나19의 위험 속에서 학교생활에 잘 적응할 수 있도록 지도할 수 있을까를 고민했다. 교육공동체에서 수렴된 의견을 토대로 학생들의 안전과 더불어 교육과정이 정상적으로 진행될 수 있도록 세세한 협의가 이루어졌다. 학생들에게 코로나19의 위험성을 지속적으로 교육하고 기본적인 수칙을 지킬 수 있도록 지도해 오랜 방학과 원격수업으로 인해 어려움을 느끼는 학교생활에 적응하도록 하는 것이 1단계의 목표였다.

2주 동안 자체에서 조리된 간편식을 교실에서 먹었다. 그 사이에 감염병의 전파 위험성을 줄이기 위한 습관들을 습득하도록 했다. 반별로 나누어서 공간을 사용하고, 생활 속에서도 거리두기를 실천하며 손 씻기, 소독과 발열 체크, 환기 등이 진행되었다. 안전이 최우선이 되고 외부와의 접촉을 최소화하기 위해 간편식도 수업 끝나기 직전 교실 앞으로 비대면으로 전달되었다. 면역을 위해 지역에서 생산되는 홍삼 제품도 제공되었다. 그 과정에서 부족한 부분은 지속적인 보완이 이루어졌다. 학교의 모든 장소에는 선생님들이 계셨고 모두가 함께 학생들이 잘 적응할 수 있도록 도왔다.

공용공간에서 안전한 학교(2단계)

안전을 생각한다고 하여 학생들을 교실에만 꽁꽁 묶어 둘 수는 없다. 너와 나 그리고 함께 모두가 모이는 공간을 위한 준비가 시작되었다. 3주간 시행된 2단계는 공용공간에서 안전한 학교 만들기이다.

이 시기에는 1단계에서 지켜진 습관에 서로를 위해 더 배려를 했다. 급식 순서를 기다릴 때는 옆 사람과 1.5m, 앞사람과는 1m를 유지하고, 발열 체크(등교 시, 급식 전), 손 씻기, 식사 전 소독, 식사 시 외에는 마스크를 벗지 않기 등을 실천하며 서로를 배려하는 단계이다. 접촉을 최소화하기 위해 식판 및 수저 등 소독된 모든 급식 물품은 나눠 주고, 식사공간은 1/4만 이용한다. 식사한 자리의 식탁과 의자는 소독 후 재이용이 가능하다. 공용공간인 급식실의 적응을 위해 2단계에도 간편식이 제공되었다.

이 시기에도 지속적인 협의가 진행되고 부족한 부분은 다시 보완했다. 예를 들어 간격 유지에 도움을 주기 위해 선을 그어 안내하고, 더워진 날씨에는 학생들의 의견을 수렴하여 그늘진 곳만 이용했다. 그리고 학년별, 반별 이동 시간을 정해서 대기 시간과 접촉을 최소로 유지하는 등 다양한 의견을 수렴하고 개선하기 위해 다시 협력했다. 선생님들은 모든 장소와 시간에 학생들과 함께했다.

건강하고 안전하게 학교 생활하기(3단계)

등교수업 6주가 지나면서 학생들과 교사들은 주기적인 등교와 원격의 패턴에 적응하고 교육과정도 안정화되었다. 이 시기에는 코로나19 상황에서도 되도록 예전의 생활을 되찾고자 노력했다.

간편식 식단은 대부분 외식과 같은 메뉴이다. 코로나19가 시작되고 학교에 적응하기 위한 기간에는 배식이 용이하고 선호도가 높은 식단을 제공했다. 하지만 학생들이 집에 머무르는 시간이 많아지고 점차 배달음식으로 식사하는 경우가 늘어남에 따라 집밥과 영양적으로 균형 잡힌 식단의 요구가 증가했다. 타 학교의 메뉴 관련 설문에서도 코로나19 이전 상황에서는 간편식 메뉴의 선호도가 높았으나 코로나19 상황이 되면서 정상적인 급식 메뉴인 일반식의 선호도가 높게 나타났다. 3단계에서는 학생들이 공용공간에서 서로를 배려하고 안전하게 학교생활을 하도록 운영하면서 건강을 더했다.

영양적으로 균형 잡힌 식단을 제공하여 지속적으로 건강하게 학교생활을
할 수 있도록 했다.

스스로를 지키고 성장하기(4단계)

　과밀 학교인 우리 학교도 1/3등교에서 2/3등교가 시작되었다. 많아진 학
생들을 기존처럼 선생님들이 밀착 지도하기 어려워졌다. 아이들 스스로가
안전을 지키고 그 과정에서 성장할 수 있는 방법이 있지 않을까 하는 학교의
고민이 다시 시작되었다.

　코로나 이전에는 학생들이 모든 급식활동에 참여했다. 코로나19 상황에서
는 감염 위험을 최소화하기 위해 학생들의 활동이 제한되어, 조리종사원들
이 배식과 소독을 진행하고, 더 많은 선생님들이 급식질서지도에 투입되었
다. 하지만 등교인원이 늘어난 시점에는 배식과 소독이 문제였다. 일부 선생
님 중에는 급식실 소독과 배식을 선생님들이 해 주고 더 많은 업무를 분담
하자는 의견도 있었지만, 원격과 등교수업을 병행하면서 방역과 관련된 생
활지도로 업무가 늘어난 상황에서 급식 업무까지 추가로 감당하기에는 불가
항력이었다.

　학교는 아이들이 교육을 통해 스스로 성장할 수 있도록 돕는 곳이다. 배
운 것을 실천하면서 자신과 친구들을 지켜 나가기 위해 성장해야 한다. 그래
서 4단계에서는 학생들이 기존에 익혀 온 생활 수칙을 스스로 지키고 타인
을 배려하는 것을 배워 성장하도록 했다. 다른 누군가의 안전을 위해 스스

로 거리두기를 실천하고 마스크를 잘 쓰고, 밥을 먹고 난 후 마스크를 쓰고 앉은 자리는 다음에 앉을 친구를 위해 소독한다. 급식활동도 교육이다. 그렇기 때문에 아이들이 급식활동을 통해 스스로 교육받은 것을 실천하고 이를 통해 성장하도록 했다.

급식, 건강함을 담은 교육

위기 상황에서 우리는 끊임없이 소통하고 협력했다. 현안에 대해서는 지속적인 업무협의가 이루어지고, 이는 교직원 회의를 통해 구성원들에게 전달되었다. 상황에 따라 부족한 부분은 회의에서 함께 고민하고 보완해 나가도록 노력했다. 학부모님들은 학교에서 진행되는 상황에 관심을 갖고 신뢰와 적극적인 지지를 보내 주었다. 특히 급식소위원회 학부모님들은 급변하는 상황에 따라 급식의 방향을 함께 고민하고 단계적인 운영 상황을 지켜보며 소통과 격려를 아끼지 않으셨다. 학생들은 선생님들과 함께 안전한 학교 운영에 적극적으로 동참하고 다양한 의견을 제안하여 최선의 대안을 찾는 데 협력했다.

학교는 아이들이 꿈을 키워 나가는 공간이다. 아이들의 꿈을 키우기 위해 모두가 협력해야 한다. 협력의 밑바탕에는 물론 소통과 신뢰가 우선되어야 한다. 소통과 신뢰가 없는 일방적으로 요구되는 협력은 지속적으로 진행되기 어렵다. 코로나19처럼 위기 상황이 시작되어 단기간에 종식될 것이라 생각되면 처음에는 모두 협력하지만 시간이 지나면 '왜'라는 의문이 들게 된다. 소통과 신뢰를 바탕으로 이루어진 협력이 아니면 지속되기 힘들다. 하늘빛 중학교에서는 학생과 학부모, 교직원들이 지속적으로 소통하고 서로의 신뢰를 쌓아 협력을 이끌어 안전한 급식을 할 수 있었다.

급식은 아이들에게 주는 건강한 미래다. 급식에는 다양함이 담겨 있다. 건강한 친환경 식재료를 통해 환경을 지키고 중소기업 제품들도 생산 판매를 확대할 수 있게 하여 공정한 거래 문화에도 앞장선다. 그리고 균형 잡힌 식단을 구성하여 보이지 않게 식습관이 형성될 수 있도록 한다. 자신도 모르게 맛본 음식을 통해 올바른 식습관을 형성하여 미래의 건강도 밑받침하도록 한다. 그리고 위기 상황에서 서로를 지키는 배려도 배운다. 많은 사람들이 이용하는 공간에서 자신을 지키고 남을 배려하여 더불어 살아갈 수 있는 방법을 배운다. 급식에는 다양한 교육이 담겨 있다. 아이들이 살아갈 미래에 건강을 담을 수 있도록 하늘빛 급식에는 교육을 담고 있다. 급식은 건강함을 담는 교육이다.

- 김지현

원격수업 TIP

안전한 급식을 준비하시는 영양 선생님께

① 소통해 주세요.

영양선생님들은 정말 많은 사람들과 협력해야 합니다. 조리실무사, 협력 업체, 행정실, 담임선생님, 학교의 관리자, 교육청, 학부모 등과 업무로 연결되어 있습니다. 물론 민원도 많고 감정적인 소모와 스트레스가 많은 직업입니다. 모든 직업이 그렇듯 학교에서도 타인의 업무 이해 정도가 그리 높지 않습니다. 그래서 적극적인 소통이 필요합니다. 특히 소통이 어렵다고 생각되는 사람과 적극적으로 소통해 주세요. 소통하면 그 안에 신뢰가 쌓이고 적극적인 협력을 이끌 수 있습니다.

② 상황에 맞는 식단을 운영해 주세요.

학교는 위기 상황에 따라 모든 과정이 변화합니다. 특히 코로나19처럼 감염병 상황에서 교육과정이 변화될 때에는 세심한 급식 운영이 필요합니다. 위기 상황에 따라 급변하는 학교에 학생들이 잘 적응할 수 있도록 단계적인 급식 운영을 해야 합니다. 학생들이 학교생활에 적응하고 서로를 배려하기 위한 교육이 필요한 시기에 맞춰 단계적인 급식 운영 방안을 계획하고 진행해야 합니다. 모든 과정에는 교육이 들어갑니다. 급식도 교육이니까요.

③ 모두의 협력을 이끌어 주세요.

코로나19처럼 위기 상황은 모두에게 힘겨운 시간입니다. 혼자라고 생각하면 모든 상황이 버겁고 힘듭니다. 급식은 혼자 운영하기 어렵습니다. 그리고 독단적으로 이끌어 갈 수도 없습니다. 모두의 협력이 필요합니다. 학교의 관리자와 몇몇에 의해 결정되고 시행되기보다는 학생, 학부모, 교직원들이 협력할 수 있도록 해 주세요. 서로의 의견을 묻고 반영하고 서로 협력할 수 있도록 해 주세요. 그러면 급식에 교육이 담아집니다.

8장

원격수업 시대의
학급운영

코로나 시대에 가장 중요한 사회적 덕목은 '사회적 거리두기'였다. 사람들은 다른 사람들과의 만남을 멀리하게 되었고, 각자 자신의 영역 속에 고립되어 갔다. 그 속에서 사람과의 만남이 얼마나 소중한지 깨닫게 되었다.

학교라는 사회에서 만남의 기본 단위는 '학급'이다. 그러나 코로나 시대에 '학급'의 존재 역시 위태로워졌다. 학생들은 교실에서 마스크를 쓴 채 물리적으로 거리두기를 해야 했다. 일 년이 지나도록 친구의 얼굴도 제대로 모를 수 있는 상황이었다.

하늘빛중학교 교사들은 '사회적 거리두기 교실'에서 '사회적 연대의 길'을 찾고자 했다. '방역이 철저한 교실'을 만들기 위해서도 눈물겨운 노력을 했지만, 이와 동시에 '소통이 있는 학급'을 운영하기 위한 노력을 기울였다.

끊임없이 온라인 공간에서도 소통하는 방법을 모색했다. 온라인에서도 공동체 놀이가 가능하다는 것을 발견했다. 그 속에서 학생들은 우리 모두가 연결되어 있는 존재라는 것, 학교는 사회적 연대를 위한 방법을 찾아가는 곳이라는 점을 배워 갔다.

사회적 거리두기 교실에서
사회적 연대의 길을 찾다

이제는 일상이 된 '사회적 거리두기'이지만, 학교에서 '사회적 거리두기'가 일상으로 자리 잡기 위해서는 온 학교가 하나의 마음으로 함께 행동해야 하는 시간이 필요했다. '사회적 거리두기 교실'을 만들기 위한 노력들을 정리하면서 '사회적 거리두기 교실'에서 우리가 앞으로 나아가야 할 방향은 무엇인지 생각해 보았다.

만남 없이 시작된 학급운영, 계속되는 만남 계획

2월에는 항상 3월을 준비하는 워크숍으로 새 학기를 준비한다. 이 워크숍에서 올해 나와 함께할 3학년 6반 학생들의 이름을 만났다. 다행히 작년에 수업에서 만난 아이들이므로, 이름 하나하나를 읽으면서 학생들의 얼굴을 떠올려 보았다. 우리 반은 조용하고 차분한 학생들이 많다는 것을 알게 되고, 앞으로 우리 학급을 어떻게 운영해야 좋을지 계획을 세워 보았다. 그동안의 학급운영 경험으로 알고 있듯이 계획은 계획이고, 예상은 예상일 뿐이다. 내가 알고 있는 한 명 한 명의 특징으로 예상되는 그 학생들이 실제 교실에서 만나 한 학급이 되면 어떤 학급이 될지는 '만나 보아야' 알 수 있다. 우리 반은 어떤 학급일까? 어떤 학급이 될까? 언제나 이때에는 첫 만남에 대한 설렘과 걱정이 앞서곤 한다. 이것이 보통의 새 학기 시작의 모습이다.

2020년 2월은 달랐다. 본격적으로 코로나가 확산되면서 개학이 미루어졌다. 이름으로 만난 학생들과 얼굴이 아닌 목소리로 먼저 만났다. 전화로 학생들의 안전과 방역에 대해 안내하면서 가장 강조한 것은 '괜찮으니 너무 걱정하지 말라'는 메시지를 전달하는 일이었다.

학급의 만남은 주로 밴드를 통해 이루어졌다. 밴드를 개설하여 학급 학생들에게 가입을 안내하고, 밴드를 통해 소통했다. 가정학습 사이트 안내, 온라인으로 독서 방법 안내, 코로나 불안과 스트레스에 따른 마음 치료 자료, 아동 운동 권고 자료, 설문 조사를 통한 진로 진학 지도 및 안부 인사 등으로 학생들과 만나기 위해 노력했다.

3학년 학생들이기 때문에 학생들이 진학하고 싶은 학교를 미리 설문으로 파악하여 개별 전화상담을 했다. 자기의 이야기를 길게 설문으로 제출하는 학생들의 글을 보고, 아이들이 얼마나 학교에 오고 싶어 하는지 알 수 있었다.

3월, 만나지 못한 학생들과 밴드를 통해 소통

시기	게시 자료 및 내용 요약
3월 9일	- 밴드 개설 및 가입 - 학교 홈페이지 내의 온라인클래스 활용 안내 - 가정학습 사이트 안내 자료
3월 10일	- 독서교육종합지원시스템 이용 안내 - 외출을 못 하니 독서를 통한 간접 체험, 인생 책 한 권 만나기
3월 15일	- 김포시 확진자 발생 알림 - 학생들을 안심시키고 코로나19 대응 수칙을 지키도록 안내
3월 16일	- 집에서 E-Book 보기 2- 경기도사이버 도서관 활용 안내 - 3학년 6반 사전 설문조사 링크
3월 17일	- (불안심리 해소 자료 2) 스트레스로부터 마음 건강 지키기 - 혐오 표현의 정의와 예방 교육
3월 26일	- 아동청소년을 위한 운동 권고(중등용)

4월! 드디어 학생들을 만날 수 있게 되었다. 학생들과의 만남은 많은 준비가 필요했다. 다시 목소리로 먼저 만나서 등교를 위해 필요한 많은 안내를

해야 했다. 드라이브스루 교과서 배부를 안내하고, 교과서 배부 시간을 개별 학부모님과 사전 조율했다. 학년별로 교문 앞에서 학부모님의 차량을 기다리고, 교과서를 전달해 드리면서 첫인사를 나누었다. 이때 담임선생님께 인사를 드리겠다며, 교복을 예쁘게 갖춰 입고 조수석에 앉아서 인사하는 학생들도 보였다.

이렇게 예쁜 아이들을 안전하게 만나기 위해서 회의에 회의를 거듭했다. 학급 교실을 어디에 할 것인가, 안전한 동선은 어떻게 만들 것인가, 급식과 음수, 체온 측정, 학생 안전 지도 계획, 출결 확인 및 수업 중 방역과 안전 대응 수칙 그 어느 하나도 쉬운 것이 없었고, 더 나은 방안을 위해 회의는 끝이 없었다.

지친 회의와 회의 사이에 점심을 먹고, 학교를 둘러보는데 꽃이 눈에 띄었다. 너무 예쁜 튤립을 보면서 '학생들도 등교했다면 이 꽃을 함께 볼 수 있었을 텐데…' 하는 마음에 밴드에 글을 남겼다. 실제 학급에서의 조회나 종례시간이라면 쑥스러워서 표현하지 못했을 텐데, 글로 기록하니 학생들에게 보고 싶은 마음을 표현할 용기가 생겼다. '너희가 와야, 학교는 봄'을 인용하여 우리 반 학생들에게 글을 남겼다. 온라인으로 학생들을 만나는 것은 어색하지만, 온라인이기에 가능한 소통도 존재했다.

사회적 거리두기 교실 환경 조성

등교 개학을 위해서는 사회적 거리두기 지침에 맞게 교실 환경을 조성해야 했다. 코로나19 방역 지침에 의해 1.5배 크기의 교실을 층별로 분산하여 배치했고, 긱 교실별 화장실을 배정했다. 이러한 교실 배치와 반별 이동 동선을 바닥에 색 테이프로 구분하여 표시하고, 방역을 위해 준수해야 할 사항 등을 예술체육부에서 동영상으로 제작했다. 매일 등교 전 자가진단 및 등교 시 발열 체크, 점심 식사 전 2차 발열 체크, 환기 등 사회적 거리두기 교실 환경 조성에는 해야 할 일이 많았다. 이 외에도 많은 어려움이 있었지만,

시청각실로 배정된 우리 반의 특수성을 중심으로 교실 환경 조성을 소개하고자 한다.

교실이 된 시청각실의 장단점

배정된 교실 중에서 가장 넓고 천장이 높다는 것은 방역에 유리한 면이 있었고, 의자가 푹신하고 마이크와 방송 시설이 잘되어 있다는 점은 장점이었다. 그러나 지나치게 넓고, 습하며, 환기가 잘되지 않는다는 점과 교과서를 펼칠 수 없는 작은 책상, 지나치게 푹신해서 잠이 오는 의자(어떤 학생은 하루 종일 비행기 탄 기분이라고도 했다), 타인을 지나쳐야 착석할 수 있는 구조 등은 학습을 하는 교실로는 매우 부적절했다.

'사회적 거리두기 교실'이 되기 위해 해야 하는 노력들

① 시청각실이 교실의 모습을 갖추기 위해서는 칠판이 필요했기에 이동식 칠판을 구입해서 설치해야 했다.

② 층고가 높고 습한 곳이어서 높은 곳에 부착된 스피커 등의 곰팡이 제거를 위해 시설 관리 주무관님이 사다리를 동원하여 제거해 주셨고, 담임 교사는 학생들보다 일찍 등교하여 문을 열어 환기 및 환풍기 가동을 해야 했다.

③ 교실별 동선이 정해져 있고, 다른 반으로 이동하는 것이 금지되어 학생들은 정해진 구역만 통행할 수 있는데, 우리 반 이동 동선에는 음수대가 없었기 때문에 학교에서는 물을 가져오지 못한 학생들을 위해 생수를 준비했다.

④ 휴대폰은 학생들이 손소독 티슈로 잘 닦은 후, 비닐장갑을 착용하고 한 명씩 받아서 수납 가방에 보관했다.

⑤ 뚜껑을 덮을 수 있는 쓰레기통을 준비하여 매일 쓰레기통을 비우는 일은 어렵다기보다 비닐봉지 사용에 대한 죄책감이 들었다. 위생과 방역을 위해 매일 쓰레기통을 비워야 한다고 교육부에서 지침을 내릴 때에는, 환

경을 생각하여 쓰레기통 규격의 재사용 종이봉투를 제작해서 배부해 주는 것은 어떨까 하는 생각을 했다.

⑥ 감염 위험이 있으므로 청소는 담임교사의 몫이 되었다. 등교 개학을 위해서 1, 2, 3학년 6반 담임교사가 함께 시청각실을 청소했다. 청소기로 청소를 했지만, 시청각실이 너무 넓어서 좌, 우, 앞, 뒤 네 개의 콘센트를 모두 사용해야만 청소가 가능했고, 의자 밑까지 구석구석 청소를 하다 보면 금세 땀이 흘렀다. 소독제로 의자와 책상을 소독하는 데에도 많은 시간이 필요했다. 그나마 이때는 3명의 담임이 팀을 이루어 청소를 했지만, 3학년이 등교하는 기간에 혼자 시청각실 청소를 마무리하면 육체적 고통과 정체성 혼란으로 힘든 시간이 찾아왔다. 수업을 하는 시간보다 청소와 방역을 위해 보내는 시간과 체력 소모가 더 많은 것 같았다.

⑦ 등교 개학을 위해서는 자리 배치를 해야 했다. 책상이 고장 난 자리를 파악한 뒤 앉을 수 있는 자리 중에서 서로 거리를 두고 앉게 해야 했고, 학생들이 자신의 자리를 찾기 쉬워야 했다. 넓은 교실인데다 마스크로 얼굴을 가리고 있어서 교사가 학생을 인식하기도 어려웠기에 학생이 앉는 좌석 바로 옆에 이름을 크게 부착했다.

⑧ 등교 개학 날 학생들에게 배부해야 할 안내지가 많았기에 안전한 배부 방법을 고민했다. 안전하고 효율적으로 여러 장의 안내지를 받을 수 있도록 학생들에게 배부되어야 하는 안내지를 대봉투에 담아서 등교 전날 미리 학생들의 자리에 놓아두었다. 학부모님께 드리는 편지, 글담(글로 만나는 담임: 종례 쪽지), 그로그 카드(코로나로 인해 불안하고 우울한 학생들의 마음을 치유하기 위한 학급 활동에 사용할 카드), 그 외 배부되어야 할 학습지와 가정통신문을 대봉투에 담아서 해당 학생의 지리에 놓아두었다.

이렇게 사회적 거리두기 교실 환경을 조성하여 등교 개학 준비를 마치고 교무실에 올라가니 체력이 고갈되어 내일 등교할 수 있을지 걱정이 되었다. 두려웠던 등교 개학 날, 천근만근인 몸을 이끌고 등교할 때에는 어른인 나도 이렇게 겁나는 상황인데 학생들은 지금 얼마나 두려울까, 그

두려움을 견디면서 용기 내어 등교하는 학생들 앞에서 내가 먼저 바로
서야 이 아이들도 마음 놓고 학교생활을 할 수 있지 않을까 하는 생각들
로 힘을 내게 되었다. 교실이 시청각실이라서 걱정스러웠지만 우리 반은
투덜대는 학생 한 명 없이 잘 생활했다. 우리 반이 정말 고맙고 또한 너
무 미안하여 그 뒤로도 더 나은 학습 환경을 제공하기 위해 끊임없이 개
선 사항을 찾아 고쳐 갔다.

⑨ 제습기 구입

장마철을 앞두고 있어서 시급한 것이 제습기였다. 가격에 제한 없이 가장
좋은 제습기를 선택하라는 행정실장님의 선의는 제습기 구입이라는 업무
로 다가왔다. 제습기로 유명한 회사 몇 곳을 선정하여 홈페이지에서 제습
기를 검색하고, 각 회사의 담당자와 전화상담을 했다. 고려해야 할 사항
이 많았다. 시청각실 규모를 감당할 수 있는 제습력, 가격, 효과, AS, 제습

기 관리의 편의성 그리고 무엇보다 수업 교실이기 때문에 소음이 중요한 요소였다. 이렇게 조사를 하고, 1, 2, 3학년 6반 교사가 모여서 서로 조사한 내용을 토대로 조사 결과를 작성하고, 행정실장님에게 전달했다. 제습기가 도착한 후, 테스트를 했더니 점심시간만 되어도 제습기에 물이 가득 차서 점심시간에 물통을 비워 주어야 했다. 그동안 시청각실에 얼마나 습기가 많았는지 한눈에 알 수 있었다.

⑩ 책상 보완품 및 개인 수납공간 확보

시청각실의 책상은 교과서 하나 올려놓기에도 작았다. 게다가 책상 서랍이 없어서 개인 수납공간의 부재도 문제였다. 등교 개학이 갑자기 정해져서 당시에는 우선적으로 화이트보드 칠판을 배부하여 책상 보조로 사용했으나, 고장 난 것도 많고 크기도 제각각이었으며, 튼튼하지 않아서 잘 부서지는 단점이 있었다. 교장 선생님께서는 시청각실 환경에 대해 많은 관심을 가지고 매일 살펴보셨고, 책상의 부재를 안타깝게 여겨서 예산을 사용해서라도 튼튼한 나무로 된 책상 상판을 구입할 것을 제안하셨지만, 무거운 나무 상판이 고정되지 않기에 사용하다가 떨어지면 학생들이 다칠 것이 염려되어 시도하지 못했다.

개인 서랍 부재로 보관 공간이 부족한 것은 바구니 구입으로 개선했다. 학생 수에 맞게 구입한 바구니는 부피가 커서 배송되자마자 바로 해결해야 했다. 1층에서 하나하나 꺼내서 바구니에 개인 번호와 방역 지침 안내 스티커를 부착했다. 교사가 수업이 아닌 일에 많은 시간을 보내야 한다는 사실이 서글펐다. 그래도 도와주는 동료 교사가 있고, 내 아이들이 수업을 받는 환경이 개선될 수 있다는 생각에 힘을 낼 수 있었다.

개별화된 공간들의 집합이 되어 버린 '사회적 거리두기 교실'

이렇게 불가능할 것 같았던 '사회적 거리두기 교실' 환경이 조성되었다. 학생들의 안전과 방역에 초점을 맞추어 어렵게 만든 이 사회적 거리두기 교실에는 치명적인 문제점이 있었다. 이 교실에서 학생들은 마스크를 착용하고 있어서 교사는 학생들의 얼굴을 식별하기 어려웠으며, 학생들은 지정된 거리두기 좌석에 앉아야 했고, 대화와 이동이 철저히 통제되는 생활을 해야 했다. 교실이라는 공간은 철저히 '나' 혼자 생활해야 하는 개별화된 공간들의 집합에 지나지 않았다. 이러한 물리적 환경에서 '우리'라는 공동체 의식을 갖기가 어려웠다. 그러나 환경이 어렵다고 포기할 수는 없었다. 방법을 찾아야 했다. 학교는 단순히 지식을 전달하는 기관이 아닌, 공동체 속의 실천하는 민주시민을 양성하는 곳이어야 하기 때문이다.

사회적 연대의 길을 찾다

2019년에 열린 학교민주시민교육 국제포럼에 참석한 적이 있다. 이 포럼의 기조 발제자였던 거트 비에스타(Gert Biesta, Maynuth대 교수)의 "Beyond Learning"(배움을 넘어서·미래를 위한 민주시민교육)의 발제 내용 중에 아래 문구가 있었다. 민주시민교육의 핵심이라는 생각이 들었다. 학교에 와서 크게 출력하여 학급에 게시했다.

"being in the world
without putting oneself in the centre of the world"

학급에 이 문구를 게시했을 때, 기대했던 반응과 다르게 학생들은 영어 해석에 집중했다. 영어로만 제시되어서 그런지 무슨 뜻인지 궁금해하면서 자신의 해석이 맞는지 확인해 주었으면 했다. 어떤 면에서는 집중하여 듣는 효과가 있기도 했다. 집중하는 학생들에게 존중, 자율, 연대라는 민주시민의 핵심 가치에 대해 설명하면서, 그러한 가치를 현실에서 실천하기 위해서는 세상의 중심에 나를 두지 않고, 세상 안에서 살아가는 자세가 필요하다고 이야기했다.

최근 학생인권 존중을 강조하면서 학생들이 스스로의 인권이 존중되어야 한다는 것을 잘 알게 되었다는 긍정적인 측면도 있지만, 학생들이 자신의 인권 존중만을 강조하여 타인의 인권과 자신의 책임에는 소홀해지는 부정적인 결과를 낳기도 했다. 교실에서 '나의 권리'를 강조하는 학생은 많아도, '공동체 구성원으로서의 나의 책임'에 대해서 생각하는 학생은 심각하게 줄어들었다. 그런 문제의식이 있었기 때문에 발제자의 위의 문구가 학생들에게 꼭 필요한 자세라는 생각을 하게 되었다. "세상의 중심에 나를 두지 않는" 것도 중요하지만, 그와 동시에 "세상 안에서 살아가는" 것도 중요했다. 혼자 살아가는 것이 아니라 공동체 안에서 살아가는 자세, 그 공동체의 구성원으로서의 역할과 책임을 생각할 수 있는 자세가 필요하다고 생각했다. 그래서 학생들에게 공동체 안에서 살아가는 데 필요한 자세에 대해 교육했다.

2020년 코로나19 상황에서는 이러한 자세가 더욱더 중요해졌다. 이제 우리는 한 명의 행동이 그 사람에게만 국한된 결론으로 도출되는 것이 아니라는 사실을 온몸으로 체득하게 되었다. 한 사람의 행동이 공동체에 어떠한 영향을 미치는지, 공동체의 의사결정이 나에게 어떠한 결과를 가져오는지에 대해서 알게 되었다. 그래서 더욱 존중, 자율, 연대의 민주시민이 되어야 하고, 학생들이 민주시민이 될 수 있도록 교육해야 한다는 사명감이 생겼다. 언제나 우리 반 칠판에는 위의 문구를 게시했고, 학생들에게 이러한 자세로 살아가야 하는 이유에 대해 교육했다. '나를 중심'으로 살아가는 것이 아닌, '우리 속에서 나로 살아갈 수 있는 방법을 찾아보기로 했다.

다음은 '사회적 거리두기 교실에서 사회적 연대의 길'을 찾기 위해 실천해 본 학급운영 사례이다.

등교 첫날: 마음 공감하기 및 코로나19 제대로 알기 수업

등교 첫날 학생들과의 첫인사를 예년에는 '나는 누구일까요?'(자기소개 작성 및 친구 맞히기) 활동으로 했으나, 올해는 할 수 없었다. 그래서 코로나19로 마음이 힘든 친구들을 위해 그로그 카드(자신의 이야기를 어려워하는 학생들과 상담할 때 유용한 카드로 자연스럽게 자신의 현재 상황과 감정을 이야기하게 된다)를 활용하여 자기소개를 했다. 학생들은 현재 자신의 감정을 나타내는 카드를 고르고 왜 그 카드를 골랐는지 그 이유를 발표했다. 발표를 들은 친구들은 서로 공감하고 위로해 주었다. 이것은 친구를 위로하면서, '너도 그랬구나. 나만 그런 것이 아니구나'라는 마음으로 본인에 대한 위로도 되었다.

학급 담임의 자율 시간에는 연수에서 알게 된 선생님이 공유해 주신 수업 자료를 편집하여 코로나19에 대해 생각해 보는 수업을 실시했다. 1시간으로는 부족한 내용이었지만, 담임에게 주어진 시간이 여유롭지 않아서 다음과 같은 내용으로 수업을 실시했다.

- COVID-19 개념에 대한 정의와 '우한 폐렴'으로 부르지 않는 이유
- 포비아(Phobia)의 의미와 바이러스보다 빠르게 퍼지는 혐오와 차별의
  예시(2020년 1월 프랑스의 아시아 포비아) 제시
- 메아리처럼 되돌아오는 혐오와 차별로 중국과 관련한 차별 사례와 금지가 금지로
  돌아온다는 메시지를 전달하면서, 학교에서 혹시 확진자가 발생하더라도 혐오와
  차별의 시각을 가져서는 안 된다는 메시지를 전달
- 사회적 연대가 뭔가요? 연대는 '함께함'을 의미합니다. 문제를 해결하는 과정에서
  서로가 서로에게 필요한 존재임을 확인하고, 함께 나아가는 것을 말합니다. 감정과
  의지, 수고와 헌신을 나누기도 합니다. "당신이 겪는 일은 우리 모두의 일이 될 수
  있어요. 함께할게요."(나는 사회적 거리두기 때문에 어려운 가게의 물건을 살 거야.
  나는 고생하는 분들을 위해 감사의 편지를 쓸 거야. 나는 가족을 잃은 사람들의
  고통을 기억하고 함께할 거야.)

  참고: 안효미, 「사회적 연대로서의 기부행위: 아름다운 재단 노란봉투 캠페인 사례를 중심으로」,
  서울시립대학교 대학원 석사학위 논문, 2016, pp. 16-19.

- 「저금」이라는 시를 함께 읽기

  난 말이지/ 사람들이 친절을 베풀면/ 마음에 저금을 해둬
  쓸쓸할 때면/ 그걸 꺼내/ 기운을 차리지
  너도 지금부터/ 모아두렴/ 연금보다/ 좋단다
  출처: 시바타 도요, 『약해지지 마』, 지식여행, 2010, p. 74.

등교수업: 요일별 학급 활동

등교했을 때 학생들이 서로 소통하기를 바랐다. 자발적으로 소통하는 것도 좋지만, 학생들이 소통할 수 있는 활동의 장을 교사가 만들어 주고, 그 내용은 학생 스스로 준비해서 제시할 수 있도록 했다. 요일별로 다음과 같은 활동을 하기로 했다.

활동명	활동 내용
월요일 네가 **지**난주에 **한** 일을 알고 있다.	지난주에 한 일 나누기 (나의 일상을 나누거나 뉴스를 통해 세상 소식을 나누기)
화요일 나를 **감**동시킨 문**구**	감동적인 또는 인상적인 문구를 학급 친구들과 나누기(도서 외 감동 문구도 가능)
수요일 오늘 **함**께 하**고**픈~	학급 친구들과 함께 나누고 싶은 음악, 게임, 영화, 뉴스, 이야기 등을 나누기
목요일 **비밀 노트** (꿈이 크는 자료집)	일주일 중 하루 일기를 쓰거나 진로 및 진학 상담하고 싶은 내용을 기록하여 제출하고 교사가 답하는, 주고받는 비밀 상담 노트
금요일 **칭**찬게시**판**	학급 친구 칭찬을 포스트잇으로 붙이고, 통계를 통해 한 달에 한 번 명예의 전당에 오름

학급에 요일별 학급 활동을 안내하고 신청을 받았다. 2019년에는 학급 전원이 참여했으나 2020년에는 등교일이 많지 않아서 월, 화, 수요일 활동은 신청 학생에 한하여 실시했고, 목, 금요일 활동은 학급 전원이 참여했다. 대체로 자발적으로 신청한 내용을 발표했지만, 가끔 발표를 권하기도 했다. 예를 들어, 스터디 플래너 활용 방법 발표는 교사의 권유로 이루어졌다. 학기 초 전화상담을 통해 학생들이 학습 방법을 찾지 못해서 힘들다는 것을 알았을 즈음, 한 학생이 스터디 플래너를 활용하여 체계적으로 학습한다는 것을 알게 되었고, 그 학생에게 학습 방법을 발표해 줄 것을 부탁했다.

다음은 실제 학급에서 이루어진 활동 사례이다.

요일별 활동	활동 내용
월지한	지난주에 등교 개학을 앞두고, 머리를 염색한 일을 이야기하면서 학교 규칙 준수에 대한 자신의 생각을 발표.
	'조지 플로이드 사건'에 대해 소개하고, 흑인의 생명도 소중하며 인권은 존중받아야 한다는 자신의 생각을 발표.
화감구	"시체는 두렵지 않지만, 죄스러움은 한없이 두려웠다." 『만약은 없다』(남궁인)의 문구를 인용하면서 이타적인 사람이 되기 위해 의사가 되기로 결심했다고 발표.
	"오랫동안 꿈을 그리는 사람은 마침내 그 꿈을 닮아 간다"는 문구를 인용하여 자신의 꿈과 그 꿈을 이루고자 하고 있는 노력을 발표.
수함고	자신의 스터디 플래너를 사진으로 찍어서 화면에 제시하고, 학습 계획을 수립하고 그것을 실천했을 때와 실천하지 못했을 때 어떻게 하는지 발표.
	자신의 현재 생활과 비슷하며, 친구들에게도 들려주고 싶은 노래인 〈엄마가 딸에게〉라는 노래를 소개한다고 이야기하고 뮤직비디오를 재생하여 공유함.
목비트	공부하는 시간은 많은데, 최선을 다해서 노력한 것 같은데 성적이 오르지 않는 것에 대한 고민을 기록하여, 학생을 격려하며 학습 방법 안내에 대한 내용으로 답을 기록하여 돌려줌.
	코로나19 상황으로 인해 부모님의 경제적 사정이 좋지 않은 것 같은데, 자신이 계속 학원을 다녀도 좋을지에 대한 고민을 기록하여, 부모님을 위하는 마음을 칭찬하고 부모님은 자녀가 걱정 없이 공부하기를 바라실 것이라는 내용을 기록하여 돌려줌.
금칭판	매주 금요일에는 책상 위에 포스트잇을 한 장씩 배부하고, 우리 학급 친구들 중에서 칭찬할 만한 일을 한 학생의 이름과 구체적인 활동에 대해 기록한 것을 칠판에 부착하여 하루 종일 학급에 게시하고, 내용을 정리하여 학급 밴드에 안내함.
	- 밴드에 수행평가와 대회를 게시하여 도움을 준 친구, 어려운 문제를 물어봤을 때 친절하게 답해 준 친구, 환기와 소독을 위해 노력한 친구 등을 칭찬함.

원격수업: 온라인에서 학급 소통 방법의 재발견

2학기 원격수업 기간에는 반드시 구글 미트에서 쌍방향으로 얼굴을 확인하는 조회를 실시했다. 학생들이 제대로 등교했는지 쌍방향에서 확인하고, 잠에서 깨지 않은 학생들이 세수하고 본인의 책상으로 등교할 수 있도록 지도하는 일은 결코 쉽지 않았다. 매일 학생·학부모님과 통화를 하는 일의 반복이지만, 그래도 1학기에 클래스룸-성적 탭에서 학생들의 과제 제출 현황만 지켜보며 애태우는 것보다는 학생들의 생활 습관 지도에 효과적이었다. 때로는 접속 불량으로 조회 내용이 잘 전달되지 않을 때도 있었지만, 매일 아침에 학생들에게 안내 사항을 전달할 수 있으며, 학생들이 어려워하는 과제는 화면공유를 통해 자세하게 안내할 수 있었다. 때로는 학급 학생들이 소통하며 교류할 수 있는 기회를 만들어 주고 싶어서 빙고를 실시하고, 온라인으로 선물을 주는 활동을 했을 때, 웃으면서 적극적으로 참여하는 학생들을 만날 수 있었다.

학급 활동은 주로 학급 밴드를 통해 이루어졌다. 학생들은 주체적으로 학급의 수행평가나 대회, 준비물 등을 스스로 게시하는 모습을 보여 주었다. 등교 기간에 실시했던 금요일 칭찬게시판의 내용을 정리하여 밴드에 게시하는 등 밴드는 여러 학급 활동의 결과를 공유하는 장으로서의 역할도 했다. 2학기에는 밴드에서 학급 회장·부회장 선거를 실시했다. 처음 시도하는 온라인 투표이고, 실수가 있으면 안 되기에 사전에 투표 연습을 실시하기도 했다. 학급 간식 메뉴를 결정할 때와 각자 먹을 메뉴를 정할 때에는 밴드의 '투표' 기능을 사용했다. 학생 각자 상담을 신청하면서 시간을 결정할 때에는 밴드의 '참가 신청서' 기능을 사용하는 것이 효과적이었다. 이러한 기능들은 밴드에 예전부터 있었지만, 등교를 하던 일상에서는 시도하려고 하지 않았다. 그런데 막상 올해 어쩔 수 없는 환경에서 사용해 보니 매우 효과적이었기에 앞으로 정상적인 등교를 하더라도 이러한 기능들을 활용해야겠다는 생각을 하게 되었다.

또한 학생들에게 자료를 제시하는 방법도 달라졌다. 한글이나 PDF 파일로 게시하면 가독성이 떨어져서 학생들에게 전달되는 효과가 적다는 것을 파악하게 되어서 올해에는 대부분의 파일을 이미지 파일로 전환하여 학생들이 한눈에 확인할 수 있도록 했다. 그리고 고입을 위한 내신 성적과 본인의 학생부 내용 확인을 할 때는 항상 출력하여 학생 서명을 받았으나, 올해는 학생들이 등교하지 않아서 온라인으로 확인했다. 엑셀 파일을 다운받아 해당 부분만 복사하여 카톡으로 전송할 때, 이미지로 변환하여 전송하면 매우 손쉽게 본인에게 전달되며, 종이도 절약된다는 사실을 알게 되었다. 이러한 것은 코로나19 상황이 아니었더라면 절대 시도하지 않았을 것 같다. 강제로 시작된 온라인 학급 만남은 더 효과적인 학급의 온라인 소통 방법을 발견하는 기회가 되었다.

사회적 거리두기 교실에서 벗어나 사회적 연대를 위하여

정말 힘든 한 해였지만, 교육공동체의 연대를 경험할 수 있었다. 사회적 거리두기 교실 조성은 모두가 처음 겪는 일로 그 누구도 정답을 알지 못했다. 항상 정답을 가르치기 위해 노력하는 교사들이 정답을 모르는 상황은 아노미 상태와 같았다. 그러한 가운데에서도 하늘빛중학교 교육공동체는 함께하기 위해 노력했다. 학생들을 위해 더 나은 방법이 무엇인지 회의에 회의를 거듭하여 결정했으며, 수업 동영상을 처음 만드는 일을 함께 연구하며 방법을 공유했다. 안전한 등교를 위한 동영상을 제작하는 일에 온 교직원이 참여했으며, 학급에 수업 참여가 어려운 학생이 있으면, 정보를 공유했다. 교사만이 아니라 점심시간에 급식실 좌석 하나하나 소독해 주신 조리실무사님들을 포함한 하늘빛중학교 교직원 모두가 한마음으로 노력했다.

학부모님도 처음 겪는 원격수업이라는 상황으로 인해 매우 많은 어려움이 있었을 텐데도, 교사의 안내에 따라 최대한 협조했다. 안내되는 수업 방법을 학생들이 가정에서 수행할 수 있도록 물심양면으로 도와주신 학부모님의 협조가 없었다면, 원격수업은 불가능했다. 처음으로 실시되는 드라이브스루 교과서 배부에도 협조해 주셨다. 코로나19로 인해 힘든 학생들의 마음을 위로하기 위해 학부모회에서 진행한 행사는 학교에 생기를 불어넣어 주었다.

학생들은 최대한 자신들이 지켜야 할 방역 수칙을 준수하려고 노력했다. 학생들이 감내해야 하는 불편들이 굉장히 많았다. 통학 시간과 동선이 통제되었고, 친구들을 자유롭게 만나지 못하는 상황이 계속되었다. 심지어 한 학급임에도 두 교실에서 분리되어 수업을 받은 학생들도 있었다. 그 모든 불편함도 나와 우리를 위해서 꼭 지켜야 하는 일이라는 것을 이해하고, 최선을 다해 지키려고 노력했다. 이렇게 주어진 역할에만 머물러 있지 않고, 공동체를 위해 자신이 할 수 있는 역할을 찾아서 시도한 학생들도 있었다. 학급 밴드에 각종 자료를 게시하는 학생, 전교생 대상 이벤트를 구글 클래스를 통해 실시하는 자율동아리 학생들도 있었다. 수업 시간에 온라인 쌍방향 수업에 참여하지 못한 친구가 있으면 전화해서 깨워 주거나 '코로나 블루'로 인해 마음이 아픈 친구의 이야기를 들어주고, 만나서 운동을 함께 하는 학생도 있었다.

2020년 우리는 혼자서는 불가능하지만, '함께'일 때에는 할 수 있다는 것을 체험했다. 우리는 '사회적 거리두기 교실'이라는 처음 겪는 문제 상황을 함께 해결하기 위해 노력했고, 그 과정에서 원격수업이라는 새로운 교육 방법을 시도하고 정착시킬 수 있었으며, 공동체 구성원이 더 가까워지는 것을 경험할 수 있었다. 이 경험을 통해 처음 겪는 일에 대한 두려움보다는 할 수 있다는 자신감을 갖게 되었다.

2021년 새로운 환경을 또 맞이해야 한다. 여전히 불확실해서 계획을 수립하기 어렵지만, 이제 우리는 함께라면 해결할 수 있다는 믿음이 있다. 이러한 믿음은 학교 안에 머물러서는 안 될 것이다. 학교에서 체득한 이 경험을 토대로 교육공동체의 연대를 넘어 사회적 연대로 나아갈 방법을 찾아야 할 때가 아닌가? 아직 그 구체적인 방법을 찾지 못했지만, 함께 그 길을 찾는다면 분명 찾을 수 있다고 믿는다.

마스크에 갇힌 사회적 거리두기 교실에서 벗어나 사회적 연대를 통한 회복을 희망한다.

- 정아진

원격수업에서 학급운영을 어떻게 할까요?

① 등교수업과 원격수업의 장점을 살린 학급 활동을 계획해 주세요.

② 등교수업에서의 학급 활동은 서로가 서로를 이해할 수 있는 활동으로 구성하면서, 학생이
   주체적으로 참여할 수 있도록 해 주세요.

③ 밴드 등 온라인에서 학급이 소통할 공간을 마련하되, 학생들이 주체적으로 게시할 수 있도록 해
   주세요(공간만 마련하는 것이 아니라 '사이버 보안관', '수행평가 게시 담당' 등 역할을 부여하는
   것도 좋습니다).

④ 서로를 대면하여 만나는 시간이 적기 때문에 서로에 대해 알 수 있는 기회를 온라인에서 제공해
   주세요(예: 칭찬게시판에 서로 칭찬한 내용을 밴드에 다시 안내하기 등).

공동체 놀이로
소통하는 학급 만들기

동일한 주제와 방법으로 수업을 계획하더라도 수업이 즐거운 반과 힘든 반은 항상 존재한다. 교사는 어떤 때 행복할까?

행복한 수업은 '학급 분위기'에서 만들어진다

보통 교사는 수업 주제를 효과적으로 가르쳤다는 느낌을 받거나, 학생들과의 소통이 잘되었다고 생각되면 행복감을 느낀다. 반면, 학생들과 수업 속에서 단절감을 느끼게 되면 상처를 받는다. 이와 같은 판단은 수업에 대한 느낌에 기인하기에, 감정을 조절하는 것은 쉽지 않다. 결국, 수업이 진행되는 동안 교사는 원치 않는 '감정의 롤러코스터'를 타게 된다.

'동일한 방법으로 수업이 진행됐음에도 왜 학급마다 수업의 질이 달라질까?' 이 답이 궁금해서 두 대조군을 비교하고 관찰했다.

A반: 교사와 학생이 수업을 통해 행복감을 느끼는 학급

B반: 교사와 학생이 수업을 통해 지쳐서 힘들어하는 학급

A반에서는 대부분의 학생들이 어떤 활동이든 적극적으로 참여하려고 노력한다. 학업에 대한 의지도 있어 수업에 대한 집중도도 높다. B반은 다른 반에 비해서 수업 준비가 안 되어 있는 아이들이 많다. 수업 속에서도 소통한다는 느낌을 받지 못해 수업이 끝나면 혼자 이야기하고 온 느낌을 받는다. 학생들이 수업을 이해하지 못해서 그런 것일까? 아니다. A반과 B반의 학년 초 평균 성적은 비슷했다. 그렇다면 도대체 무엇이 수업 분위기에 영향을 미치는 것일까?

수업을 진행하던 중 A반과 B반의 가장 큰 차이점을 발견하게 되었다. A반은 궁금한 것이 있으면 자신의 생각을 친구들의 눈치를 보지 않고 자신 있게 이야기한다. 재미있으면 웃고, 졸리면 졸린다고 이야기한다. B반은 궁금한 것을 질문하지 않는다. 서로 눈치 보기에 바쁘다. A반은 아이들끼리 서로 소통하는 것이 익숙하고, B반은 서로 소통하는 것이 어색하다. 결국, 교사와 학생이 수업 속에서 행복해지기 위해 우선되어야 할 것은 학생들 사이의 관계임을 알게 되었다. 아이들끼리의 관계가 형성되고 소통이 많아지면, 자연스럽게 즐거운 수업은 만들어지는 것이었다.

코로나19로 단절된 교실, 우리 친해질 수 있을까?

오늘은 입학식이다. 하늘이(가명)는 긴장되는 마음으로 등교한다. '우리 담임선생님은 누굴까?', '중학교 선생님들은 무섭다는데, 학교생활은 재밌을까?' 마음속에 설렘과 두려움을 가진 채로 하늘이는 학교로 발걸음을 향한다. 교문을 지나 1반이 적힌 교실에 들어갔더니, 담임선생님과 친구들이 보인다. "하늘아, 반갑다! 앞으로 1년 동안 좋은 추억 만들어 보자!" 선생님이 꺼낸 첫마디. 아직 어색하지만 왠지 친해질 것 같다. 서로 눈치를 보며 앉아 있는 친구들의 모습을 보며 하늘이는 자신의 자리에 가방을 걸어 놓는다.

입학식이 있는 3월? 1년 일정 중 손에 꼽히는 바쁜 달이다. 입학식 행사와 함께 새로 만난 아이들에게 수많은 가정통신문을 안내해야 하며, '교사-학생-학부모'의 네트워크를 형성해야 한다. 새로운 수업을 준비해야 하며 교육과정 계획과 평가 계획을 제출해야 한다. 머릿속이 복잡하지만 새로운 아이들을 만나니 반가운 마음이 든다. 한 학생이 긴장한 모습으로 교실에 들어온다. "하늘아, 반갑다! 앞으로 1년 동안 좋은 추억을 만들어 보자!" "안녕하세요?" 작은 목소리로 대답하는 모습을 보니 많이 떨려 보인다.

'학교 규칙' 안내 자료

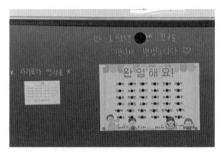

'학생 환영회' (입학식)

교사에게 3월은 설렘과 기대감을 품게 하는 달이다. 새롭게 만나게 되는 아이들이 궁금해 이름을 보면서 어떻게 생겼을지, 어떤 성격일지 상상해 본다. 수업을 들을 때 불편한 점이 없도록, 교실에 미리 가서 책상과 의자의 높이가 적절한지 살펴본다. 학교에서 지켜야 할 규칙을 안내할 자료를 제작하고 개학 날 앉아 있을 자리표를 만든다. 칠판에 아이들을 환영하는 메시지를 남긴다.

'우리 반에는 어떤 성향의 아이들이 올까?', '아이들과 좋은 추억을 남길 수 있을까?' 설레는 마음으로 개학식을 기다리고 있던 3월, 갑작스럽게 나의 설렘은 하나의 바이러스에 의해 사라지게 되었다. 코로나19 바이러스로 인해서 아이들과 만날 수 없었다. 뜻하지 않게 우리는 단절되었다. 우리 친해질 수 있을까?

교사와 학생 사이의 관계 만들기, '전화상담'

올해에는 중학교 1학년의 담임교사를 맡게 되었다. 중학교 1학년에 올라온 학생들에게 중학교의 모든 것은 낯설다. '아는 언니한테 들었는데, 중학교 선생님들은 무섭대', '시험은 엄청 어렵다는데?' 중학교에 올라온 1학년 학생들을 대할 때면, 학생들이 얼마나 긴장하고 있는지가 느껴진다. 이러한 학생들에게 선생님은 어떻게 다가갈 것인가? 친절하게 대할 수도 있고 엄격하게 대할 수도 있다. 다만, 담임교사의 친절함은 아이가 새로운 학교에 적응하는 데 큰 힘이 된다.

원격수업은 갑작스럽게 시작되었고 누구도 이 상황에 준비되어 있지 않았다. 이로 인해, 3월에 아이들끼리 친해질 수 있는 시간은 존재하지 않았다. 아이들은 서로를 모른 채, 선생님과 친해지는 시간도 가지지 못한 채로 원격수업에 참여해야만 했다.

"하늘아, 1교시 수업 과제를 안 냈네. 시간 맞춰서 제출해야지.", "왜 전화를 받지 않니? 선생님이 여러 번 전화했잖아." 1학기의 교무실 모습이다. 아이들이 원격수업에 성실하게 참여하는 것은 쉬운 일이 아니었다. 자기주도적 학습능력이 갖춰지지 않은 아이들이 대다수였기에 과제를 제출하지 않는 학생들은 점점 많아졌다. 이에 따라 담임선생님은 수업에 참여하지 않은 학생들에게 개별적으로 연락을 해야 했고, 서로가 불편한 대화를 이어 갈 수밖에 없는 상황을 마주하게 되었다.

간단해 보이는 전화 통화로 받는 스트레스가 심했다. 여러 차례 전화해도 받지 않거나 어렵게 통화했으나 통화 후 과제를 하지 않는 학생들이 존재했

다. 이러한 과정의 반복은 선생님들을 점점 지치게 만들었다. 반면 학생 입장에서도 전화로 혼나는 일이 반복되다 보니 전화를 받지 않거나 과제를 대충 해서 내는 경우가 다반사였다. 이는 학생의 행동을 개선할 수 있는 좋은 해결 방법이 아니었다. 따라서 우리는 불필요한 갈등이 생기는 악순환의 고리를 풀어야만 했다.

'내 부모님은 나를 항상 믿어 줬어. 이번에도 실망시키고 싶지 않아.' 누군가 자신을 믿어 주는 것은 큰 힘이 된다. 부모님이 항상 믿어 줬기에 올바르지 않은 행동을 하지 않게 되었다는 사례는 우리 주변에서 종종 들려온다.

그렇다면 왜 과제를 제출하지 않는 학생에게 선생님이 지속적으로 전화를 해도 문제 행동은 반복되는 것일까? 기초학력이 부족하거나 학습 동기가 부족할 수도 있다. 하지만 교사와 학생 사이의 관계 형성이 되어 있지 않은 점도 원인으로 생각해 볼 수 있다. 서로 간의 신뢰가 형성되지 않은 상태에서 하는 일방적인 충고는 갈등을 만들어 낼 수밖에 없었다. 이러한 생각에 근거하여 온라인 상황에서도 학생들과 관계를 형성할 수 있는 방법에 대해 고민하게 되었다.

전화상담의 효과적인 방법은?

상담은 학생과의 심리적 거리를 좁힐 수 있는 좋은 수단이다. 얼굴도 보지 못하는 전화상담이 의미가 있었을까? 오히려 전화상담은 직접 만나지 않는다는 점이 장점이 되어 초반에 발생할 수 있는 서로 간의 부담감을 최소화시켜 주었다. 교사와 아이들 사이의 라포 형성에 큰 도움을 주었다.

"상담은 어떻게 진행하는 것이 효과적일까?" 임용고시에 합격해서, 이제 막 교사가 된 나에게 힘들었던 것 중 하나는 상담이었다. 상담에 관한 전문 지식과 경험이 부족했다. 그러나 담임교사는 반드시 학급 아이들과 상담을 해야 했기에, 나는 학생에 대한 정보를 얻기 위한 목적으로 상담을 활용하게 되었다.

물론 학년 초에 학생에 대한 정보를 얻는 것은 필요하다. 상담을 통해 많은 정보를 알아 두면 아이에게 도움을 줄 수 있는 방법을 찾는 데 수월하기 때문이다. 하지만 정보 수집 목적의 상담은 효과적이지 못했다. "좋아하는 것이 무엇이니?", "학교 끝나면 집에서 어떻게 지내니?", "우리 반에 친한 친구가 있을까?" 등 질문을 몇 가지 정해 놓고 상담을 진행했지만 대체로 아이들은 단답형의 대답만 할 뿐이었다. 대부분의 상담은 5분도 걸리지 않고 끝나게 되었고 상담을 하고도 계속 찝찝한 기분이 들었다. 상담을 통해 친해진 것이 아니라 보이지 않는 서로 간의 벽을 확인한 것 같았다.

하고 싶은 말을 전달하고 필요한 정보를 얻는 것은 내가 추구하는 상담의 방향이 아니었다. 나는 상담을 통해 학생과 친해지고 싶었다. 그렇게 상담의 방향성을 정하니 학생과의 상담은 전혀 다른 방법으로 진행이 되었다. 바로 친구와 이야기하는 것처럼 대화 그 자체에 목적을 두는 방법이었다. "하늘아, 안녕! 담임선생님이야. 너랑 친해지고 싶어서 전화했어.", "진짜? 집에서 강아지를 키운다고? 강아지 이름이 뭐야?"와 같이 특정한 목표를 정하지 않고 대화하는 것에 초점을 맞춰 상담을 진행하게 되었다.

신기하게도 아이들은 자연스럽게 자신의 이야기를 하기 시작했다. 어떤 학생은 대화가 즐거웠는지, 40분 동안 '자신이 좋아하는 것', '싫어하는 것', '하고 싶은 것', '가족과의 관계' 등 다양한 이야기를 내게 들려주었다. 나 역시 상담이라고 생각하지 않고 상담을 진행하다 보니 긴 시간이 걸리더라도 스트레스가 되지 않았다.

오랜만에 만나는 친구와 이야기하면 시간이 가는 것을 모르는 것처럼 상담하는 과정이 너무나 즐거웠다. 결국 우리는 상담을 통해 마음이 통한다는 느낌을 받게 되었고, 이후 등교수업에서 만났을 때도 비교적 편하고 친근하게 이야기하게 되었다.

상담이 대화가 목적이 되다 보니 방향성을 잃지 않도록 가이드라인을 정해 놓는 것이 필요했다. '시작'-'중간'-'마지막'의 흐름만 간단하게 적어 놓으면 된다. 미리 가이드라인을 세워 큰 틀을 정해 놓고 세부적인 부분에서는 학생과의 대화 주제에 맞게 자유롭게 진행했다. 올해에는 학급 아이들과 대화가 목적인 상담을 진행해 보면 어떨까?

전화 상담 가이드라인

First
(1) 첫 만남을 전화로 하니 낯설고, 선생님도 떨린다. 빨리 같이 만나고 싶다.
(2) 집에 있으니까 불편하지 않니? 가장 불편한 것은 무엇이니? 좋은 점도 있을까?

Second
(1) 구글 클래스룸으로 수업을 참여해 보니 어땠어?
(2) 처음 해 보니 쉽지 않지? 꾸준하게 학습에 참여하는 것은 누구나 어려운 거야. 이러한 과정을 통해서, 끈기나 도전의식 등 다양한 것을 배울 수 있을 거라고 생각해.

Last
(1) 새 학년에 올라왔는데, 많이 떨리기도 하겠다. 혹시, 학급에 친한 친구가 있을까?
(2) 등교 개학을 하게 되면, 학교에서 가장 하고 싶은 것이 있을까? 작은 것이라도 말해 주면 잘 적어 두었다가, 도움을 줄 수 있도록 노력할게.
(3) 전화로 이야기하는 것이 쉽지 않았을 텐데, 반갑게 인사해 줘서 고마워.

학생과 학생 사이의 관계 만들기, '공동체 놀이'

"아이들 한 명, 한 명과 이야기하면 대부분 활발하고 적극적인데 왜 수업 시간에는 다들 조용할까?"

이상하다. 저 아이는 쉬는 시간에 나와 재미있게 수다를 떨고 있었다. 저 아이는 친구와 장난치면서 복도에서 뛰어다니고 있었다. 그런데 수업 시간이 되니 입을 닫고 말을 하지 않는다. 질문을 해도 대답하지 않는다. 소통이 없는 학급의 수업 시간은 이렇다. 교사가 재미있는 수업을 준비하더라도 대체로 반응이 없고 조용하다. 실시간 수업에서도 비슷했다. 학급마다 차이가 있지만 자신의 캠을 켜서 얼굴이 보이는 것을 싫어하는 아이들, 배운 내용에 대해 질문해도 대답하지 않는 아이들은 존재했다.

앞서 이야기했던 상담은 학생과의 1:1관계를 형성하는 데 효과적이었다. 그러나 교사와 학생이 개인적으로 친하다고 수업 내에서 원활한 소통이 진행되는 것은 아니었다. 아이들은 학급의 분위기에 따라 전혀 다른 행동 양상을 보였다. 결국, 교사와 학생 사이의 친밀감을 형성하는 것 이상으로 중요한 것은 학생들 사이의 친밀감을 형성하는 것이라고 생각하게 되었다.

학생들끼리 친밀감을 형성할 수 있는 좋은 방법은 무엇일까? 아이들 사이의 친밀감은 자연스럽게 형성되는 것이므로 처음에는 교사가 컨트롤할 수 없는 부분이라고 생각했다. 그러나 리처드 탈러의 『넛지』라는 책을 읽고 내 생각은 완전히 바뀌었다. 책에서 말하는 '넛지'란 부드러운 개입(직접적인 개입이 아닌)을 통해 원하는 방향으로 사람들의 행동을 유도하는 것을 의미했다. 즉, 학생들이 서로 친밀감을 느낄 수 있도록 상황을 조성할 수 있다는 것이다.

우리는 보통 대화가 잘되는 사람과 친구가 된다. 공통된 대화 주제로 이야기를 하다 보면 자연스럽게 친밀감이 형성된다. 아이들끼리 만나게 되면 "좋아하는 연예인이 누구야?", "무슨 게임을 해?"라고 묻는 이유는 공통점을 찾아 친해지고 싶은 마음이 숨겨져 있기 때문이다. 그러나 처음 만나 생기는 어색함을 깨고 대화를 시작하는 것은 생각보다 쉽지 않다. 이는 학생뿐만 아니라 어른들도 마찬가지다. 의사소통역량을 키우는 것이 교육의 주된 목적 중 하나임에도 불구하고 의사소통역량이 교육을 통해 눈에 띄게 성장하는 학생은 그리 많지 않다.

'공동체 놀이'는 의사소통역량과는 상관없이 빠르게 집단 내에 친밀감을 형성할 수 있는 좋은 방법이다. 친구와 친해지기 위해서 먼저 말을 걸 필요가 없다. 공동체 놀이 속에서 아이들은 자연스럽게 대화하고 서로 간의 친밀감이 형성된다. 놀랍게도 최근 연구에 따르면 놀이가 청소년기 아이들의 사회성 발달뿐만 아니라 인지 발달에도 영향을 미친다고 한다. 이러한 이유로 유치원, 초등학교 선생님들은 학급 내에서 다양한 공동체 놀이를 진행한다. 책이나 영상 또는 개인 블로그에 '학급 놀이'라고 검색을 하면 다양한 유·초등학교 교사들의 노력들을 엿볼 수 있었다. 이는 중·고등학교 교사가 유·초등학교 교사에게 배울 점이라고 생각한다.

만나지 않아도, 공동체 놀이가 가능하다고?

3월의 전화상담이 끝난 후, 학급 친구들끼리 서로 친해질 수 있는 방법을 고민했다. 안타깝게도, 원격수업이 장기화됨에 따라 아이들은 서로의 이름을 알지 못했다. 만나지 못하는 시간이 길어짐에 따라 서로 친해질 필요성도 느끼지 못했다. 어떻게 아이들 사이의 관계를 만들어 갈 수 있을까 고민하던 중 과거에 초등학교 선생님들과의 모임에서 놀이를 통해 친해졌던 경험이 떠올랐다. '세 사람 도서관'이라는 간단한 놀이를 통해, 처음 보는 선생님들과 어색함을 깨고 쉽게 친해질 수 있었다. '세 사람 도서관'을 간단하게 소개해 보면 다음과 같다.

[놀이 방법]

1. 세 명이서 모여 앉아, 자신이 적은 단어와 그 이유를 다른 사람에게 설명한다. (시간: 약 5분)
2. 만났던 사람이 아닌 다른 사람들과 만나서 위의 과정을 반복한다.

자신을 나타내는 단어를 3가지 적어 주세요
(부담 없이 생각나는 대로 적어요!)

저를 나타내는 단어는 ...

중·고등학교 교사는 학급 아이들과 만나는 시간이 많지 않다. 수업 시간을 제외하고 아이들과 만날 수 있는 시간은 조회와 종례 시간밖에 없었다. 그래서 '조회 시간이라도 간단하게 놀이를 진행해 보면 어떨까?'라는 생각으로 매일 간단한 놀이를 준비해서 조회를 진행했다. 공동체 놀이를 해 본 경험이 부족했기에 준비하고 실행하는 과정은 생각보다 쉽지 않았다. 그러나 초등학교 선생님들의 다양한 실천 사례가 담긴 영상과 해외 선생님들의 놀이 자료를 검색해 보면서 생각보다 많은 공동체 놀이가 존재한다는 것을 알았다. 이제는 공동체 놀이를 학생들과 함께 즐길 수 있는 용기만 있으면 되

는 것이었다.

"오늘 아침 조회에 진행할 놀이는 '손병호 게임'이에요. 이 게임은 손가락이 다섯 개 접히면 끝이 나는 게임이랍니다. 예를 들면, '안경 쓴 사람 접어'라고 이야기하면 안경 쓴 친구들은 손을 접으면 돼요. 자신만의 아이디어로 친구의 손가락을 접어 보아요."

아이들과 온라인에서 손병호 게임을 진행했다. 게임을 진행하기 전에는 아이들이 참여하지 않고 재미없어 할까 봐 걱정이 앞섰다. 예상과는 다르게 아이들은 어색함을 조금씩 풀어 가며 놀이에 적극적으로 참여했다. 그렇게 이 게임은 서로 간의 소통의 장을 여는 출발점이 되었고 나에게는 두려움을 용기로 바꾸는 기회가 되었다.

이때부터 일주일에 적어도 두 번은 아이들과 공동체 놀이를 진행했다. 신기하게도 아이들 사이의 어색한 기류가 점점 사라지고 있었다. 서로 간의 소통도 자연스럽게 늘어나게 되었고 등교 기간에 서로가 직접적으로 처음 만났음에도 빠르게 친해지는 것이 보였다. 한 선생님이 내게 하신 말씀이 잊히지 않는다. "선생님 반은 신기하게 학생들끼리 성별과 상관없이 친한 것처럼 느껴져요. 그래서 그런지, 소그룹 활동도 적극적으로 참여하는 것 같아요." "감사합니다. 저도 신기하네요"라고 대답했지만, 속으로는 공동체 놀이의 효과가 수업에까지 영향을 주었다는 생각에 기분이 좋았다. 이제부터 아이들과 함께 진행했던 놀이를 간단하게 소개하고자 한다. 대부분의 공동체 놀이는 인터넷 검색을 통해 아이디어를 얻었다.

① 손병호 게임

- 한 명씩 "○○한 사람 접어"라고 말하고 해당되는 사람은 손가락을 접는다. 손가락이 다 접히면 게임 끝.
- "접어"라고 말한 학생은 다음으로 이야기할 친구를 정한다.
- 다른 성별 순으로 진행하여 이름을 자연스럽게 외울 수 있도록 한다.

② 나 소개하기 + 이름 빙고

- "안녕, 내 이름은 ○○○야.", "내가 좋아하는 것은 ○○○야. 왜냐하면~"과 같이

자신을 간단하게 소개한다.

- 순서대로 소개하는 동안 다른 학생들은, 빙고 판에 자신이 적고 싶은 이름을 적는다.

- 모두의 소개가 끝나면 빙고 게임을 진행한다.

③ 끝말잇기

- 끝말잇기로 출석 체크를 대신한다.

- 선생님이 먼저 제시어를 주면 끝말을 이어 생각나는 단어를 채팅창에 적는다.

- 채팅창에 적으면 미션이 완료되고, 학급 방에서 빠져나갈 수 있다.

④ Zoom in / out 게임

- Zoom in: 작은 그림을 점점 확대해 가는 자료를 미리 제작한다. 그림이 무엇인지 최대한 빨리 맞힐수록 높은 점수를 얻는다.

- Zoom out: 확대된 그림을 점점 축소해 가는 자료를 미리 제작한다. 그림이 무엇인지 최대한 빨리 맞힐수록 높은 점수를 얻는다.

⑤ 그림 맞히기(캐치마인드)

- 한 학생이 제시어를 보고, 이를 그림으로 표현한다.

- 이 그림이 무엇인지 알겠으면 채팅창이나 말로 답을 맞힌다.

- 정답을 맞힌 학생이 다시 활동을 반복한다.

공동체 놀이는 아이들의 관계를 친밀하게 만들어 주는 것뿐만 아니라 교사와 학생 사이의 라포 형성에도 도움을 주었다. 인터넷에 '줌(ZOOM) 게임', '학급에서 할 수 있는 공동체 놀이'라고 적어 보면 어떨까? 아이들의 반응이 걱정되더라도 공동체 놀이를 진행해 보면 어떨까? 나 역시 아직까지도 아이들과 놀이를 하는 것이 두렵다. 하지만 도전해 본다면 생각은 달라질 것이다. 아이들이 즐겁게 참여하는 것을 보면서 다음 놀이를 준비하고 있다면, 이미 당신은 '공동체 놀이'의 매력에 푹 빠진 것이다.

내가 바라는 아이들의 성장은?, '진정한 자립'

'오늘은 무슨 놀이를 준비해야 하지?' 조회 시간에 진행할 공동체 놀이를 매번 준비하는 것은 쉽지 않았다. 점차 수업에 집중하게 되면서 공동체 놀이를 준비하는 것은 내게 뒷전이 되었다. 이로 인해 조회 시간에 진행하는 놀이 활동은 자연스럽게 줄어들게 되었다.

공동체 놀이가 줄어들면서 아이들끼리 소통하는 시간 역시 점점 줄어들었다. 1학기에는 조회 시간에 "오늘은 무슨 게임해요?"라고 질문했던 아이들도 점차 자신의 캠을 끄거나 음소거를 하기 시작했다. 1학기의 노력이 다시 원상태로 돌아가는 것 같아 슬펐다. 하지만 순간의 슬픔보다 공동체 놀이를 매번 준비하는 것에 의한 부담감이 더 컸기에 다시 도전하는 것은 쉽지 않았다.

'지금 내가 성공한 것은 고등학교 때 선생님 덕분인 것도 있지', '내가 지금 이 모양인 것은 고등학교 때 만났던 선생님 때문이야!' 고등학교 친구들과 이야기해 보면 똑같은 선생님에 대한 호불호가 극단적으로 나뉠 때가 있다. 우리는 과거에 만났던 선생님을 기억하고 자기 자신의 기준으로 평가한다. 기억은 현재의 상황에 따라 왜곡될 수 있다. 자신의 현재 상황을 대입해서 과거를 기억하기 때문에 내가 현재 행복하면 과거의 경험은 좋은 추억이 되고 불행하면 과거의 경험은 최악의 추억이 된다.

나는 처음 교사가 되었을 때 학생들에게 기억되는 교사가 되고 싶었다. 대학교 시절 누군가 나에게 꿈이 무엇이냐 물어보면 "학생들이 성인이 되어 찾아와 술 한잔하는 것이 내 꿈이에요"라고 말했다. '학생들이 졸업하고도 계속 연락하고 찾아오게 하는 선생님이 정말 좋은 교사일까?' 어느 순간 갑자기 내 꿈에 대해 의구심이 들었다. '나는 왜 학생들에게 기억되고 싶은 거지?', '내가 생각하는 교육이란 무엇이지?'에 대해 생각을 해 보았다. 알고 보니 나는 내 자존감을 학생들을 통해 높이려고 하고 있었다. 학생들이 나라는 사람에 의해서 변화하고 성장하기를 바랐다. 학생들의 삶에 있어서 중요한 사람이 되고 싶었다.

내 꿈은 나 자신을 힘들게 만들었다. 학생들로부터 멋진 교사가 되고 싶었기에 모든 아이들이 나를 좋아해 주기를 바랐다. 이러한 이유로 나를 싫어하거나 관심 없어 하는 아이가 있으면 견디지 못했다. 내가 나를 사랑하는 방법으로 자존감을 높이는 것이 아니라, 아이들로부터 자존감을 높이려고 했다. 나 자신을 사랑하고 아끼지 못했기에 아이들을 진정으로 사랑하지 못했다.

그때부터 나는 나를 사랑하고 아끼면서 자존감을 높이는 연습을 시작했다. 내 꿈은 자연스럽게 아이들에게 기억되는 교사가 아니게 되었다. 결과적으로 처음의 질문을 나는 다시 한 번 생각하게 되었다. '내가 가르치는 아이들이 어떻게 성장하기를 바라는가?'

나는 교육을 통해 학생들이 '자립'하기를 원했다. 학교생활을 통해 자기 자신에 대해서 끊임없이 탐구하고 성찰하며 스스로 성장하는 사람이 되기를 바랐다. 내가 초, 중, 고, 대학교 생활을 통해 점점 나 자신을 알아 가고 삶을 살아가는 지혜가 생겼던 것처럼 아이들도 자신에 대해 알아 가면서 진정으로 자신을 사랑해 줄 수 있는 사람이 되기를 바랐다. 자신을 스스로 아낄 줄 알고 주변 사람들에게 따뜻한 배려를 할 수 있는 사람이 되기를 바랐다. 이것이 내가 생각하는 '진정한 자립'이다.

여기서, 교사의 역할은 무엇일까? 직접적으로 개입해서 학생이 성장하도록 만들어 줘야 하는 걸까? 그렇게 되면 교사가 없을 때 학생은 스스로의 힘으로 문제를 해결할 수 없게 된다. 하지만 학생을 그냥 내버려 둘 수도 없다. 학생이 스스로 성장할 수 있는 힘을 갖도록 하려면 교사가 도움을 주었음에도 학생 스스로는 자신의 노력에 의해서 해냈다는 느낌을 받아야 한다. 어떤 결과가 됐든 타인이 아닌 자신의 노력에 의한 결과라고 느끼게 되면 아이는 점차 자신의 삶의 주인이 되어 살아가게 된다.

이로써 더 이상 나의 목표는 학생들의 기억에 남는 선생님이 아니게 되었다. 아이들로부터 의지하는 대상이 되지 않는 것, 또 스스로 해냈다는 느낌을 들게 만드는 것이 내가 원하는 교육의 목표가 되었다. 이때부터 아이들의 다양한 역량을 키울 수 있는 환경을 조성하는 것에 초점을 맞추었다. 학생들이 스스로 참여해 자신의 노력에 의해 성공하는 경험을 할 수 있도록 했다. 아마, 본인의 노력에 의해 성공한 경험은 학생들이 앞으로 성장하는 데 큰 양분이 될 것이라고 생각한다.

학생들과 함께 만들어 가는 '공동체 놀이'

'공동체 놀이를 꼭 교사가 준비하고 진행해야 할까?', '아이들이 스스로 놀이를 준비하고, 참여한다면 그것이 더 의미 있는 활동이지 않을까?' 이러한 생각을 바탕으로 아이들이 직접 공동체 놀이를 준비하고 참여하는 프로그램을 만들게 되었다. 모둠별로 힘을 합쳐 공동체 놀이를 준비했고 구성원 모두가 즐겁게 참여했다. 지금부터 1학기에 진행한 온라인 단합 활동인 '우리 친해지자 프로젝트'와 2학기에 진행한 '놀이 부스 체험활동'을 소개해 보고자 한다.

온라인 단합 활동, '우리 친해지자 프로젝트'

우리 친해지자 프로젝트는 아이들끼리 친해질 수 있는 방법을 고민하던 중 '온라인에서 단합 활동을 해 보면 어떨까?'라는 생각을 바탕으로 시작되었다. 때마침, 학급의 회장과 부회장이 당선되었고 아이들에게 학급을 위해 봉사하는 방법으로 온라인 단합 활동을 진행해 보면 어떻겠냐고 제안했다. 아이들은 흔쾌히 제안을 수락했고, 그렇게 우리 친해지자 프로젝트를 준비하는 '단합 준비 위원회'를 구성하게 되었다.

총 8명의 학생이 단합 준비 위원회에 자발적으로 참여하게 되었다. 나는 전체적인 방향성만 제안했고, 아이들이 토의하는 과정을 지켜보았다. 아이들은 '카톡방'을 만들고, 자유롭게 아이디어 회의를 진행했다. 패들렛(Padlet)을 이용해 친구들에게서 함께 할 수 있는 놀이에 대한 아이디어를 모았다. 회의를 통해 학급 친구들과 할 수 있는 공동체 놀이를 정했으며, 단합 활동이 원활하게 진행될 수 있도록 미리 모여 리허설을 진행했다.

**Padlet을 이용해서
친구들의 의견 모으기**

**단합 준비 위원회
토의 과정**

그렇게 첫 번째 단합 활동인 '친구 소개 듣고 누군지 맞히기'가 진행되었다. 나는 단합 준비 위원회 학생들이 미리 만든 설문지(그림 참고)를 아이들에게 안내하기만 하면 되었다. 아이들이 작성한 '자기소개 자료'를 사회자 역할인 학생이 읽고 다른 친구들은 누군지 맞히면 되는 게임이었다. 아이들이 이러한 아이디어를 내었다는 것에 한 번 놀라고 능숙한 진행에 또 한 번 놀랐다. 아이들은 내가 생각했던 이상의 역량을 보여 주었다.

"너무 성공적이었어, 얘들아. 두 번째 단합 활동은 모둠 활동으로 기획해 보면 어떨까?"

아이들은 흔쾌히 내 제안을 받아들였다. 새로운 도전이 시작되었다. 그 당시에는 온라인에서의 소그룹 활동이 모두에게 익숙하지 않았다. 단합 준비 위원회 아이들은 미리 줌의 소회의실 기능을 경험해 보면서, 어떻게 공동체 놀이에 적용할지 고민했다. 게임을 원활하게 진행하기 위해서 각자가 팀장이 되기로 결정했으며, 서로 친해질 수 있도록 남녀 비율이 비슷하게 모둠을 구성했다. 또한 첫 번째 단합 활동에서 부족한 점에 대해 토의하여 부족했던 부분을 보완할 수 있는 방법을 찾아 나갔다. 놀랍게도 이 모든 과정에 내 역할은 존재하지 않았다. 아이들이 스스로 모든 문제를 해결해 나가고 있었다.

모둠별 단합 활동은 성공적으로 마무리되었다. 학급 아이들은 단합 위원회에서 준비한 게임인 '캐치마인드', '초성 게임', '자기소개 게임'에 적극적으로 참여했다. 아이들이 '공동체 놀이'를 만들어 가는 과정은 너무나 아름다웠다. 아이들이 스스로 만들었던 단합 활동인 '우리 친해지자 프로젝트'는 이렇게 마무리되었다. 열심히 참여해 준 학생들에게 감사하다.

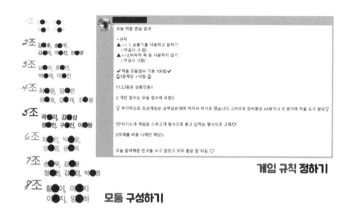

모두가 준비하고 즐기는, '놀이 부스 체험활동'

2학기에는 아이들과 놀이 부스 체험활동을 진행했다. 1학기와는 다르게 모든 학생들이 공동체 놀이를 만들어 보는 활동이었다. 먼저, 줌의 소회의실 기능을 이용해 랜덤으로 6명씩 모둠을 구성했다. 이름 바꾸기 기능을 이용해 자신의 이름을 '모둠명-이름'으로 바꾸게 함으로써 서로 몇 모둠인지 알 수 있도록 했다. 구글 문서로 미리 '계획서 양식'을 만들어 놓고 아이들이 토의를 통해 계획서를 완성하기를 기대했다.

2학기에는 대부분의 수업을 실시간 쌍방향 수업으로 진행했기에 줌의 소회의실을 이용해 모둠 활동에 도전했다. 많은 실패 경험을 통해 모둠 활동이 실패하는 원인은 역할 분담이 제대로 되지 않았기 때문임을 알게 되었다. 자신이 맡은 역할이 모호하니, 아이들은 모둠 활동 내에서 '개별적 책무성'을 지킬 필요성을 느끼지 못했다.

이를 해결하기 위해서 역할을 정하게 하는 방법을 고안하게 되었다. 먼저 모둠별로 팀장 2명(남, 여 한 명씩), 팀원 4명을 뽑도록 했다. 팀장은 '전체 회의실'과 '소회의실'을 자유롭게 돌아다니면서, 교사와 팀원 사이의 소통이 원활하

게 될 수 있도록 도왔다. 이와 같은 방법은 꽤 효과적이었다. 팀장은 소회의
실에 들어가 책임감을 가지고 토의를 이끌어 가고 있었다. 또한 교사가 안내
한 내용을 팀장이 다시 전달하게 되니 전달력이 높아졌고, 전체 인원이 회의
실로 이동할 필요가 없어 불필요한 시간 낭비가 없어졌다. 이러한 방법으로
아이들은 '놀이 부스 체험활동'에서 진행할 팀별 게임을 계획했다.

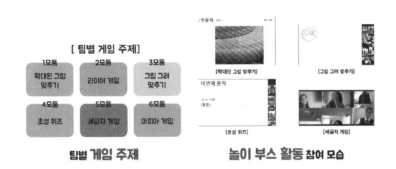

팀별 게임 주제   놀이 부스 활동 참여 모습

그렇게 모둠별로 여섯 가지의 다른 게임을 진행하게 되었다. 아이들은 선
생님이 준비한 것보다 더 재미있게 친구들이 준비한 공동체 놀이에 참여했
다. 나 또한 말 못 할 뿌듯함을 느꼈다. 아이들에게서 내가 원하는 '진정한
자립'의 모습이 보였기 때문이다.

서로 만날 수 없는 단절된 상황에서도 우리는 소통하기 위해 노력했다. 아
침에 늦잠을 자느라 지각한 학생과 전화할 때도 이제는 서로 얼굴을 붉히지
않는다. 아이들끼리 학년 초보다 친해진 것이 느껴진다.

'학급 내에서 관계 맺는 것을 어려워하는 아이는 어떻게 도울 수 있을까?',
'조회 시간을 기대하게 하는 방법이 있을까?' 등 아직도 학급운영에서 해결
하지 못한 문제는 많다. 하지만 괜찮다. 나는 내가 할 수 있는 최선을 다했
고 그 과정 속에서 아이들은 무한한 성장 가능성을 보여 주었다.

우리의 몸은 거리두기였지만, 우리의 마음은 연결되었다. 코로나19 바이러
스에 의해 학교 일정이 계속 변경되는 와중에도 아이들과의 관계 맺음을 위
해 항상 노력하신 모든 선생님들에게 이 글이 위로가 되었으면 좋겠다. 실패

하고 도전하는 과정을 보면서 다시 한 번 도전하는 계기가 되었으면 좋겠다.
끝으로, 코로나19 속에서도 담임선생님을 믿고 함께해 준 우리 1학년 1반 학생들과 항상 웃으면서 응원해 준 우리 학교 모든 선생님들에게 감사의 말을 전한다.

- 임해성

원격수업 TIP

소통하는 학급 만들기, 이렇게 하면 편하다!

① 아이들에게 자율성을 발휘할 기회를 만들어 주세요!(간섭 X)

- 선생님이 원했던 결과가 아니어도 괜찮아요. 아이들이 소통할 수 있는 공간만 만들어 주세요!

- 학급 활동 TIP

  ○ 활동을 소개하면서, '준비 위원회'를 구성해 보세요!

  ○ 교사의 개입을 최소화해 주세요. 아이들이 피드백을 원할 때만 피드백을 해 주세요.

  ○ 아이들이 끝나면 꼭 격려해 주세요!

    (+전체 학급의 아이들에게 박수를 받도록 해 주세요! 새로운 도전을 할 수 있는 원동력이 된답니다!)

② 공동체 놀이는 '유튜브'나 '블로그'에서 찾아보세요! - 다양한 선생님들이 재미있는 공동체 놀이를 이해하기 쉽게 소개해 주었답니다.

③ 아이들에게 지적이 아닌 구체적인 격려를 해 주세요!

- 아이들과 생활하다 보면, 자연스럽게 지적을 많이 하게 돼요.'구체적인 부분에 대한 격려'를 하루에 3명한테 한다고 생각해 보면 어떨까요?지적할 부분이 있다면 아이에 대한 비난이 아닌, 행동에 대한 지적만!

④ 학급운영을 잘해야 한다는 압박감에서 벗어나세요!

- '잘해야 한다'는 압박감은 자기 자신을 지치게 해요. 선생님도 사람이잖아요? 항상 모든 것을 잘할 수는 없어요. '이럴 수도 있다'고 마음 편하게 생각하면 아이들과의 관계 형성이 훨씬 수월해질 거예요!

9장

원격수업 시대,
교육의 본질을 생각하다

원격수업 시대, 교사와 학생을 돌아보다

코로나19는 미래교육을 미리 당겨 왔지만 동시에 우리 교육의 민낯이 드러나게 했다. 원격수업이라는 과제를 해결하기 위한 위기 상황에서 소통하고 협력했던 교사들은 등교수업이 시작되자 방역과 평가 중심의 시스템으로 들어가게 되었다. 교육부에서 원격수업 및 등교수업 기간 중 교사가 직접 관찰 확인한 학생의 수행 과정과 결과를 학교생활기록부에 기록할 수 있다고 했기 때문에 학생들은 등교해서 수행평가와 지필평가를 치를 수밖에 없었다. 학생들을 만나 제대로 학급을 세우고 관계를 맺기도 전에 평가에 대비한 수업과 평가 진행을 해야 하는 일은 교사와 학생을 모두 당혹스럽게 했다. 결국 등교수업도 원격수업도 배움의 과정이 아닌 출결관리, 평가와 입시라는 것으로 회귀하면서 '학교는 어떻게 존재해야 하는가?', '왜 가르치는가?', '무엇을 가르칠 것인가?'에 대한 질문을 불러왔다. 가르치고 배우는 학교 본연의 역할에 의문을 품게 되었다.

원격수업이든 등교수업이든 학교는 학생들의 행복한 삶을 위해 교육을 하는 공간이어야 한다. 행복한 삶을 위해서는 학교 구성원들끼리 건강한 관계를 맺고 서로 존중하고 협력하며 배우는 기쁨을 통해 성장해 나가야 한다.

교육을 교육답게, 학교를 학교답게, 교사를 교사답게, 학생을 학생답게 만드는 것은 결국 당사자들의 주도성을 살리는 일이다. 학교에 자율성이 주어졌을 때, 교사들은 사유했고 함께 논의하고 배우며 연대하고 실천했다. 교육공동체의 주도성을 회복하는 것, 서로 협력할 수 있게 하는 것은 어쩌면 미래교육의 준비에 가장 유효한 방법일지 모른다.

배움의 첫 단계 '만남'과 '관계'의 중요성

배움은 만남에서 비롯된다. 사람과 사람이 만나 관계를 만들고 그 속에서 배움과 성장이 일어난다. 그러나 아쉽게도 코로나 상황에서 학생과 교사, 학생과 학생, 학교와 학부모는 깊이 있는 만남을 하기 어려웠다. 원격수업으로 인해 교사와 학생의 진정한 만남은 시간이 오래 걸렸으며 학생과 학생이 친밀해지기도 힘들었다. 어렵게 구성된 학부모회는 거의 활동을 할 수 없었다. 학교공동체 중에서 깊이 있게 만나 관계를 지속할 수 있었던 집단은 교사들이었다. 교사들은 위기 상황에서 그 어느 때보다도 서로 신뢰하였으며 머리를 맞대고 협력하고 갈등하기도 하면서 성장해 나갔다.

원격수업이 시작되자 교사와 학생은 온라인상에서 만나게 되었다. 교실에서 대면하는 수업과 마찬가지로 원격수업에서도 학생들의 '배움'이 가장 중요하다. 수업 환경이 달라지자 온라인 공간으로 학생들의 참여를 이끌어 내기까지 교사들은 전에 없던 노력을 해야 했다. 교사들은 어떻게 하면 온라인상에서도 학생들이 배울 수 있을까를 고민하게 되었다.

콘텐츠 활용 수업을 했던 시기에는 수업 영상으로 학습을 한 후 관련 활동을 수행하도록 하고 개별 피드백을 진행했다. 우선 수업 영상을 제작할 때 어떻게 하면 교실에서 선생님과 함께 수업을 하는 것 같은 느낌으로 학생들에게 다가갈 수 있을까를 고민했다. 원격수업의 가장 큰 특징은 시공간의 제약을 받지 않는다는 점이다. 그러다 보니 온라인에서는 교사와 친구들의 존재감을 느낄 수 없어 자칫 아무도 존재하지 않는 공간으로 느껴질 수 있는 것이다.

이러한 고립감은 심리적 학습 장애 요인이 된다. 그래서 원격수업에서 학생들이 제대로 배우기 위해 실재감을 갖는 것은 학습에 매우 큰 영향을 미친다. 신을진은 학생들의 학습에 영향을 줄 수 있는 세 가지 요소로 '교사

실재감(teacher presence)' 또는 '교수 실재감(teaching presence)', '인지적 실재감' 그리고 '사회적 실재감'을 말하면서, 그중 '교사 실재감'을 원격수업에서 가장 주목해야 한다고 말했다. 그리고 '교사 실재감'이란 학생이 '내가 수업을 들었더니 선생님이 어떤 학습 목표를 설정하고 수업을 어떻게 끌고 가려는지 잘 알 것 같아'라고 느낀다면 교사 실재감을 느끼는 것'이라고 했다.

교사들은 온라인 공간에서도 학생들 옆에서 함께 공부하면서 관계를 맺고 있다는 '교사 실재감'을 수업 영상에서 구현하기 위해 아이디어를 창안하고 공유했다. 수업 영상에 교사의 얼굴이 나오게 하고 직접 목소리를 담고 영상의 완성도에도 공을 들였다. 다양한 학급운영의 방안도 공유하고 실천하며 학생들과의 관계를 만들어 나갔다.

그러나 등교 개학에서 마주한 학생들의 얼굴은 마스크로 덮여 표정을 알 수 없었으며 감정을 읽기 어려웠다. 얼굴과 이름을 온전히 익히는 시간은 오래 걸렸다. 등교수업과 원격수업이 반복되고 쌍방향 수업을 하면서야 점차 서로를 알아 가기 시작했다. 쌍방향 수업 화면에서 마스크를 벗은 학생들의 모습을 처음 본 교사들은 눈물을 흘리기도 했다.

학생들에게는 자신을 이해하고 격려하고 요구하고 공감해 주고 지원해 주는 관계를 맺을 사람, 분명하고도 단호하게 뭔가를 할 수 있다고 믿어 주고 기대해 주는 관계를 맺을 사람 그리고 신뢰할 수 있는 관계를 맺을 사람이 있어야 한다. 주변에서 믿고 기대해 주어야 한다. 학생이 뭔가를 할 수 있다고 교사가 믿어 준다면, 아이들은 그것을 감지하여 자신에 대한 믿음과 자신의 잠재력에 대한 비전을 하나씩 발전시켜 나갈 수 있다. 자라나는 학생들은 가치 인정의 관계들을 바탕으로 자기 잠재력을 펼칠 수 있다.

학생의 성장을 확인하는 것은 교사에게 보람과 활력을 주며 교사 존재감을 고양시킬 수 있다. 그런데 배움과 성장 이전에 학생을 지지하고 신뢰하는 사람과 사람 간의 관계가 먼저이다. 교사와 학생은 수업과 일상을 통해 상호

7) 신을진(2020), 『온라인 수업, 교사 실재감이 담이다』, 우리학교.

작용하면서 그런 관계를 형성해 간다. 그런 후에 배움과 성장이 이어진다.

관계의 중요성은 교사와 학생 사이뿐 아니라 학생과 학생 간에도 작동된다. 성장기의 청소년들에게 또래 집단이 미치는 영향은 매우 크다. 친구들과의 관계가 좋지 않으면 학생들은 자기 잠재력은커녕 우울과 자괴감에 빠질 수 있다. 교사는 수업을 통해 학생을 격려하고 학생과 학생을 이어 주며 소그룹으로 협력하게 해야 한다. 또한 체험 활동과 일상에서도 어떻게 친구들끼리 관계를 맺고 상호작용을 하고 신뢰하고 협력하게 할 것인지를 고민해야 한다. 등교수업이 전부가 아닌 원격수업 시대, 이러한 고민은 더욱 절실해졌다.

학생의 '배움'을 위한 교사의 역할

원격수업 시대에서도 교사는 교육의 핵심이다. 20세기의 교사는 지식의 원천이었고 지식의 전달자였다. 반면 앞으로의 교사는 학습과정의 동반자이자 코치, 대화 상대, 멘토인 동시에 학습 환경과 교재 및 프로젝트를 꾸리는 사람이다. 교사는 학생들의 배움이라는 여행에 있어서 방향을 잡고 새로운 것을 발견할 수 있도록 가능성을 열어 준다. 여행을 준비해 주고 구조와 요구사항을 분명히 해 주며 때로는 학생과 동행하면서 흥미를 끌어내거나 인도해 주기도 하는 그런 사람이다.

코로나 이후 학교교육에 원격수업이 도입되면서 교사는 빠르게 발달하는 디지털 기술과 교육 환경의 변화에 맞서 능동적으로 대응해야 하는 교육의 주체가 되었다. '교사에게 달렸다'라는 말이 그 어느 때보다도 적절한 시점이다. 교사는 학생들을 이끄는 사람이자 관계를 맺는 사람으로서 학생들에게 방향을 제시하며 기운을 낼 수 있도록 밀어주고, 애정을 가지고 적정 수준을 달성하라고 요구한다. 그러려면 교사는 미래교육의 방향에 맞추어 수업을 혁신하고 학생이 주체적으로 미래의 삶을 준비하고 능동적으로 학습할 수 있도록 촉진하고 지원하는 역량을 갖추어야 한다. 학생의 자기주도적 능력을 '학생 주도성'이라고 한다면 교사의 그러한 능력은 '교사 주도성'이라고 할 수 있다.

교사 주도성은 주로 수업 시간에 학생과의 상호작용 속에서 발휘되어야 한다. 곧 학생의 성장과 배움을 중시하는 배움중심수업에서 구현될 수 있는 것이다. 수업의 목표와 방향을 인식하고 그에 적합하게 주체적으로 수업을 이끌어야 한다. 교육과정을 학생의 수준과 능력에 맞게 재구성하고, 학생이 주도성을 갖고 능동적으로 학습할 수 있는 수업 구조와 환경을 만들려는 의지와 역량을 갖는 것이 중요하다.

이를 위해서는 동료 교사들과 함께 연구하고 협력하는 것이 필요하다. 이번 원격수업이라는 위기를 동료 교사들과 전문적학습공동체를 통해 헤쳐 나갔듯이 함께한다면 충분히 수업의 전문가로서 역량을 갖추어 변화에 주체적으로 대응할 수 있다. 이제껏 많은 교사가 고립된 성에서 혼자 가르쳤다. 고립된 교실에서 교사가 모든 것을 정하고 수업을 주도했다. 수업을 제대로 하고 있는지, 학생이 충실히 배우고 있는지 객관적으로 점검할 기회와 방법은 없었다. 이번 코로나 사태를 계기로 교사가 고립된 성에서 나와 학습공동체에서 소통하고 배우려는 노력이 지속되어야 한다.

학생의 자기주도성과 민주시민 역량

교사와 떨어져서 진행되는 원격수업 시대에 학생의 자기주도성은 훨씬 더 중요해졌다. 아무리 디지털 기술과 교육 플랫폼이 발달할지라도, 결국 원격수업은 교사의 감독과 지원 없이 학생이 혼자 주도적으로 학습해야 하기 때문이다. 교사가 좋은 학습 콘텐츠를 제공할지라도, 학생이 주체적으로 학습하지 않으면 소용이 없다.

원격수업이 시작되는 초기에 많은 학생들이 제대로 학습하지 못했다. 원격수업 환경이 구비되지 못하거나 플랫폼에 적응하지 못하는 학생도 있었지만 대다수는 일상의 생활리듬이 무너진 상황에서 주도적으로 학습을 하기 어려웠기 때문이다.

학생 주도성을 기르기 위해서 원격수업에서도 배움중심수업을 이어 나가야 한다. 학교 수업에서 학생이 수업의 주체가 되어 스스로 토론, 탐구, 프로젝트 활동을 하며 능동적으로 학습할 수 있는 주도성을 길러 주어야 한다. 학생은 능동적으로 학습해 가는 과정에서 교사와 다른 학생들과 상호작용하고 서로 협력하며 배운다. 학생 주도성은 교육과정과 교사-학생, 학생-학생, 교사-학부모의 상호 협력적 관계 속에서 발휘될 수 있다. 이런 측면에서 학생 주도성은 교사 주도성과 상호 결합하여 실현된다고 할 수 있다.

교실 수업과 학교생활에서 학생들은 자신의 말과 행동이 다른 사람들에게 미치는 영향을 이해하고 그에 대한 책임감을 배운다. 학생은 자신의 학습과 학교 활동을 능동적으로 수행하는 경험을 통해 민주주의를 배운다. 나아가 토론을 통해 공동체의 일을 함께 결정하고 자기 삶을 둘러싼 세상에 주체적으로 참여할 수 있는 민주시민 역량을 기를 수 있다.

원격수업으로 SNS에 더 자주 접근하는 기회가 생기면서 학생들은 온라인 공간에서 본의 아니게 사이버폭력의 가해자와 피해자가 되기도 한다. 수업 채팅방이 욕설과 음담패설로 도배되는 일도 있었다. 디지털 시대를 살고 있는 학생들은 정작 '디지털 시민교육'은 제대로 받아 본 적이 없다. 주도성을 가지고 학습에 참여하여 상호작용 속에서 협력하고 자신의 말에 책임지는 경험은 이런 상황에서도 유효하다.

미래는 급진적으로 변할 것이고 그 시대를 살아갈 학생들은 평생학습자로 살아가야 할 것이다. 주도성은 원격수업에서뿐만 아니라 민주 시민으로서 자기 삶을 주체적으로 살아가는 데 꼭 필요한 자질이다.

배움의 사각지대

갑자기 호출된 원격교육은 공정한 배움과는 거리가 있었다. 원격수업을 할 수 있는 환경 구축은 원격수업의 전제조건이다. 코로나가 확산되자 원격수업의 환경에 대한 조사와 설문이 대대적으로 이루어졌다. 교육청에서도 태블릿PC, 노트북 등의 기기가 없는 학생이 기기를 대여할 수 있도록 했다. 그러나 신청자가 많아 대여가 원활하지 않은 지역도 있었고, 어떤 가정은 대여해 놓고 고장 날 것이 우려되어 사용을 못하는 경우도 있었다. 가정에 어떤 성능의 기자재가 있느냐에 따라 교육의 질은 확연히 달라질 수밖에 없다. 작은 스마트폰으로 2시간 이상 원격 강의를 듣는 것은 쉬운 일이 아니다. 대개 온라인은 오프라인보다 덜 차별적인 공간이라는 인식이 지배적이었으나 실상은 그렇지 못했다.

원격수업을 하면서 학습이 지연되어 누적되는 경우도 발생했다. 심각하게 누적이 되는 학생은 대부분 가정에서 혼자 학습하는 경우가 많았다. 사실 자기주도성이 강한 학생들은 그리 많지 않다. 게다가 게임에 대한 유혹을 받다 보니 공부할 때 보호자가 함께 있는 것은 상당히 유리했다. 그런 가정에서는 원격수업으로 부족하다고 생각되면 경제력으로 사교육을 추가하기도 했다. 그러나 이것은 단순히 가정에 어른이 있고 없고의 문제가 아니었다. 다문화나 조손 가정은 최소한의 도움도 받기 어려운 취약한 지점이었다. 아무 도움도 받지 못하는 상당수의 장애 학생들도 있었다. 이런 학생들도 예전처럼 다 같이 등교수업을 할 때는 별다른 문제가 없었다. 그러나 갑작스럽게 이루어진 원격수업은, 온라인이 기울어진 운동장이었음을 말해 준다. 온라인, 비대면의 영역에서 더욱 세심한 보살핌이 필요한 것이다.

어렵게 원격수업을 시작했지만 학생들의 학습 속도, 학습 상태, 학습 유형이 다 다르다. 동일한 진도에 하루에 여러 과목이 들어가 있는 수업계획으로는 학생들의 차이를 고려할 수 없다. 개인의 수준에 맞춘 학습을 보장해 주는 시스템을 유지하려면 교사의 협력, 다양한 학습 방법, 커리큘럼을 갖추고 있어야 한다. 개인의 역량에 맞게 공부하도록 해 준다면 아이들은 늦더라도 배우게 된다. 경우에 따라서는 고학년, 대학생, 어른, 부모 및 다른 동반자들이 협력하고 지원해 줄 수 있어야 한다. 원격수업은 개별화 교육에 유리한 면이 있다. 게다가 외부의 지원을 받는다면 배움이 더딘 학생들도 충분히 배울 수 있을 것이다.

코로나가 장기화되면서 일명 '코로나 블루'로 불리는 우울증에 시달리는 학생들도 생겨났다. 학습돌봄만 중요한 것이 아니라 이런 학생들도 심리 정서 지원이 필요하다.

교사들의 목표는 아이들 하나하나를 개별적으로 키워 주고 격려하며 지지하는 것이다. 열정적인 교사들은 이미 이런 아이디어에 동참하고 있다. 학생들에게 자발적으로 대면 지도를 해 주는 '학습결연119'가 그 예이다. 하지만 교육 시스템을 바꾸지 않는다면 그런 수많은 교사들도 번아웃 증후군에 빠질 것이다. 따라서 교사의 개인적 희생에만 기대하지 말고 관계 속에서 학생을 촘촘히 지원해 줄 수 있는 교육 시스템을 구축해야 한다.

코로나에서 건져 올린 교육의 의미

미래의 학교는 경쟁으로 감염된 교육에서 벗어나야 한다. 승자와 패자를 나누는 경쟁과 작별해야 한다. 경쟁 대신 함께 일하고 함께 만들어 내는 즐거움이 들어서야 한다. 교육을 '국가경쟁력의 밑천', '출세의 사다리'라고만 이야기하면 더 이상 교육은 희망이 없다. 코로나 이후의 학교에는 원격수업을 위한 각종 디지털 기자재가 들어오고, 온라인 교수학습 플랫폼도 다양하게 구축되어 갈 것이다. 교사들은 능숙한 에듀테크 사용자가 되기 노력할 것이다. 원격수업에 맞춰 교육과정은 개별화·다양화될 것이다.

하지만 지식 전달 중심의 입시 교육이라는 교육적 목표가 변하지 않는다면, 디지털은 오히려 학교의 존폐에 독이 될 수 있다. 교육의 공공성은 과연 무엇인가? 교육의 본질에 대한 질문이 동반되지 않는다면 학교는 에듀테크에 휘둘리게 될 것이다.

14세기 중세의 흑사병은 유럽 인구의 약 3/1을 앗아 갔지만 아이러니하게도 영주들의 봉건사회를 무너뜨리는 계기가 되었다. 마찬가지로 코로나19는 우리 사회에 큰 혼란을 가져왔지만 교육의 생태계를 새롭게 구축하는 출발

점이 될 수 있다. 코로나19 위기에서 경험한 교육의 본질에 대한 사유, 협력, 연대, 자율의 경험이 이번 한 번으로 끝나지 않고 교육적 실천으로 이어져야 한다. 다양한 친구들과 어울려 존중하고 협력하며 배우는 곳, 모든 학생이 의미 있는 배움을 바탕으로 삶의 역량을 기르는 곳이라고 학교를 새롭게 이야기할 수 있어야 한다.

- 이윤서

학교의 미래에 대한 상상

코로나 사태는 우리 공교육의 민낯을 드러낸 전대미문의 사건이었다. 사람들은 학교의 존재 이유에 대해 근본적인 질문을 던지기 시작했다. 원격으로도 수업이 가능하다면 학생들이 군이 학교에 가야 하는 이유는 무엇인지 생각해 보았다. 하지만 오랫동안 학교 문이 닫히자, 가정에 방치된 학생들에 대한 돌봄 문제, 원격수업에서 더욱 벌어지는 학습격차, 어린아이들의 사회성 발달에 대한 우려, 아이들이 경험하는 우울감과 무력감 등 예상하지 못했던 문제들도 터져 나왔다.

코로나 시대에 드러난 학교의 민낯

아이들은 학교를 그리워하기 시작했다. 아이들에게 학교는 '공부하는 곳' 그 이상이었다. 학교는 아이들이 친구들과 우정을 나누고, 맛있는 급식을 먹으며, 마음껏 뛰노는 곳이기도 했다. 학교는 배움의 공동체이자 우정과 환대의 공동체이며, 민주적 삶의 방식을 몸으로 체험하는 곳이며, 미래의 삶에 필요한 역량을 키우는 곳이다. 예상치 않았던 사태로 학교 문이 닫히고 나서, 사람들은 학교의 본질을 깨닫기 시작했다.

하지만 코로나 사태에 드러난 학교의 모습은 천차만별이었다. 코로나 사태는 역설적으로 진정한 '학교자치'의 경험을 하게끔 했다. 평상시 민주적 소통이 이루어지지 않았던 학교에서는, 예상하지 못한 사태를 어떻게 대응해야 하는지 우왕좌왕하며 교육부의 지침만을 기다리고 있었다. 반대로 평상시에 민주적 소통이 원활하게 이루어진 학교에서는 위기의 순간에도 교사들의 협업과 집단지성의 힘으로 스스로 문제에 대처해 갔다.

수업의 측면에서도 마찬가지였다. 일제식 수업을 위주로 하던 학교에서는 원격수업도 철저히 일방향적인 방식으로 진행했다. 외부에서 제작된 콘텐츠에만 의존한 채 학생들의 출결과 과제 제출만 체크하고, 대면수업 때에는 시험을 치르는 풍경이 상당수의 학교에서 나타났다. 반면 '교육과정 재구성—학생참여형·협력형 수업—과정중심평가'가 일상적으로 이루어져 왔던 학교에는 원격수업에서도 온라인 환경에 적합한 배움중심수업을 진행했다. 원격수업에 뒤처지는 학생들을 위한 촘촘한 피드백과 상담활동을 진행하였으며, 대면수업이 이루어지는 시기에는 원격수업에서 진행하기 어려웠던 소중한 교육활동을 이어 나갔다.

이제 코로나 이전의 학교와 코로나 이후의 학교는 동일할 수 없다고 이야기한다. 이는 단지 원격수업에서 익힌 교육공학적 기술을 계속 접목해 나가는 것만을 의미하지 않는다. 놀라운 가상현실을 기반으로 에듀테크가 개발되고 인공지능이 학생들의 개별 학습을 돕는 시대가 온다 하더라도, 더욱 중요한 것은 "학교는 왜 존재해야 하는가?"에 대한 근본적인 성찰이다.

학교의 시공간에 대한 새로운 상상

원격수업은 학교의 물리적 시간과 공간에 대한 새로운 상상을 해 보는 계기가 되었다. 근대 사회의 산물인 공교육 학교는 정해진 교실에서 정해진 시간표에 따라 수업을 진행하는 것을 전제로 한다. 이는 더 짧은 시간에 더 많은 이윤을 창출하는 것을 목적으로 공장에서 물건을 대량으로 찍어 내는 '포드-테일러주의' 시스템이 근대 공교육에도 적용된 것이기도 하다. 이는 매우 효율적일 수는 있으나 인간의 자연스러운 신체적 흐름에는 적합하지 않은 비인간적인 시스템이다.

원격수업이 시작되자 이러한 전통적인 시공간이 완전히 뒤바뀌게 되었다. 학생들은 굳이 학교에 나가지 않고도 가정에서 수업에 참여할 수 있게 되었으며, 정해진 시간이 아니더라도 학습을 반복할 수 있게 되었다. 물론 가정 형편이 뒷받침되지 못하거나 자기주도적 능력이 부족한 학생들은 이러한 환경에 적응하지 못해 심각한 학습격차가 발생하기도 했다. 더욱이 코로나 상황에 따라 전면등교, 1/3등교, 2/3등교, 전면 원격수업 등이 혼란스럽게 진행되면서 그러한 문제는 더욱 심각하게 부각되었다.

하지만 이런 사태를 경험하면서, 월요일 1교시부터 금요일 7교시까지 모든 학생이 동일한 장소에서 수업에 참여해야만 하는 시스템이 과연 지속가능하고 바람직한지 생각해 보게 되었다. 배움은 언제 어디서든지 이루어질 수 있는 것이다. 따라서 미래의 학교는 좀 더 유연한 시공간을 구축해야 할 것이다.

성인들도 이제는 재택근무, 노동시간의 유연화 등이 일상화되고 있다. 노동시간을 본인들이 스스로 조절할 수 있을 때 삶이 풍요로워질 수 있으며, 사회적 이동을 줄여야 생태계가 회복될 수 있다. 학교도 마찬가지다. 월요일부터 금요일부터 빽빽하게 짜인 시간표로부터 학생들이 자유로워질 때 자기주도적 학습이 가능하다. 그래야 학교 안팎을 넘나드는 배움이 이루어질 수 있다.

학생들이 일주일에 사나흘은 학교에 나가고 하루나 이틀은 학교에서 배운 내용을 바탕으로 스스로 혹은 친구들과 함께 학습을 수행하는 학교를 상상해 본다. 학생들은 자기들의 체험이나 학습 경험을 교실에서 발표할 수도 있고 온라인 플랫폼에 남길 수도 있다. 배움은 교실 안팎을 가로지르며 이루어진다. 온라인도, 지역사회도 훌륭한 배움의 공간이 될 수 있다. 이 속에서 학생들은 학교에서 배우는 내용을 자신의 삶에 적용하는 경험을 하게 되고, 그 속에서 삶에 필요한 역량을 기르는 교육이 이루어질 수 있을 것이다.

교육과정-수업-평가에 대한 새로운 상상

이러한 배움이 이루어지기 위해서는 교육과정에 대한 개념이 근본적으로 바뀌어야 한다. 현재의 국가 교육과정은 국가가 설정한 목표에 모든 학생들이 동일한 시기에 도달해야 한다는 것을 전제로 하고 있다. 그렇기에 학교에도 교사에게도 자율권이 허용되어 있지 않다.

그러나 이러한 획일적인 교육과정은 지속가능하지 않다는 사실을 코로나 사태를 통해 경험했다. 현재와 같이 획일적인 수업일수, 수업시수로는 불확실한 상황에 유연하게 대처할 수 없다. 학교와 교사에게 교육과정에 대한 자율성을 대폭 부여해야 새로운 상황에 능동적으로 대처할 수 있다.

교사들은 원격수업에 적합한 교육과정 재구성을 실천해 왔다. 과거와 같이 모든 교과서의 내용을 쏟아붓는 방식으로는 학생들의 원격수업 참여를 이끌어 낼 수 없기 때문이다. 그래서 상당수의 분량을 덜어내고 난이도를 적절히 조절하며 학생들에게 적합한 자료를 제시하는 방식으로 교육과정 재구성이 자연스럽게 이루어졌다. 이러한 교육과정 재구성은 코로나 사태 이전에도 이루어져 왔지만, 향후에는 필수적인 과정이 될 것이다.

원격수업은 그 자체로 새로운 도전이었다. 코로나 사태 이전에도 플립 러닝(거꾸로 교실), 블렌디드 러닝에 대한 담론과 실천이 존재했고, 원격수업 시기에 학교마다 활용했던 온라인 플랫폼 역시 기존에 존재했던 것이다. 교사들은 시행착오를 거치며 이러한 환경에 적응해 갔고, 원격수업에 적합한 수업 모델을 찾게 되었다.

그런데 원격수업에서의 핵심은 단순히 온라인 환경을 잘 활용하는 테크닉에 있지 않다. '거꾸로 교실'의 문제의식 역시 단순히 동영상 강의를 활용하는 것이 아니라, 교실에서 학생들의 상호작용을 최대화하자는 데 있다. 원격수업에서도 배움중심수업의 철학의 원리를 구현하는 것이 매우 중요하다. 배움중심수업의 철학은 수업을 통해 학생들이 타인과 만나고 세계를 발견함으로써 자아를 확장하는 것이다. 다만 이 철학이 원격수업이라는 형식에 적합하게 구현되도록 해야 한다.

대면수업이 일상으로 돌아가더라도 원격수업은 학교교육에서 보조적으로 자리 잡게 될 것이다. 원격수업의 장점은 배움의 시공간을 확장한다는 점, 학생들의 학습 이력을 누적하여 관리할 수 있다는 점, 학생 개개인에 대한 맞춤형 지원이 용이하다는 점 등이다. 그렇기 때문에 향후에는 배움중심수업의 철학과 원격수업의 장점이 결합되어야 한다.

원격수업을 경험하며 평가에 대한 고민은 더욱 깊어졌다. 그동안 무수히 제기되었던 '과정중심평가', '성장중심평가' 등의 담론도 원격수업 상황에서는 제대로 구현되지 못했다. 상당수의 학교에서는 원격수업을 통해 강의를 듣고, 대면수업 시간에 시험을 치르는 방식이 이루어졌다. 이는 오히려 '수업과 평가의 분리 현상'을 더욱 심화시켰고, '시험 보러 학교에 간다'는 자조 섞인 목소리가 불거졌다.

이제 모든 학생이 동시에 동일한 문항으로 평가를 치르는 일제식 평가는 지속되기 어렵다. 수행평가의 방식도 달라져야 한다. 평가의 방식은 '과정중심평가'의 취지를 살리되, 평가의 목적은 '학생의 성장을 돕는 것'이 되어야 한다. 전 세계적으로도 찾아보기 어려운 '중간고사/기말고사' 관행은 극복되어야 하며, 평가의 시기와 목적에 맞는 다양한 평가—서·논술형, 포트폴리오형, 프로젝트형, 보고서, 전시회 등—가 이루어지는 가운데 적재적소에 촘촘한 피드백이 제공되어야 한다. 이러한 가능성을 우리는 원격수업에서 목격하게 되었다.

미래교육에 주는 시사점

코로나 사태를 통해 '이미 다가온 미래교육'을 목격하게 되었다고들 한다. 이는 다만 온라인 환경을 활용한 수업이 활성화되는 것을 의미하는 것은 아니다. 코로나 사태를 통해 미래 사회는 어떤 사회가 될 것이며, 새로운 사회 속에서 우리 아이들이 인생의 주인공으로 살아가기 위해서는 어떤 교육이 필요한지에 대해 성찰하는 계기가 마련된 것이다.

얼마 전 OECD에서 『OECD Education 2030』이라는 보고서를 발간했다. 세계 각국의 교육자들이 모여 협의하는 가운데 10년 이후 미래 사회는 어떤 모습이며, 미래 사회를 위해 필요한 역량이 무엇인지를 새롭게 설정한 보고서이다. 이 보고서는 코로나 사태 이전에 발표되었음에도 불구하고 미래 사회의 모습을 한마디로 '예측 불가능한 불확실의 시대'로 규정하고 있다. 이는 크게 세 가지 측면으로 구분되는데, 첫 번째 변화는 기후위기와 자원 고갈로 인해 이에 대한 긴급한 대응책이 필요하다는 것이다. 두 번째로는 인공지능의 발달로 인해 전례 없는 변화가 일어난다는 것이다. 세 번째로는 사회문화적 다양성이 확대되고 불평등이 확대된다는 전망이다.

OECD는 이러한 미래 사회에 대한 전망 속에서 학생들은 '지속가능성'과 '좋은 삶(well-being)'을 가장 중요한 가치로 두어야 하며, 불확실성의 시대에서 새로운 도전과제에 대응하는 역량을 길러야 한다고 강조한다.

여기서 가장 강조하고 있는 역량은 '변혁적 역량'이다. 기존의 역량 개념이 '미래 사회에 잘 적응하는 능력'에 가깝다면, '변혁적 역량'은 '미래 사회를 바람직하게 바꿔 가는 능력'에 해당한다. 이는 예견하지 못했던 문제에 부딪혔을 때 이를 타파할 수 있는 고차원적인 능력에 해당한다.

코로나 사태는 OECD에서 말하는 '변혁적 역량'이 미래의 문제가 아닌 오늘의 문제로 대두되었음을 시사한다. 위험에 대처하는 능력을 포함하여, 자기를 돌보고 다른 사람과 좋은 관계를 맺어 가는 능력, 생태계 위기 등 인류가 당면한 문제를 인식하고 이를 해결하는 능력, 새로운 사회적 연대의 방법을 찾아가는 능력 등이 이에 해당한다.

특히 코로나 사태는 생태계의 위기가 시급히 해결해야 할 과제임을 알려주었다. 인간의 탐욕이 지구 생태계를 파괴해 왔고, 현세대가 미래 세대의 생존 조건을 파괴해 왔다. 이는 인류 생존의 지속가능성 자체를 위기로 몰아넣고 있다. 그렇기 때문에 미래교육은 근대적 삶의 패러다임 자체를 성찰하는 교육이 되어야 한다. 이를 위해서는 '필요'와 '욕망'을 구분하고 생태친화적 삶의 방식을 익히는 교육이 필요하다.

코로나 사태는 우리 사회에서 가장 취약한 계층이 어디인지를 분명히 드러냈다. "재난은 모두에게 평등하게 찾아오지만, 재난으로 인한 피해는 평등하지 않다"고 한다. 코로나 사태로 인해 취약계층에 대한 긴급 지원, 보편적 기본소득 등에 대한 논의가 활발히 이루어졌다. 학교에서도 긴급 돌봄이 필요한 학생들에 대한 지원이 이루어졌다. 이제는 코로나 이후 시대의 사회 양극화 문제에 대해 본격적인 논의가 필요한 때이다.

교육계도 마찬가지다. 그동안 우리 교육은 "개천에서 용 난다"는 신화에 기대어, 서울대학교에 한 명이라도 더 보내려는 무한 경쟁 교육을 반복해 왔다. 하지만 이제 이러한 신화는 끝이 났다. 공교육은 계층 상승의 통로가 아니라, 미래 사회 구성원을 길러 내는 공적인 가치를 추구하는 곳이다. 따라서 사회 양극화 시대에 공교육이 지향해야 할 가치는 '경쟁에서 승리하는 능력'을 기르는 것이 아니라 '불평등을 타파하는 능력'을 기르는 것이다. 남을 짓밟고 올라서는 이기적인 인간을 길러 내는 교육이 아니라 다른 사람과 더불어 살아가는 공동체적 인간을 길러 내는 교육이 필요하다. 이것이 미래교육에 반드시 필요한 가치이다.

코로나 이후의 교육은 새로운 윤리와 사회적 연대 방식에 기반을 두어야 한다. 원격수업 활성화라든지 인공지능 활용 수업 등의 기술공학적 접근만으로는 한계가 명확하다. 코로나 시대에 경험했던 원격수업의 기술은 그대로 활용하되, 여기에 새로운 철학을 담아야 한다.

하늘빛중학교 교사들은 코로나로 인해 '수업 이상의 것'을 잃어버린 학생들을 위해 다양한 노력을 해 왔다. 섬세한 피드백이 있는 원격수업, 마음의 위로와 공감을 주는 원격수업, 코로나 블루나 사이버 폭력에 노출된 아이들을 위한 상담활동, 공동체성을 회복하는 학급운영 등은 원격수업의 강점에 배움중심수업의 원리와 책임교육의 정신을 담아낸 것이다.

이제 '단 한 명도 포기하지 않는 책임교육'이라는 윤리는 공허한 구호가 아니라 현실적 과제가 되었다. 학교는 모든 아이들, 특히 다양한 위험에 노출된 아이들을 먼저 품어 내는 곳이어야 한다. 그리고 이 아이들이 불확실한 위험이 가득한 미래 사회에서도 삶의 존엄을 지키고 더불어 사는 사회를 만들어 가는 역량을 기르도록 해야 한다. '사회적 거리두기의 교실'에서도 '사회적 연대의 길'을 찾아갔던 원격수업의 경험은 미래교육의 새로운 길로 나아가야 한다.

- 이형빈

부록

학생들의 이야기

원격수업으로
배움의 폭을 넓히다

2020년 1월, 내가 살아갈 일 년의 많은 날들이 찬란히 빛날 것이라고 생각했다. 중학교 1, 2학년 때는 경험하지 못했던 새로운 것을 경험하고, 이전보다 훨씬 주도적으로 학교생활을 할 수 있을 것이라는 기대에 부풀어 있었다. 학생자치회, 자율동아리 등 여러 활동을 하면서 한층 더 성장해 나갈 나의 모습을 상상하고 꿈꾸며 개학을 기다렸다. 새로운 전염병이 전 세계로 퍼지고 있다는 기사를 처음 접했을 때, '얼마 지나지 않아 별 탈 없이 지나가겠지'라는 생각에 아무 걱정 없이 하루하루를 보냈다. 이때까지만 해도 그 답답한 마스크를 1년 넘게 쓰고 다닐 것이라고는 상상도 하지 못했다. 그러나 사태는 점점 심각해졌고 개학은 계속 미뤄졌다. 결국 4월이 되어도 학교에 갈 수 없었고, 우리는 난생처음 온라인 개학을 맞이하게 되었다.

온라인 개학은 여러 면에서 내 생활을 바꾸었다. '늦게 일어나 온라인 조회 시간에 지각하면 어떡하지, 갑자기 노트북이 고장 나 그날 수업을 듣지 못하면 어떡하지'라는 생각에 일찍 일어나 아침 조회 시간에 앞서 대기했고, 과제가 제대로 제출되지 않았을까 봐 걱정했다. 이 모든 상황이 처음이라서 많은 부분이 서툴렀고, 그래서 더욱 긴장하며 개학 초반을 보냈다.

그동안 학교생활을 할 땐, 활동도 많고 신경 써야 할 것들이 많아 결국 학기 말에는 지쳐서 하루빨리 방학이 왔으면 좋겠다는 생각을 하곤 했다. 하지만 집에 있는 시간이 하염없이 길어지니 그와 같은 생각을 했던 것이 무색할 만큼 학교가 너무 가고 싶었다. 친구들과는 얼굴을 보고 대화한 시간보다 통화나 메신저로 대화한 시간이 훨씬 많았고, 등교를 하더라도 이전과는 달리 친구들을 학교에서 만날 수 있는 시간이 한 달에 1주, 많으면 2주밖에 되지 않았기 때문에 친구들이 굉장히 보고 싶었다. 예전에 등교하며 바쁘게 생활했을 때에는 침대에 가만히 누워 쉬는 것이 나에게 가장 맞는 에너지 충전 방법이라고 생각했었다. 하지만 집에서 가만히 있는 시간을 계속 보내다 보니 등교할 때보다 몸과 마음이 축 처지고 의욕이 떨어졌다. 이를 통해 학교에서 친구들과 웃고 떠들던 시간들이 나를 더 힘차게 만들어 주었다는 것을 깨달았다. 친구들을 만나 자유롭게 대화를 나누며 함께 생활할 수 없다는 점이 원격수업의 가장 큰 단점으로 나에게 다가왔다.

시간이 흘러 원격수업이 차츰 안정되어 갔다. 인터넷 연결이 불안정하거나, 시스템 오류로 수업을 제대로 듣지 못했던 상황에 대한 대처법을 알게 되면서 어떠한 상황에서도 당황하지 않게 되었다. 또 선생님들께서 친절히 안내해 주시는 수업 방법을 숙지하고 따라가다 보면 어렵지 않게 공부할 수 있었다. 원격수업과 관련된 기본적인 틀이 갖춰지고 나니 다양한 콘텐츠들이 수업 시간에 새롭게 등장했다. 예를 들어, 수업 내용을 확인할 때, 단순한 질문 형태의 설문지를 푸는 것에서 게임을 하는 것과 같은 형태의 설문지를 푸는 것으로 수업 과제가 진화하며 몰입이 훨씬 잘되었다. 또 나와 친구들의 의견을 공유할 수 있는 공유문서를 활용한 다양한 활동으로 전보다 더 흥미롭게 수업에 참여할 수 있었다.

코로나19가 유행하며 겪은 많은 변화 중, 유독 걱정되었던 것은 바로 시험 기간이었다. 3학년이 되면 진학을 앞두고 있다 보니 누구나 더욱 열심히 노력하여 평가에서 좋은 결과를 얻고 싶다는 생각을 하게 된다. 하지만 코로나19로 모든 상황이 불확실해지자 많은 부분에서 걱정이 앞섰던 것이 사실이다. 실제로 시험 준비 기간 초반에는 '모르는 것을 선생님께 바로 여쭤 볼 수 없으면 어떻게 하지?'라는 생각에 불안하기도 했다. 그런데 걱정과 달리 선생님께 질문을 드리면 질문에 거의 바로 답변을 해 주셨고, 채팅방에 질문을 남기는 방법 등 접근이 간편한 다양한 질문 방식 덕에 수월하게 공부할 수 있었다. 특히, 일부 과목의 수업 시간에는 온라인 게시판과 같은 사이트가 존재했는데, 그 게시판에 친구들과 선생님의 답변이 실시간으로 공유되는 것이 좋았다. 궁금한 것이 있어 질문하려고 온라인 게시판에 들어가 보면, 다른 친구들이 같은 질문을 했었던 기록이 있고 그에 대한 선생님의 답변까지 볼 수가 있었다. 또 게시판을 꼼꼼히 읽다 보면 전에 미처 생각하지 못했거나 그냥 지나쳤던 문제들을 상기할 수 있어서 온라인 게시판이 공부하는 데 정말 많은 도움이 되었다.

처음의 우려와는 달리 수월하게 시험이 끝났고, 걱정했던 것보다 결과는 만족스러웠다. 이렇게 '시험'이라는 큰 장애물을 넘고 나니 이제 어떠한 장애물도 나 자신과 선생님들과 학교를 믿고 평소 하던 대로만 하면 쉽게 넘을 수 있겠다는 자신감이 생겼다. 집에 있는 시간이 길어지면서 이동 시간이 줄어 공부 시간이 더 많이 확보된다는 점, 새로운 공부 방법을 발견할 수 있었던 점, 무엇보다 언제 어디서든, 어떤 방법으로든 모르는 것에 대해 선생님들께 질문할 수 있고 선생님들께 즉각적인 도움을 받을 수 있다는 장점이 있었다. 원격수업은 불편하기만 하고 공부에 독이 될 거라고 생각했던 나의 생각에 큰 변화가 생겼다.

어쩌면 공부만큼 중요한 게 없는 시기인 중학교 3학년, 하던 대로 할 수 없었던 날들 때문에 흔들리고 헤매기도 했지만 배운다는 것에 대해 다시 한 번 생각해 볼 수 있었다. 학교에서 개념을 배우고, 집에 가서 복습하고, 심화 공부를 한 뒤 시험을 보는 기존의 평범한 패턴에서 벗어나며 원격수업으로 내 배움의 공간과 방식이 훨씬 넓어진 것 같다. 또한 평소에 보고, 듣고, 말하는 활동을 통해서 배우는 것이 가장 이상적이고 효과적인 방법이라고 생각했는데, 이것이 원격으로도 가능할 수 있다는 것을 원격수업을 통해 직접 배우고 느꼈다. 서로 한 교실에 있지 않아도 화상 수업과 영상으로 전달하고자 하는 내용이 충분히 전달된다는 것이 신기했고, 원격수업에서 오히려 새로운 시도를 통한 배움이 일어날 수 있다는 것을 경험하며, 배움의 방식은 상상을 초월하며 끝이 없다는 것을 느꼈다.

코로나19라는 이 재난 상황이 나에게 어떤 의미인가에 대해 여러 번 생각해 보았다. 몇 달 전까지는 이 상황을 굉장히 원망했다. 학교에서 다양한 활동을 하며 열심히, 알차게 생활하고 싶었던 내 소중한 중학교 3학년 시절을 앗아 갔고, 동네에서 처음 확진자가 나온 이후로 막연하게 생각했던 전염병이 나에게 정말 가까이 다가왔다는 생각이 들어 늘 불안감을 안고 살았다. 뉴스에서도 부정적인 기사들이 훨씬 많이 나오고, 힘들게 고생하시는 의료진분들의 영상을 보게 되면 죄송하고 슬픈 마음이 자꾸만 들었다. 또 감기에 걸려 미열이 나고 목이 아팠던 날이 있었는데, 혹시나 '코로나에 감염되었으면 어떡하지'라는 걱정을 하며 감기가 호전될 때까지 불안에 휩싸여 온갖 부정적인 감정으로 나흘을 보냈다.

이런 생활이 지속되던 어느 날, 더 이상 이렇게 살면 안 되겠다는 생각이 들어 자꾸 생각나던 부정적인 면 대신 긍정적인 면에 집중해 보았다. 일단, 시끌벅적한 학교에서 정신없이 하루하루를 보내지 않고 집에서 조용하고 평화로운 시간을 보내다 보니 나에게 좀 더 집중할 수 있었다. 예를 들어 평상시에는 하루 동안 내가 던졌던 말들에 대해 아무렇지 않게 지나쳤는데, 집에 있다 보니 그 부분에 대해 심도 있게 생각하며 고칠 점을 발견하고 언행을 더욱 조심하게 되었다. 또한 집에서 공부하는 시간이 대부분이다 보니, 나에게 맞는 여러 공부 방법을 시도하게 되었고, 그 과정에서 공부에 대해 많은 생각을 할 수 있었다.

특히, 원격수업 중 선생님들께서 정성 들여 만들어 주신 수업 영상을 볼 때는 들었던 수업을 다시 돌려 볼 수 있다는 것에 감사했다. 등교수업에서는 열심히 수업을 들으며 필기를 했는데도 집에 가면 일부 내용이 잘 기억나지 않아 결국 다음 날 선생님께 다시 여쭤 보고서야 그 내용을 정확히 알 수 있었다. 하지만 원격수업에서는 이해가 되지 않았던 내용은 다시 돌려 보며 그 자리에서 바로 문제를 해결할 수 있었던 점이 정말 편리하고 좋았다.

　전에 없던 감염병 유행으로 많은 상황이 바뀌었다. 그런데 모든 일은 생각하기 나름이라는 생각이 든다. 아무리 힘든 상황이라도 긍정적인 부분을 발견하며 생활하다 보면 암울한 상황도 성장의 밑거름이 될 수 있다는 것을 깨달았다.

- 표승연

코로나 시대,
선생님과 우리가 함께 걸어온 길

개학을 앞두고 새로운 친구들, 새로운 선생님과 마주하고 지난해와 같은 즐거운 학년을 보내기를 기대했다. 하지만 빠르게 전개된 코로나바이러스 사태에 개학은 연기되었고 기대에 화답한 것은 등교가 아닌 원격수업이었다.

처음 원격수업 소식을 들었을 땐 걱정이 앞섰다. 대면하지 않고 진행되는 수업이 그저 일방적인 지식 전달에 그칠 것 같았고, 그래서 자세하게 공부해야 할 내용을 놓칠 것만 같았다. 그러나 실제로 진행된 원격수업은 걱정만큼 빈약하지 않았다. 등교수업에는 미치지 못했지만, 원격수업만의 장점이 있었고 이를 활용해 효과적인 수업이 진행되었다.

1학기의 원격수업은 선생님께서 준비하신 영상을 시청하고 활동 결과를 제출하는 방식으로 이루어졌다. 활동 과제의 종류는 다양했는데, 주로 수업 내용에 대한 설문지를 작성하는 것이었고, 이 외에도 필기를 사진으로 찍어 제출하거나 음성을 녹음하여 제출하는 등 수업에 따라 여러 형태의 수행이 주어졌다. 이를 통해 수업한 내용을 다시 복습할 수 있어 능률적인 학습이 이루어졌다.

학습의 방식이나 학습 시간 또한 대면수업에 비해 자유로웠다. 선생님들이 만드신 수업 영상을 시청하고 결과를 제출하는 수업 방식 덕분에 하루 중 언제든지 원하는 시간에 학습할 수 있었고, 영상을 다시 시청하여 부족하거나 이해가 가지 않는 내용을 보완하는 등 자율적인 학습을 할 수 있었다. 이는 특히 시험 기간에 빛을 발했는데, 영상을 통해 복습함으로써 효과적으로 시험 대비를 할 수 있었다.

또한 선생님들께서 제출한 활동과제에 피드백을 해 주시고 궁금한 내용을 질문할 수 있도록 도와주셨기에 원격수업 전 걱정했던 선생님과 학생 사이의 상호작용에 대한 문제도 해결되었다. 등교수업 주간에는 방과 후에 학생들의 학습을 돕는 제도가 시행되어 원격수업으로 인한 격차를 최소화했다.

반면에 원격수업의 한계도 있었다. 선생님과 학생 사이의 상호작용은 활발했지만, 학생 간의 상호작용은 잘 이루어지지 못했다. 학급 SNS를 활용하여 간단한 소통이 가능했지만 직접 대면함에 한참 못 미치는 수준이었다. 등교수업에 비해 수업의 길이가 현저히 짧았고 양도 크게 줄었으며, 그 탓에 수업의 질도 불충실했다. 또, 학생들 사이에서 활동과제의 정답을 공유하는 사례도 빈번했다. 수업의 과정을 확인하는 것이 아니라 결과로만 참여를 판단했기 때문에 이러한 사례가 발생한 것이다. 이 외에도 과제가 정확히 제출되지 않는 등 플랫폼의 문제도 존재했다. 원격수업은 그만의 장점을 활용해 효과적인 수업을 만들어 낼 수 있는 좋은 교육 방식 중 하나이지만, 위와 같은 문제로 그저 형식적인 겉치레에 그칠 수 있었다.

2학기에 들어서 원격수업의 단점은 대부분 보완되었고 장점을 극대화해 더욱 만족스러운 수업을 경험할 수 있었다. 먼저 수업이 쌍방향으로 전환되어 더욱 효과적으로 원격수업이 이루어졌다. 대면수업 기간이 아니더라도 쌍방향 수업을 통해 선생님, 친구들과 마주할 수 있다는 것이 좋았다. 소통하면서 수업 분위기가 더욱 화목해지고, 능률적인 수업이 이루어졌다.

특히 여러 플랫폼의 활용으로 원격수업만의 장점을 이끌었는데, 이를 통해 종종 대면수업보다 뛰어난 학습 효과가 나타났다. 화상통화 서비스 줌(ZOOM) 내의 소회의실 기능을 활용해 학생들이 모둠을 꾸려 의견을 공유하는 등 학생과 학생 사이의 상호작용이 원만히 이루어졌고, 이는 다양한 의견을 접하고 새로운 생각을 할 수 있는 성장의 계기가 되었다. 코로나 바이러스로 인해서 등교수업 주간에도 모둠 활동을 할 수 없었지만, 소회의실 기능을 활용해 자율적인 학습의 기회가 주어져 즐겁게 수업할 수 있었다. 그리고 같은 플랫폼 내의 주석 작성 기능으로 학생들이 능동적으로 수업에 참여할 수 있었다.

다양한 플랫폼의 활용으로 1학기 영상 수업의 장점이었던 자율적인 학습이 가능했다. 종합 메모 서비스 노션(Notion)을 이용했는데, 노션에 쌍방향 수업을 통해 학습했던 내용이 정리되어 있어 언제든지 필요한 내용을 복습할 수 있었고, 학습에 도움이 되는 추가 자료도 찾을 수 있어 유익했다. 또, 공동 작업 도구인 패들렛(Padlet)으로 학생들이 스스로 수업을 정리할 수 있었다. 선생님께서 정하신 주제에 맞추어 자료를 조사하고 수업 내용을 다시 떠올려 보며 나만의 정리본을 만들 수 있어 학습에 큰 도움이 되었다.

온라인에서도 즐거운 추억을 쌓을 수 있었다. 담임선생님께서 종종 조회와 종례 시간에 간단한 게임을 준비하여 친구들과 함께 즐길 수 있었고, 다양한 방법으로 친구들과 소통하여 서로의 마음을 가까이할 수 있었다. 그리고 여러 교과 시간에 음악회나 편지 낭독회 등을 진행하여 친구들과 더 친밀해지고 좋은 추억이 되었다.

어려운 환경에서도 원격수업으로 효과적인 성과를 이룰 수 있다는 것을 깨달았다. 원격수업에서만 진행할 수 있는 여러 활동을 통해 더욱 깊은 사고를 할 수 있었고, 현상을 다양한 관점에서 바라보는 시각도 기를 수 있었다. 원격수업이 그저 대면수업의 대체재로 작용하는 게 아니라 하나의 교육 방식으로 자리 잡는 것이 느껴졌다. 원격수업만의 특성을 활용해서 좋은 결과를 만들어 내는 과정에서 많은 교훈을 얻었다.

어려운 환경에서도 학생들을 이끌어 주신 선생님들께 감사하고 배우려고 노력했던 친구들에게도 박수를 보낸다.

- 박 예 성

이번 생에
코로나 19는 처음이라서

인류 멸종설까지 돌며 우리에게 지금까지도 쓰리게 고통을 주고 있는 코로나19. 모두가 처음 겪는 상황이었기에 당황스럽고 힘들었지만 우리는 각자의 자리에서 최선을 다했다.

개학하기 전 드디어 중학교 3학년이 된다는 설렘이 있었다. 일 년 동안 공부에도 집중해야 하고 새 친구들도 궁금했지만, 무엇보다 고등학교 진학이 정해지고 나서의 학기말 교과 수업 시간을 고대하고 있었다. 작년 선배로부터 그 시기가 중학교 3년 중에 가장 행복했던 순간이라 전해 들었기 때문이다. 친구들과의 경쟁에서 잠시 벗어난 듯한 홀가분한 기분, 모두가 걱정 없이 웃고 떠들 수 있는 시간이 흔치 않아서 나 또한 미리 마음이 붕 떠 있는 상태였다. 그런데 코로나19가 닥쳐옴과 동시에 나의 기대는 허무하게 거품처럼 사라져 버렸다.

그럼에도 우리는 계속해서 앞으로 나아가야 했다. 일단 학교는 개학을 연기하고 방역 지침을 준수하려 노력했는데 첫 대응이지만 침착하게 잘한 것 같다. 개인적으로 칭찬 스티커를 열 개 붙여 주고 싶다. '3월 달력에 개학 취소를 몇 번을 썼던지…. 만약 코로나 19가 아니었다면 우리 반은 벌써 돈독한 사이가 되었을 텐데…. 이번 연도에 단합을 할 수 있을지…' 하고 한탄하는 순간마저도 마스크를 쓰고 있어서 싱숭생숭하기도 했다.

온라인 개학 이전에 처음 시작된 원격수업은 학교 홈페이지를 통해서였다. 그때마다 로그인하는 것이 귀찮았는데 온라인 개학을 하면서부터 구글 클래스룸이라는 플랫폼을 사용하게 되었다. 온라인 개학을 맞이하게 되던 날, 선생님과의 첫 만남은 영상이었다. 우리를 축하해 주는 선생님들과 원격수업 안내를 화면으로 보니 엄청 어색했다. 그리고 작년 학년 초에 교과 시간에 반복되었던 자기소개 시간이 잿빛으로 떠올랐는데 올해는 수업을 영상으로 진행하니 그런 일이 없었다.

온라인 개학 이후 등교 여론이 들끓자 3학년이 먼저 등교하게 되었다. 등교수업을 했을 당시 3학년은 시험 때문에 거의 이론 수업을 위주로 진행했는데 이 점이 매우 안타까웠다. 또한 등교일이 며칠 되지 않아 다른 것을 할 수도 없었다는 점이 유감이다. 친구들과는 오랜만에 만나서 그런지 조금 어색했지만, 곧잘 이야기를 하고 웃으며 지냈다. 하지만 이전보다 신체 접촉은 할 수 없어서 아쉬울 따름이었다.

우리 학교에서 쓰는 구글 클래스룸은 자동 로그인으로 인해 수업을 듣는 것이 무척 편리했다. 처음에는 대체 어떻게 앱을 접속해야 하는 건지, 수업은 어떻게 듣는 건지 고장 난 나침반처럼 방향을 찾지 못했다. 이 모습이 중학교 1학년 첫 등교일에 긴장해 삐그덕대는 친구들의 모습과 학교 길을 몰라 헤맸던 내 모습과 겹쳐 떠오르기도 했다. 구글 클래스룸에 들어가는 방법조차 모르는 학생이 많았던 이유는 게임이나 검색만 잘했지 공부를 이런 식으로 하지 않아서 그랬던 것 같다. 이러한 상황을 예측해서인지 구글 클래스룸에서 넘어가는 화면마다 무엇을 해야 하는지 상세하게 설명한 안내문이 배포되었다. 나는 이 안내문이 크게 도움이 되었는데, 특히 플랫폼 사용에 능숙하지 않은 학생들을 배려했다는 점이 감동적이었다.

하지만 안내문을 보지도 않는 친구들이 많아서 안타까웠다. 요즘 아이들은 글자 많은 것을 싫어해서 안내문에는 상세하게 설명이 되어 있으나 지나치기 쉬웠다. 카드뉴스와 같이 보기 수월하게 사진으로 배포하여 학생들이 금세 읽고 따라 할 수 있게 제작했으면 더 좋았을 거란 생각이 든다.

학년 공통 시간표를 운영했던 원격수업 초반에는 친구들 간에 설문지 답을 공유하는 아이도 있었다. 질문에 대한 답변을 빠르게 피드백 받는 것이 활성화되어 있지 않아 불편하기도 했다. 선생님들이 많은 노력을 하셨지만 수업 영상으로만 진행하는 수업은 한계가 있었다. 10분만 넘어도 아이들이 잘 보지 않는다는 것이 흠이었다. 사실 나도 10분이 넘으면 잘 안 본다. 그리고 이실직고하자면 안 본 영상의 내용은 가끔 웹사이트에 답을 검색해서 설문지를 제출하기도 했다. 이것을 방지하기 위해 난센스 퀴즈 같은 방안도 나왔지만, 실제로 매번 있는 것은 아니었으며 잠깐 있다가 다시 사라져 버려서 효과는 미미했다.

이런 문제는 학급별 시간표에 실시간 쌍방향 수업을 하면서 개선되었다. 실시간 쌍방향 수업은 학생들의 출석 여부를 직접 체크할 수 있어 효율적인 방안이었고, 선생님들 수업은 대부분 만족스러웠다. 특히 수업 영상을 보고 과제를 제출하는 것보다 실시간 쌍방향 수업을 통해 내용을 익히고 과제를 제출할 때 내용의 이해도 면에서 확연한 차이를 느꼈다. 우리 학교가 코로나 19에도 불구하고 가장 크게 성장한 점이 무엇이냐 물으면 이러한 점들을 예로 들 수 있을 것 같다.

등교일 내내 학교의 방역 수준은 놀랍도록 우수했다. 모두가 어색하고 생소했지만 안전을 위해서는 어쩔 수 없이 해야 하는 일이었다. 아침에 열화상 카메라를 통과해서 거리를 두고 교실로 가면 자가진단 여부를 확인하고 4교시가 끝나면 다시 체온을 측정했다. 급식을 기다리며 줄을 서고 밥을 먹으면서 잡담 금지는 물론 거리두기를 실천했다. 선생님들께서는 쉬지도 못하고 쉬는 시간마다 화장실 앞에서 한 명씩 들어가도록 생활지도를 하셨다. 더불어 반마다 사용하는 계단을 다르게 하고 등교 구간을 일정하게 통일함으로써 확진자가 발생했을 시에 경로를 파악하기 쉽게 했다는 점이 대단했다. 모든 면에서 선생님들이 학생들을 위해 뼈를 가셨다는 게 느껴졌다!

우리는 답답한 마스크를 하루 종일 써야만 했다. 수업 시간에도 집중하기가 조금 어려웠고 활동을 전보다 많이 못 하게 돼서 아쉬웠다. 그렇지만 긍정적인 효과도 있었다. 활동보다 이론 중심의 수업을 배우고 싶은 아이들은 이러한 방식을 더 선호하기도 했고, 등교수업이 얼마 안 되어 그런지 작년과 비교하면 아이들의 수업 참여도가 훨씬 상승한 것이다.

학교에서는 대면이 가능한 시기에는 대면으로, 비대면인 시기에는 비대면으로 꾸준히 피드백을 받으며 원격수업의 능률을 높이고자 여러모로 노력했다. 전체 학생을 대상으로 원격수업에 관한 설문을 했고 학년별로 선생님들과의 간담회, 교장 선생님과 학생회 간부들과의 간담회 등 학교에서는 꾸준히 학생들을 통해 문제가 있었던 점을 듣고 그것을 반영했다는 것이 꽤 놀라웠다. 다른 학교와 비교하자면 이미 거의 완벽하다고 생각했는데, 여기서 더 나아가려는 것이 정말 '학생 중심'이라는 말을 실감하게 했다.

비상하기 위해서는 먼저 추락을 해야 한다. 우리 학교 역시 코로나로 인해 위기를 맞이하기도 하였으나 끊임없는 노력을 통해 다시 새로운 땅으로 발을 내디뎠다. 우리 학교는 김포에서 제일 좋은 최고의 학교이다. 나뿐 아니라 다른 친구들도 모두 그렇게 생각할 것이다.

- 이유민

함께여서 가능했던
2020 코로나 극복기

어느 순간부터 밖에서보다 집에서 공부하는 시간이 더 많아졌다. 소리 없이 다가와 우리를 둘러싼 코로나 때문이다. 원격수업이 본격적으로 시작되기 전에는, 설마설마하며 원격수업은 상상도 할 수 없다는 학생들과 집에서 편하게 수업받을 수 있는데 나쁠 것이 뭐가 있느냐는 학생들로 나뉘는 듯했다. 그러나 정작 원격수업이 본격적으로 시작되고 나서부터는, 나를 비롯하여 친구들 모두는 각자 여러 이유들로 불안함을 감출 수 없었다.

실시간 쌍방향 원격수업이 본격적으로 실시되었던 2학기, 처음으로 방 안에서 조용히 문을 잠그고 원격수업에 접속했을 때의 기분을 지금도 잊을 수 없다. 당당히 카메라를 켜고 열심히 수업을 듣는 학생들이 있었던 반면, 35명의 친구들이 자신을 보고 있다는 사실이 너무나도 부끄러워 차마 얼굴을 보여 주지 못하다 결국 눈 한쪽만 빼꼼히 보여 주는 학생들도 적지 않았다. 이를 겪는 모든 학생들이 '이게 도대체 무슨 상황일까.' 하며 마음속으로 안절부절못하는 것이 보일 정도로, 모두 원격수업에 적응하기가 쉽지 않았다.

2020년 2월 초였다. 새로운 학년을 맞이하기 전, 앞으로 1년 동안 진행할 학생자치회 활동 계획을 세우기 위해 학생자치회 임원들과 학교 가사실에 모여서 회의를 했던 기억이 떠오른다. 2020학년도 학생자치회가 새롭게 꾸려진 후 처음 만나 대화를 나눴는데도 어색함이 금방 사라져서 참으로 다채롭고 의미 있는 1년 계획을 세웠다. 불행하게도, 시간이 지날수록 우리의 계획은 하나씩 지워져 갔다. 언제 어떻게 상황이 바뀔지 아무도 예측할 수 없었다. 한 치 앞도 내다볼 수 없는 전개와 꼬이고 꼬인 일정들, 마치 잘 만든 반전 드라마 한 편을 보는 것 같았다. 무언가를 하겠다고 계획을 세워 놓으면 곧 수정되거나 삭제되는 일이 다반사였고, 학생들을 위해 학생자치회가 할 수 있는 일들이 줄어드니 학생자치회장인 나를 포함하여 학생자치회 임원들은 모두 무력감에 깊이 빠지기도 했다.

모든 것들이 불안하기만 했던 지난 1년이었다. 하지만 되돌아보니, 1년을 보내며 배운 여러 가지 것들이 참으로 의미 있게 느껴진다. 사실 수업을 들으며 학습 내용을 배우는 것은 예년과 다를 바 없었다고 생각한다. 그런데 원격수업에서는 학생들이 어려워하는 부분을 선생님들께서 실시간으로 질문을 받고 바로바로 해결해 주셨다. 또한 보충할 부분이 생기면 동영상으로 찍어 올려 주셨다. 수업 참여도가 낮은 친구들이 있으면, 놓치지 않고 관심과 함께 따뜻한 조언을 해 주셨다. 결국 선생님들께서 전하시려는 학습 내용과 우리를 향한 마음은 온라인으로도 온전히, 충분히 전달될 수 있었다.

등교수업을 할 때 설레는 마음 또한 커졌다. 평소에는 귀찮기도 했던 등교수업이, 오히려 친구들과 선생님을 만난다는 기대감으로 가득 차게 되어 학교를 가는 즐거움에 대해 잊고 있던 기억을 되살려 주었다.

무엇보다 나는 지난 1년을 보내면서 더욱 특별한 것을 배웠다. 그것은 앞이 보이지 않는 상황 속에서 다른 이들과 함께 불을 밝히는 특별함이었다.

어둠 속에서 빛을 보았을 때 느끼는 안도감처럼, 코로나라는 재앙 속에서 사람들과 함께 무언가를 이루어 냈을 때, 그 뿌듯함은 이루 말할 수 없다.

　코로나 상황 속에서 학생자치회 활동은 번번이 좌절을 겪어야 했다. 그렇기에 우리가 할 수 있는 것은 최소한의 일정들 속에서 최대한의 효과를 보는 것이었다. 하늘빛중학교 학생들을 위해 나를 포함한 학생자치회 임원들은 주어진 상황에서 개개인에게 주어진 임무들을 충실히 시행하려 노력했다. 직접 만나 회의를 할 수 없다면, 학생자치회 임원들끼리 원격 회의를 열어 화면 속에서 서로의 생각을 나누며 최상의 해결책을 찾아냈다. 전면 등교 중지로 인해 학교에서 행사를 열 수 없다면, SNS를 통해 행사를 열어 전교생의 적극적인 참여를 유도했다. 이러한 과정에서 우리는 불가능은 없다는 '도전 정신'을 배웠고, 타인과 함께 발맞춰 나아가는 '협동심'을 배웠으며, 어떠한 상황에서도 신중하게 정확한 정보만을 전달해야 하는 '소통'의 중요성을 배워 나갔다. 함께였기에 우리는 어려운 상황에서도 뜻깊은 일들을 벌여 나갔고, 학생자치의 명맥을 가치 있게 이었다고 자부한다.

　함께였기에 가능했던 특별함은 등교수업에서도 찾아볼 수 있다. 학생 간 거리두기, 급식 위생, 교실 청결, 체온 측정 등 하루도 빠짐없이 방역을 위해 긴장을 늦추지 않으시는 선생님들이 계셨고, 또 이를 지키기 위해 노력하는 학생들이 있었다. 그렇기에 마치 살얼음판을 걷는 듯했던 지난 1년 동안 확진자 한 명 나오지 않고 이 어려운 시기를 극복하지 않았나 싶다.

이러한 배움들은 나를 한층 더 성장시키는 계기가 되어 주었다. 처한 환경에 굴복하는 것은 비겁한 변명이고, 게으름이다. 끊임없이 도전하고 노력하는 것만이 해결책이라는 사실을 머릿속에 새기게 되었다. 아무도 예측하지 못했던 상황 속에서, 학생들을 위한 최선의 교육 방향을 끊임없이 고민하고 선택하시는 선생님들. 매일매일 뒤바뀌는 불안정한 상황에서 중심을 잡고 공부해야 하는 학생들. 모두 각자의 마음속에 각인시킬 무언가가 분명히 생긴 한 해였을 것이다.

결론은 나와 우리가 해냈다는 것이다. 어둠 속에서 불을 밝혔고 불을 지켜 냈으며 어쩌면 주위 사람들의 마음속에 불을 지폈을지도 모른다.

- 김동현

삶의 행복을 꿈꾸는 교육은 어디에서 오는가?

교육혁명을 앞당기는 배움책 이야기 혁신교육의 철학과 잉걸진 미래를 만나다!

한국교육연구네트워크 총서

 01 핀란드 교육혁명
한국교육연구네트워크 엮음 | 320쪽 | 값 15,000원

 02 일제고사를 넘어서
한국교육연구네트워크 엮음 | 284쪽 | 값 13,000원

 03 새로운 사회를 여는 교육혁명
한국교육연구네트워크 엮음 | 380쪽 | 값 17,000원

 04 교장제도 혁명
한국교육연구네트워크 엮음 | 268쪽 | 값 14,000원

 05 새로운 사회를 여는 교육자치 혁명
한국교육연구네트워크 엮음 | 312쪽 | 값 15,000원

 06 혁신학교에 대한 교육학적 성찰
한국교육연구네트워크 엮음 | 308쪽 | 값 15,000원

 07 진보주의 교육의 세계적 동향
한국교육연구네트워크 엮음 | 324쪽 | 값 17,000원
2018 세종도서 학술부문

 08 더 나은 세상을 위한 학교혁명
한국교육연구네트워크 엮음 | 404쪽 | 값 21,000원
2018 세종도서 교양부문

 09 비판적 실천을 위한 교육학
이윤미 외 지음 | 448쪽 | 값 23,000원
2019 세종도서 학술부문

 10 마을교육공동체운동:
세계적 동향과 전망
심성보 외 지음 | 376쪽 | 값 18,000원

 11 학교 민주시민교육의 세계적 동향과 과제
심성보 외 지음 | 308쪽 | 값 16,000원

 12 학교를 민주주의의 정원으로
가꿀 수 있을까?
성열관 외 지음 | 272쪽 | 값 16,000원

한국교육연구네트워크 번역 총서

 01 프레이리와 교육
존 엘리아스 지음 | 한국교육연구네트워크 옮김
276쪽 | 값 14,000원

 02 교육은 사회를 바꿀 수 있을까?
마이클 애플 지음 | 강희룡·김선우·박원순·이형빈 옮김
356쪽 | 값 16,000원

 03 비판적 페다고지는
세상을 변화시킬 수 있는가?
Seewha Cho 지음 | 심성보·조시화 옮김 | 280쪽 | 값 14,000원

 04 마이클 애플의 민주학교
마이클 애플·제임스 빈 엮음 | 강희룡 옮김 | 276쪽 | 값 14,000원

 05 21세기 교육과 민주주의
넬 나딩스 지음 | 심성보 옮김 | 392쪽 | 값 18,000원

 06 세계교육개혁:
민영화 우선인가 공적 투자 강화인가?
린다 달링-해먼드 외 지음 | 심성보 외 옮김 | 408쪽 | 값 21,000원

 07 콩도르세, 공교육에 관한 다섯 논문
니콜라 드 콩도르세 지음 | 이주환 옮김 | 300쪽 | 값 16,000원
2019 세종도서 학술부문

 08 학교를 변론하다
안 마스켈라인·마틴 시몬스 지음 | 윤선인 옮김
252쪽 | 값 15,000원

 09 존 듀이와 교육
짐 개리슨 외 지음 | 심성보 외 옮김 | 376쪽 | 값 19,000원

 혁신학교
성열관·이순철 지음 | 224쪽 | 값 12,000원

 행복한 혁신학교 만들기
초등교육과정연구모임 지음 | 264쪽 | 값 13,000원

 서울형 혁신학교 이야기
이부영 지음 | 320쪽 | 값 15,000원

 혁신교육, 철학을 만나다
브렌트 데이비스·데니스 수마라 지음
현인철·서용선 옮김 | 304쪽 | 값 15,000원

 대한민국 교사, 어떻게 가르칠 것인가?
윤성관 지음 | 320쪽 | 값 15,000원

● 비고츠키 선집 시리즈 발달과 협력의 교육학 어떻게 읽을 것인가?

 생각과 말
레프 세묘노비치 비고츠키 지음
배희철·김용호·D. 켈로그 옮김 | 690쪽 | 값 33,000원

 도구와 기호
비고츠키·루리야 지음 | 비고츠키 연구회 옮김
336쪽 | 값 16,000원

 어린이 자기행동숙달의 역사와 발달 I
L.S. 비고츠키 지음 | 비고츠키 연구회 옮김
564쪽 | 값 28,000원

 어린이 자기행동숙달의 역사와 발달 II
L.S. 비고츠키 지음 | 비고츠키 연구회 옮김
552쪽 | 값 28,000원

 어린이의 상상과 창조
L.S. 비고츠키 지음 | 비고츠키 연구회 옮김
280쪽 | 값 15,000원

 비고츠키와 인지 발달의 비밀
A.R. 루리야 지음 | 배희철 옮김 | 280쪽 | 값 15,000원

 수업과 수업 사이
비고츠키 연구회 지음 | 196쪽 | 값 12,000원

 비고츠키의 발달교육이란 무엇인가?
비고츠키교육학실천연구모임 지음 | 412쪽 | 값 21,000원

 비고츠키 철학으로 본 핀란드 교육과정
배희철 지음 | 456쪽 | 값 23,000원

 성장과 분화
L.S. 비고츠키 지음 | 비고츠키 연구회 옮김
308쪽 | 값 15,000원

 연령과 위기
L.S. 비고츠키 지음 | 비고츠키 연구회 옮김
336쪽 | 값 17,000원

 의식과 숙달
L.S 비고츠키 | 비고츠키 연구회 옮김
348쪽 | 값 17,000원

 분열과 사랑
L.S. 비고츠키 지음 | 비고츠키 연구회 옮김
260쪽 | 값 16,000원

 성애와 갈등
L.S. 비고츠키 지음 | 비고츠키 연구회 옮김
268쪽 | 값 17,000원

 관계의 교육학, 비고츠키
진보교육연구소 비고츠키교육학실천연구모임 지음
300쪽 | 값 15,000원

 비고츠키 생각과 말 쉽게 읽기
진보교육연구소 비고츠키교육학실천연구모임 지음
316쪽 | 값 15,000원

 교사와 부모를 위한 비고츠키 교육학
카르포프 지음 | 실천교사번역팀 옮김 | 308쪽 | 값 15,000원

 아이들을 어떻게 가르칠 것인가
사토 마나부 지음 | 박찬영 옮김 | 232쪽 | 값 13,000원

 모두를 위한 국제이해교육
한국국제이해교육학회 지음 | 364쪽 | 값 16,000원

 경쟁을 넘어 발달 교육으로
현광일 지음 | 288쪽 | 값 14,000원

 혁신교육 존 듀이에게 묻다
서용선 지음 | 292쪽 | 값 14,000원

 다시 읽는 조선 교육사
이만규 지음 | 750쪽 | 값 33,000원

 대한민국 교육혁명
교육혁명공동행동 연구위원회 지음 | 224쪽 | 값 12,000원

 독일 교육, 왜 강한가?
박성희 지음 | 324쪽 | 값 15,000원

 핀란드 교육의 기적
한넬레 니에미 외 엮음 | 장수명 외 옮김 | 456쪽 | 값 23,000원

 한국 교육의 현실과 전망
심성보 지음 | 724쪽 | 값 35,000원

통하는 공부
김태호·김형우·이경석·심우근·허진만 지음
324쪽 | 값 15,000원

내일 수업 어떻게 하지?
아이함께 지음 | 300쪽 | 값 15,000원
2015 세종도서 교양부문

인간 회복의 교육
성래운 지음 | 260쪽 | 값 13,000원

교과서 너머 교육과정 마주하기
이윤미 외 지음 | 368쪽 | 값 17,000원

수업 고수들
수업·교육과정·평가를 말하다
박현숙 외 지음 | 368쪽 | 값 17,000원

도덕 수업, 책으로 묻고 윤리로 답하다
울산도덕교사모임 지음 | 320쪽 | 값 15,000원

체육 교사, 수업을 말하다
전용진 지음 | 304쪽 | 값 15,000원

교실을 위한 프레이리
아이러 쇼어 엮음 | 사람대사람 옮김 | 412쪽 | 값 18,000원

마을교육공동체란 무엇인가?
서용선 외 지음 | 360쪽 | 값 17,000원

교사, 학교를 바꾸다
정진화 지음 | 372쪽 | 값 17,000원

함께 배움
학생 주도 배움 중심 수업 이렇게 한다
니시카와 준 지음 | 백경석 옮김 | 280쪽 | 값 15,000원

공교육은 왜?
홍섭근 지음 | 352쪽 | 값 16,000원

자기혁신과 공동의 성장을 위한
교사들의 필리버스터
윤양수·원종희·장군·조경삼 지음 | 280쪽 | 값 14,000원

함께 배움 이렇게 시작한다
니시카와 준 지음 | 백경석 옮김 | 196쪽 | 값 12,000원

함께 배움 교사의 말하기
니시카와 준 지음 | 백경석 옮김 | 188쪽 | 값 12,000원

교육과정 통합, 어떻게 할 것인가?
성열관 외 지음 | 192쪽 | 값 13,000원

학교 혁신의 길, 아이들에게 묻다
남궁상운 외 지음 | 272쪽 | 값 15,000원

미래교육의 열쇠, 창의적 문화교육
심광현·노명우·강정석 지음 | 368쪽 | 값 16,000원

주제통합수업, 아이들을 수업의 주인공으로!
이윤미 외 지음 | 392쪽 | 값 17,000원

수업과 교육의 지평을 확장하는 수업 비평
윤양수 지음 | 316쪽 | 값 15,000원
2014 문화체육관광부 우수교양도서

교사, 선생이 되다
김태은 외 지음 | 260쪽 | 값 13,000원

교사의 전문성, 어떻게 만들어지나
국제교원노조연맹 보고서 | 김석규 옮김 392쪽 | 값 17,000원

수업의 정치
윤양수·원종희·장군 지음 | 280쪽 | 값 14,000원

학교협동조합,
현장체험학습과 마을교육공동체를 잇다
주수원 외 지음 | 296쪽 | 값 15,000원

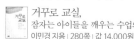
거꾸로 교실,
잠자는 아이들을 깨우는 수업의 비밀
이민경 지음 | 280쪽 | 값 14,000원

교사는 무엇으로 사는가
정은균 지음 | 292쪽 | 값 15,000원

마음의 힘을 기르는 감성수업
조선미 외 지음 | 300쪽 | 값 15,000원

작은 학교 아이들
지경준 엮음 | 376쪽 | 값 17,000원

아이들의 배움은 어떻게 깊어지는가
이시이 준지 지음 | 방지현·이창희 옮김 | 200쪽 | 값 11,000원

대한민국 입시혁명
참교육연구소 입시연구팀 지음 | 220쪽 | 값 12,000원

교사를 세우는 교육과정
박승열 지음 | 312쪽 | 값 15,000원

전국 17명 교육감들과 나눈 교육 대담
최창의 대담·기록 | 272쪽 | 값 15,000원

들뢰즈와 가타리를 통해 유아교육 읽기
리세롯 마리엣 올슨 지음 | 이연선 외 옮김 | 328쪽 | 값 17,000원

학교 민주주의의 불한당들
정은균 지음 | 276쪽 | 값 14,000원

프레이리의 사상과 실천
사람대사람 지음 | 352쪽 | 값 18,000원
2018 세종도서 학술부문

혁신학교, 한국 교육의 미래를 열다
송순재 외 지음 | 608쪽 | 값 30,000원

페다고지를 위하여
프레네의 『페다고지 불변요소』 읽기
박찬영 지음 | 296쪽 | 값 15,000원

노자와 탈현대 문명
홍승표 지음 | 284쪽 | 값 15,000원

선생님, 민주시민교육이 뭐예요?
염경미 지음 | 244쪽 | 값 15,000원

어쩌다 혁신학교
유우석 외 지음 | 380쪽 | 값 17,000원

미래, 교육을 묻다
정광필 지음 | 232쪽 | 값 15,000원

대학, 협동조합으로 교육하라
박주희 외 지음 | 252쪽 | 값 15,000원

입시, 어떻게 바꿀 것인가?
노기원 지음 | 306쪽 | 값 15,000원

촛불시대, 혁신교육을 말하다
이용관 지음 | 240쪽 | 값 15,000원

라운드 스터디
이시이 데루마사 외 엮음 | 224쪽 | 값 15,000원

미래교육을 디자인하는 학교교육과정
박승열 외 지음 | 348쪽 | 값 18,000원

흥미진진한 아일랜드 전환학년 이야기
제리 제퍼스 지음 | 최상덕·김호원 옮김 | 508쪽 | 값 27,000원

폭력 교실에 맞서는 용기
따돌림사회연구모임 학급운영팀 지음 | 272쪽 | 값 15,000원

그래도 혁신학교
박은혜 외 지음 | 248쪽 | 값 15,000원

학교는 어떤 공동체인가?
성열관 외 지음 | 228쪽 | 값 15,000원

교사 전쟁
다나 골드스타인 지음 | 유성상 외 옮김 | 468쪽 | 값 23,000원

시민, 학교에 가다
최형규 지음 | 260쪽 | 값 15,000원

교육과정, 수업, 평가의 일체화
리사 카터 지음 | 박승열 외 옮김 | 196쪽 | 값 13,000원

학교를 개선하는 교장
지속가능한 학교 혁신을 위한 실천 전략
마이클 풀란 지음 | 서동연·정효준 옮김 | 216쪽 | 값 13,000원

공자뎐, 논어는 이것이다
유문상 지음 | 392쪽 | 값 18,000원

교사와 부모를 위한 발달교육이란 무엇인가?
현광일 지음 | 380쪽 | 값 18,000원

교사, 이오덕에게 길을 묻다
이무완 지음 | 328쪽 | 값 15,000원

낙오자 없는 스웨덴 교육
레이프 스트란드베리 지음 | 변광수 옮김 | 208쪽 | 값 13,000원

끝나지 않은 마지막 수업
장석웅 지음 | 328쪽 | 값 20,000원

경기 꿈의 학교
진흥섭 외 지음 | 360쪽 | 값 17,000원

학교를 말한다
이성우 지음 | 292쪽 | 값 15,000원

행복도시 세종, 혁신교육으로 디자인하다
곽순일 외 지음 | 392쪽 | 값 18,000원

나는 거꾸로 교실 거꾸로 교사
류광모·임정훈 지음 | 212쪽 | 값 13,000원

교실 속으로 간 이해중심 교육과정
온정덕 외 지음 | 224쪽 | 값 13,000원

교실, 평화를 말하다
따돌림사회연구모임 초등우정팀 지음 | 268쪽 | 값 15,000원

학교자율운영 2.0
김용 지음 | 240쪽 | 값 15,000원

학교자치를 부탁해
유우석 외 지음 | 252쪽 | 값 15,000원

국제이해교육 페다고지
강순원 외 지음 | 256쪽 | 값 15,000원

선생님, 페미니즘이 뭐예요?
염경미 지음 | 280쪽 | 값 15,000원

평화의 교육과정 섬김의 리더십
이준원·이형빈 지음 | 292쪽 | 값 16,000원

학교를 살리는 회복적 생활교육
김민자·이순영·정선영 지음 l 256쪽 l 값 15,000원

 교사를 위한 교육학 강의
이형빈 지음 l 336쪽 l 값 17,000원

 새로운학교 학생을 날게 하다
새로운학교네트워크 총서 02 l 408쪽 l 값 20,000원

 세월호가 묻고 교육이 답하다
경기도교육연구원 지음 l 214쪽 l 값 13,000원

 미래교육, 어떻게 만들어갈 것인가?
송기상·김성천 지음 l 300쪽 l 값 16,000원
2019 세종도서 교양부문

 교육에 대한 오해
우문영 지음 l 224쪽 l 값 15,000원

 혁신교육지구 현장을 가다
이용운 외 지음 l 348쪽 l 값 18,000원

 배움의 독립선언, 평생학습
정민승 지음 l 240쪽 l 값 15,000원

 서울의 마을교육
이용운 외 10인 지음 l 352쪽 l 값 18,000원

 학습격차 해소를 위한 새로운 도전:
보편적 학습설계 수업
조윤정 외 3인 지음 l 225쪽 l 값 15,000원

 물질의 새로운 만남
베로니차 파치니-케처바우 지음 l 이연선 외 옮김
240쪽 l 값 15,000원

 수포자의 시대
김성수·이형빈 지음 l 252쪽 l 값 15,000원

 혁신학교와 실천적 교육과정
신은희 지음 l 236쪽 l 값 15,000원

 삶의 시간을 잇는 문화예술교육
고영직 지음 l 292쪽 l 값 16,000원

 혐오, 교실에 들어오다
이혜정 외 지음 l 232쪽 l 값 15,000원

 혁신교육지구와 마을교육공동체는 어떻게 만들어지는가?
김태정 지음 l 376쪽 l 값 18,000원

 선생님, 특성화고 자기소개서 어떻게 써요?
이지영 지음 l 322쪽 l 값 17,000원

 학생과 교사, 수업을 묻다
전용진 지음 l 344쪽 l 값 18,000원

 혁신학교의 꽃, 교육과정 다시 그리기
안재일 지음 l 344쪽 l 값 18,000원

 교육혁신의 시대 배움의 공간을 상상하다
함영기 외 13인 지음 l 264쪽 l 값 17,000원

 평화와 인성을 키우는 자기우정
따돌림사회연구모임 우정팀 지음 l 240쪽 l 값 15,000원

 미래교육을 열어가는 배움중심 원격수업
하늘빛중학교 원격수업연구회 지음 l 332쪽 l 값 17,000원

● **살림터 참교육 문예 시리즈** 영혼이 있는 삶을 가르치는 온 선생님을 만나다!

 꽃보다 귀한 우리 아이는
조재도 지음 l 244쪽 l 값 12,000원

 성깔 있는 나무들
최은숙 지음 l 244쪽 l 값 12,000원

 아이들에게 세상을 배웠네
명혜정 지음 l 240쪽 l 값 12,000원

 밥상에서 세상으로
김흥숙 지음 l 280쪽 l 값 13,000원

 우물쭈물하다 끝난 교사 이야기
유기창 지음 l 380쪽 l 값 17,000원

 오천년을 사는 여자
염경미 지음 l 272쪽 l 값 16,000원

 선생님이 먼저 때렸는데요
강병철 지음 l 248쪽 l 값 12,000원

 서울 여자, 시골 선생님 되다
조경선 지음 l 252쪽 l 값 12,000원

 행복한 창의 교육
최창의 지음 l 328쪽 l 값 15,000원

 북유럽 교육 기행
정애경 외 14인 지음 l 288쪽 l 값 14,000원

 시험 시간에 웃은 건 처음이에요
조규선 지음 l 252쪽 l 값 15,000원

전봉준과 동학농민혁명
조광환 지음 | 336쪽 | 값 15,000원

남도의 기억을 걷다
노성태 지음 | 344쪽 | 값 14,000원

응답하라 한국사 1·2
김은석 지음 | 356쪽·368쪽 | 각권 값 15,000원

즐거운 국사수업 32강
김남선 지음 | 280쪽 | 값 11,000원

즐거운 세계사 수업
김은석 지음 | 328쪽 | 값 13,000원

강화도의 기억을 걷다
최보길 지음 | 276쪽 | 값 14,000원

광주의 기억을 걷다
노성태 지음 | 348쪽 | 값 15,000원

선생님도 궁금해하는 한국사의 비밀 20가지
김은석 지음 | 312쪽 | 값 15,000원

걸림돌
키르스텐 세룹-빌펠트 지음 | 문봉애 옮김
248쪽 | 값 13,000원

역사수업을 부탁해
열 사람의 한 걸음 지음 | 388쪽 | 값 18,000원

진실과 거짓, 인물 한국사
하성환 지음 | 400쪽 | 값 18,000원

우리 역사에서 사라진 근현대 인물 한국사
하성환 지음 | 296쪽 | 값 18,000원

꼬물꼬물 거꾸로 역사수업
역모자들 지음 | 436쪽 | 값 23,000원

즐거운 동아시아사 수업
김은석 지음 | 240쪽 | 값 15,000원

노성태, 역사의 길을 걷다
노성태 지음 | 324쪽 | 값 17,000원

교과서 밖에서 배우는 역사 공부
정은교 지음 | 292쪽 | 값 14,000원

팔만대장경도 모르면 빨래판이다
전병철 지음 | 360쪽 | 값 16,000원

빨래판도 잘 보면 팔만대장경이다
전병철 지음 | 360쪽 | 값 16,000원

영화는 역사다
강성률 지음 | 288쪽 | 값 13,000원

친일 영화의 해부학
강성률 지음 | 264쪽 | 값 15,000원

한국 고대사의 비밀
김은석 지음 | 304쪽 | 값 13,000원

조선족 근현대 교육사
정미량 지음 | 320쪽 | 값 15,000원

다시 읽는 조선근대 교육의 사상과 운동
윤건차 지음 | 이명실·심성보 옮김 | 516쪽 | 값 25,000원

음악과 함께 떠나는 세계의 혁명 이야기
조광환 지음 | 292쪽 | 값 15,000원

논쟁으로 보는 일본 근대 교육의 역사
이명실 지음 | 324쪽 | 값 17,000원

다시, 독립의 기억을 걷다
노성태 지음 | 320쪽 | 값 16,000원

한국사 리뷰
김은석 지음 | 244쪽 | 값 15,000원

경남의 기억을 걷다
류형진 외 지음 | 564쪽 | 값 28,000원

어제와 오늘이 만나는 교실
학생과 교사의 역사수업 에세이
정진경 외 지음 | 328쪽 | 값 17,000원

더불어 사는 정의로운 세상을 여는 인문사회과학 사람의 존엄과 평등의 가치를 배운다

밥상혁명
강양구·강이현 지음 | 298쪽 | 값 13,800원

좌우지간 인권이다
안경환 지음 | 288쪽 | 값 13,000원

도덕 교과서 무엇이 문제인가?
김대용 지음 | 272쪽 | 값 14,000원

민주시민교육
심성보 지음 | 544쪽 | 값 25,000원

자율주의와 진보교육
조엘 스프링 지음 | 심성보 옮김 | 320쪽 | 값 15,000원

민주시민을 위한 도덕교육
심성보 지음 | 500쪽 | 값 25,000원
2015 세종도서 학술부문

민주화 이후의 공동체 교육
심성보 지음 | 392쪽 | 값 15,000원
2009 문화체육관광부 우수학술도서

교과서 밖에서 배우는 인문학 공부
정은교 지음 | 280쪽 | 값 13,000원

갈등을 넘어 협력 사회로
이창언·오수길·유문종·신윤관 지음 | 280쪽 | 값 15,000원

오래된 미래교육
정재걸 지음 | 392쪽 | 값 18,000원

동양사상과 마음교육
정재걸 외 지음 | 356쪽 | 값 16,000원
2015 세종도서 학술부문

대한민국 의료혁명
전국보건의료산업노동조합 엮음 | 548쪽 | 값 25,000원

교과서 밖에서 배우는 철학 공부
정은교 지음 | 280쪽 | 값 14,000원

교과서 밖에서 배우는 고전 공부
정은교 지음 | 288쪽 | 값 14,000원

교과서 밖에서 배우는 사회 공부
정은교 지음 | 304쪽 | 값 15,000원

전체 안의 전체 사고 속의 사고
김우창의 인문학을 읽다
현광일 지음 | 320쪽 | 값 15,000원

교과서 밖에서 배우는 윤리 공부
정은교 지음 | 292쪽 | 값 15,000원

카스트로, 종교를 말하다
피델 카스트로·프레이 베토 대담 | 조세종 옮김
420쪽 | 값 21,000원

한글 혁명
김슬옹 지음 | 388쪽 | 값 18,000원

일제강점기 한국철학
이태우 지음 | 448쪽 | 값 25,000원

우리 안의 미래교육
정재걸 지음 | 484쪽 | 값 25,000원

한국 교육 제4의 길을 찾다
이길상 지음 | 400쪽 | 값 21,000원
2019세종도서학술부문

왜 그는 한국으로 돌아왔는가?
황선준 지음 | 364쪽 | 값 17,000원
2019세종도서교양부문

마을교육공동체 생태적 의미와 실천
김용련 지음 | 256쪽 | 값 15,000원

공간, 문화, 정치의 생태학
현광일 지음 | 232쪽 | 값 15,000원

교육과정에서 왜 지식이 중요한가
심성보 지음 | 440쪽 | 값 23,000원

인공지능 시대의 사회학적 상상력
홍승표 지음 | 260쪽 | 값 15,000원

식물에게서 교육을 배우다
이차영 지음 | 260쪽 | 값 15,000원

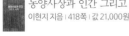
동양사상과 인간 그리고 사회
이현지 지음 | 418쪽 | 값 21,000원

장자와 탈현대
정재걸 외 4인 지음 | 424쪽 | 값 21,000원

왜 전태일인가
송필경 지음 | 236쪽 | 값17,000원

한국 세계시민교육이 나아갈 길을 묻다
유네스코태평양 국제이해교육원 지음 | 360쪽 | 값 18,000원

놀자선생의 놀이인문학
진용근 지음 | 380쪽 | 값18,000원

참된 삶과 교육에 관한
생각 줍기